沈福煦　著

中国建筑工业出版社

高校建筑类专业参考书系

The reference book series for the major of architecture in universities

城市论

图书在版编目（CIP）数据

城市论/沈福煦著．—北京：中国建筑工业出版社，2008
（高校建筑类专业参考书系）
ISBN 978-7-112-10443-7

Ⅰ. 城… Ⅱ. 沈… Ⅲ. 城市学-高等学校-教材 Ⅳ. C912.81

中国版本图书馆 CIP 数据核字（2008）第 163509 号

本书为城市规划与设计理论专著。全书共 16 章，论述了城市的性质、特征以及在人类文明史上的作用，解读了现代城市规划和设计的特点及历史文化名城保护理论，并且还对城市未来提出了一些看法。

本书可供城市研究者参考，也可作为大专院校城市规划和建筑学专业教学参考书。

责任编辑：陈　桦　吕小勇
责任设计：董建平
责任校对：兰曼利　王　爽

高校建筑类专业参考书系

城 市 论
沈福煦　著

*

中国建筑工业出版社出版、发行（北京西郊百万庄）
各地新华书店、建筑书店经销
北京嘉泰利德公司制版
北京同文印刷有限责任公司印刷

*

开本：787×1092 毫米　1/16　印张：15½　字数：384 千字
2009 年 2 月第一版　　2009 年 2 月第一次印刷
定价：**28.00** 元
ISBN 978-7-112-10443-7
（17367）

版权所有　翻印必究
如有印装质量问题，可寄本社退换
（邮政编码 100037）

FOREWORD 前言

本书对古今中外的城市作了较为系统的论述。此书史、论并重，这也是当今学术研究的一种新尝试。孔子说："述而不作，信而好古。"（《论语·述而篇》）但如今的时代，这种观点似显片面，应当是论与述并重才更有价值。此书还有一个特点是理论与实践结合，在理论框架下不乏具有实践性。如城市规划和城市设计，以及城市色调诸方面，这些对于当今的规划、设计也都很有裨益。所以，本书也可以作为一本高等院校相关专业的教学参考书。

本书共分 16 章，前面 11 章论述了城市的产生、性质、特征，并且对城市规划、城市设计等作了系统的解读。第 12 ~15 章以城市的历史发展为线索，对古今中外的典型城市作了简要的论述，也可以看成是简明的城市建设史。第 16 章论述了城市的未来。

本人对城市问题的研究已达数十载，但尚缺乏更深层的研究，而且又鉴于材料不甚充分，所以书中论述难免有粗浅之处。希望有关专家和广大读者多多指正，以便今后更臻完美。本书在编写过程中还有以下几位专家参加：沈燮癸、邵双林、易志琴、沈鸿明、邵睿、沈晓明、王爽、易虹、易军、沈颢诚等，在此致谢。

沈福煦

于同济大学

2008 年 7 月

CONTENTS 目录

城市论
The Theory of City

Exordium
绪论

绪 论

一

城市是人类文明的四大标志之一，还有三个标志是：金属的使用、文字的产生和礼仪中心的建立。城市是人类文明的产物，也是人类文明的来源。文明以前的人类，我们称之为史前人类。当时没有城市，只有聚落，如浙江余姚的河姆渡、陕西西安附近的半坡、山东泰安的大汶口、四川广汉附近的三星堆、河南渑池的仰韶等。在这些史前人类遗址中，既没有发现文字，也没有发现金属制品，只有石器、骨器和陶器。这些遗址，不是城市，没有城市的结构，也无礼仪中心，只能说是聚落。

浙江杭州附近的良渚，近年来有新的考古发现。2007 年 11 月 29 日，浙江省考古研究所宣布一个重大的考古成果：浙江省考古研究所历经 18 个月，在良渚遗址区内发现一座面积达 290 万 m^2 的古城。专程赶来的著名考古学家、北京大学教授严文明这样评价古城：这是目前中国所发现同时代古城中最大的一座，称得上是“中华第一城”，是继 20 世纪河南安阳殷墟发现之后，中国考古界的又一重大发现。

城墙是氏族社会与文明社会区别的一个重要标志。良渚遗址中发现的城墙，说明当时建城属实。考古学家认为，此城是良渚文化时代的中心，相当于“都城”。良渚文化距今已达 4000 余年。良渚古城近 300 万 m^2，可谓大城。此城可与古印度的谟亨约 – 达罗城相媲美。

二

城市当然是空间性的，研究城市当然要研究城市的空间性；但城市的时间性也须重视。如中国古代的都城，其建城原则如《周礼 · 冬官考工记》中所言：“匠人营国，方九里，旁三门。国中九经九纬，经涂九轨。左祖右社，面朝后市。市朝一夫……”无论先秦时期的城市，还是秦汉、魏晋南北朝、隋唐及以后诸都城，都遵循着这一原则而建。但若细细看来，其实历朝历代都有所不同。即使是隋代的大兴与唐代的长安属同一座城，唐初建都于隋都大兴，改名为长安，其中街道、宫殿及其他屋宇基本照旧，但也并非与原大兴城完全一样，许多细部进行了调整，而且名字改了许多。同样，清代建都北京，也是利用明代的北京城，街道、宫殿及其他屋宇基本照旧，但名字改了许多，如皇宫大门——天安门，明代叫承天门；皇宫里面的前三殿——太和殿、中和殿、保和殿，明代时叫皇极殿、中极殿、建极殿（1562 年重修后改名奉天殿、华盖殿、谨身殿）；皇宫北首的玄武门改称神武门（相传是由于康熙皇帝叫爱新觉罗 · 玄烨，讳“玄”而改)。这些说明了城市随着历史的发展，在变动着。研究城市，就需要研究城市在时间面前的变与不变，并且究其原因。

外国城市也是如此，如古罗马的罗马城，从共和时代到帝国时代，罗马城内的建设不断，凯旋门、纪功柱、万神庙、角斗场、浴场等，几乎每年都有变化。后来罗马城被攻陷，西罗马逃到小城拉文纳苟延残喘，这里成了一片废墟。直到15世纪中叶，随着文艺复兴运动的兴起，罗马这座古城又开始兴旺，城市建设活动又多起来。这里有麦西米府邸、法尔尼斯府邸、坦比哀多小教堂、卡比多市政广场及圣彼得大教堂等。此又一大变也。

又如东罗马的君士坦丁堡，原为希腊人所建造的都城，即拜占庭，公元395年后，成为东罗马的首都。1453年，这里成为奥斯曼帝国的首都，原先的城市形态和建筑，也就变成伊斯兰式的了。例如东罗马所建的圣索菲亚大教堂（建于325年）变成了清真寺，为了符合伊斯兰教的要求，在此建筑的四周又加建起四座尖塔。这就是城市和建筑随着历史的发展而演变的一例。

现代城市的时空变化更为明显，如巴黎这座城市，19世纪下半叶建起了埃菲尔铁塔，这座当时世界上最高的塔（高328m）的建成，立即改变了巴黎的城市面貌。埃菲尔铁塔刚建成时，还有人反对，甚至咒骂，如著名文学家莫泊桑（1850～1893）对它就十分反感。但是，它后来竟成了巴黎乃至法国的标志物。有个法国人自豪地说：巴黎圣母院是巴黎的老奶奶，埃菲尔铁塔是巴黎的少妇。后来巴黎变化更大，1976年巴黎建造的蓬皮杜国家艺术文化中心，其形式之新，似乎令人无法接受；又如巴黎新区德方斯，高楼林立，使巴黎形象为之一大变。

再看上海浦东，自20世纪末起，这里的建设可谓日新月异，甚至会使我们觉得城市和建筑不是静止的，而是看得见它在变、在运行。

三

城市的保护与建筑的保护有相同之处，但也有不同之处。这不同之处不只是在于地方的大小、内容的多少，更是在于城市保护与建筑保护有不同的理念。这种理念，在于城市的保护更注重结构保护。

城市的保护，更确切地说是历史文化名城的保护。这种保护，大体有两大类：一类是整座城市的保护，另一类是保护城市中的一个地区或一条街道等。例如美国的威廉斯堡（Williamsburg），位于弗吉尼亚州詹姆斯河与约克河之间的一个半岛上。这是一座美国最有名的古城，早在1633年，英国移民在这一带建立了称为“中央种植园”的居民点。1699年为纪念英王威廉三世，改称威廉斯堡。1722年正式设市。1699～1776年为弗吉尼亚殖民地首府，1776～1780年又为弗吉尼亚联邦首府。美国的一些立国原则首先是在这里提出的。1765年，美国早期政治家帕特里克·亨利在这里的弗吉尼亚议会发表了“反对印花税法”的演说，号召武装反英；1776年通过的《弗吉尼亚权利宣言》，成为后来美国宪法中被称为《权利法案》修正案的蓝本。1926年，国家对此城开始重视，经过整修，恢复了18世纪旧貌。如今，威廉斯堡仍保持着城市古风。如果到那里去旅游，你将会看到妇女们仍拖着长裙，室内壁炉里火焰熊熊，灯台上银烛高烧，茶几上陈列着未经动用的午茶餐具，似在等待贵宾光临。200年前建造的总督府是双层砖墙建筑，看到其位于丛林中的陡峭的屋顶、狭长的窗户，还有阳台、塔楼，似乎又回到了古代。在这里还升着英国的国旗，身着古装的士兵手里握着老式的火枪在门前站岗。草坪上，一支由横笛手和吹鼓手组成的乐队为游人们演奏《扬基进行曲》（美国最早的国歌），几门老式大炮同时鸣放礼炮，以示欢迎。台阶前停放着四轮马车，备游览观光。这里还有一座乔治时代的教堂，里面的座位都是高背椅。商店、邮局、木工房、铁匠铺、印刷所等也是一派古风。如今，威廉斯堡是美国最重要的历史名城之一，参观者在此可以感受到时间倒流了200年。

平遥位于我国山西省中部，也是一座历史文化名城。此城建城已达2700余年。平遥县城墙（全国重点文物保护单位）建于明洪武三年（1370），周长6.4km，是山西省现存历史较早，规模最大者。城为方形，墙高约12m，外表砖砌，墙上筑有垛口，墙外有护城河。城周辟门六道，东西各二，南北各一。东西门外又筑瓮城，以利防守。城墙上原有料敌台楼数十座，城门上原建城楼，四角建有角楼，今已残损，但城墙仍如故。

平遥县城内的文庙大成殿也属全国重点文物保护单位。文庙前有牌坊三座，庙内为四进院落。棂星门、大成门、大成殿、明伦堂、敬一亭、尊经阁等主体建筑，顺序排列在中轴线上；东西廊庑以及时习斋、日新斋等，以对称的形式配属两旁。大成殿重建于金大定三年（1163），宽、深各五间，前面有宽敞的月台，周围用石栏围护。

这些建筑均属全国重点文物保护单位。从历史文化名城保护来说，则属全城保护。这就是城市保护与建筑保护之不同。因为除了上面说的这些建筑属全国重点文物保护单位外，其他许多建筑则不属此列，但就整座城市来说却属全国性的历史文化名城。还有的仅保护城市中的某条街道，如上海外滩，南起金陵东路外滩，北到外白渡桥。这条路称中山东一路。路东是黄浦江，路西是几十座西式建筑，它们基本上都建于20世纪30年代左右。最老的是旗昌洋行，现为港务监督办公楼，建于1901年。最晚建的是交通银行（今上海市总工会），建于1948年。这些建筑大多为市级文物保护单位，但整条路的建筑（群），则属全国重点文物保护单位。

四

对城市的研究，还须注意城市活力。所谓“活力”（Dynamics），也可以说是活气、活动能力或可发展性。不论是古代城市还是现代城市，中国城市还是外国城市，都存在着活力的问题。如莫斯科这座城市，它的活力得益于它的地理位置。这座城市创建于12世纪，后来受到蒙古人的入侵，但不久被赶出莫斯科；19世纪又受到拿破仑军队的入侵，但不久也被赶出莫斯科。俄罗斯需要莫斯科，所以千方百计要保卫莫斯科，珍惜这座生机勃勃的城市。城市的活力在于人，在于人在这座城市中能生存、发展。人与城市相辅相成。

现代城市也如此，芝加哥，1873年大火烧掉大半个城市，但人们决心再建此城。不久，芝加哥又起来了，而且比大火前更为兴旺。从其地理位置、城市客观条件和发展前景等诸方面来看，芝加哥这座城市有很大的优越性，所以它直到如今，仍保持全国第二大城市的地位，仅次于纽约。

与城市活力问题相近，我们也须重视城市的兴衰。如我国的南京这座城市，在历史上曾有许多朝代建都于此。最早是三国时的东吴在此建都，称建业。后来东晋、宋、齐、梁、陈均建都于此，历史上称“六朝故都”，称建康。五代十国时的南唐也建都于此，称金陵。朱元璋建立明朝，也定都于此，改称南京。

洛阳在历史上称“九朝古都”，最早是东周，称洛邑。以后东汉建都洛阳，后来又有西晋、北魏等定都于此。武则天称帝，建立“周”，也定都洛阳，改名神都。后来五代的后梁、后唐也定都于此。洛阳之兴衰，其原因一在自然条件；二在军事和政治；三在人气。

如今我国首都北京，在历史上也是一座多次兴衰的城市。春秋战国时，这里是燕国之地。相传周武王克商后，封召父奭于燕，北京便为燕国都邑。辽代后期迁都至燕京，即北京，改名南京。到了金代，建都于此，改称中都。元代又在此建都，即元大都。明朝的朱棣（明成祖），都城由南京迁都于此，始称北京，清朝则继之。

五

当代城市的一个最明显的特征是朝着以人为本的方向发展。城市科学的研究，城市形制的研究，以及城市文化和城市形态的研究，都是从以人为本这一主题出发的。从全球范围来看，这种思路基本上是一致的。

城市之以人为本的主题，首先应从这几方面着手：一是对城市生态的重视；二是城市高科技要从以人为本入手；三是不断进取与以人为本相结合。

生态问题是近年来许多发达国家所强调的城市和人居环境的重要问题。什么叫生态（ecology）？生态不只是人的环境，而且是地球上生物体共享的好环境。如果我们对某种生物斩尽杀绝，这其实对我们人类是不利的。我们要创造一个理想的、无公害的世界，让人和其他动植物共存共容。所以我们呼吁治理三废，要把我们的城市治理得清洁而有序。

各城市在城市生态处理方面，近年来做了大量工作，主要是在绿化上下工夫，如上海，近年来大型绿地做了很多。有的城市，绿化得天独厚，如杭州，以西湖为依托，绿化建设有雄厚的基础；苏州虽不及杭州，但它也以太湖为依托，而且市内建造许多私家园林。有些现代城市，绿化建设本来就很好，令人向往。如加拿大首都渥太华，位于安大略省东南渥太华河南岸，这里有得天独厚的自然风光，有河流、瀑布、湖泊，山林苍翠，有河谷平原、丛林草地，人们在此可享尽大自然之美，是“加拿大最美丽的城市”。乌克兰首都基辅的城市绿化也是世界上有名的。据统计，其绿化面积约占全市面积的60%。市内有公园52座，还有自然绿地和森林。这样的城市，怎能不令人歆羡！

城市高科技是一种手段，不是目的，如城市交通的高科技，城市通信的高科技，城市其他物质和精神内容的高科技等。有人说：“我们的城市地铁线路已有30条，世界第一。”这固然能给市民带来某种荣耀，可是建造地铁的目的不是为了这种荣耀，而是为了解决市内的交通问题。城市高科技只为使城市更好地实现以人为本的目的。

城市，应当是不断进取的，或曰：与时俱进。但这种进步始终应当把以人为本作为出发点。

什么叫以人为本？这就是以人的需求为本。关于人的需求，20世纪60年代，美国人本主义心理学家A·马斯洛提出金字塔式的人的需求层次：基础层是生理动机或生理需要，依次向上为安全保障、归属、尊重、认识、审美，直到最高层的自由创造或自我实现。最高层的自我实现动机又称为超越性的动机。人的动机是由低而高依次发展形成的。高级动机的出现以低级需要的基本满足为条件，但只有高级需要的追求和满足才能使人产生更深刻的内在幸福感和丰富感。创造潜能的发挥或自我实现则能给人以最高的喜悦，称为“高峰体验”。马斯洛认为，这种主观感受本身是最高的奖赏和鼓舞力量，因而自我实现是一种自发的过程。从价值的角度看，自我实现者才是社会上最有价值的人（转引自：中国大百科全书·心理学史. 北京：中国大百科全书出版社，1985）。

以上说的这些需求，只能视为结构，不能看作是内容。人的需求内容是在不断变更的，或者说是在不断进步的。所以，城市之以人为本，从具体内容来说也不是一成不变的。或许可以说，这也是人本主义心理学本身的“与时俱进”吧。但这已超越城市论的范围，所以不在本书中展开。

六

上面说的都是人们所能想到的未来的城市形态，可是现实毕竟难以如愿。现实中最大的问题在于城市人口的增长，全球人口的增长。尽管有人提出城市郊区化，但有限的人类生存面积使得这种郊区化也许又是乌托邦。地球上陆地总面积（包括高山、沙漠、冰冻的格陵兰和南极）为1.5亿km^2。这面积当然很大，但是，人口却越来越多，如今全世界人口已越过65亿这条界线，据统计（按现在的人口增长速度）到公元2600年，全球人口将达6300000亿！这个可怕的数字意味着什么？它意味着全球的陆地上将站满人，每个人只能占0.238m^2，也就是只够插足的面积。所以，如今人们正在想办法，不但要开发地下空间，开发沙漠和海洋，而且还要向太空发展，月球是可以利用的一个地方，还可以建设人工星球供人居住、生存……，当然，这已超越“城市论”的范围，所以不再多说了。

城市论
The Theory of City

The Meaning of City
城市的意义

第1章 城市的意义

ONE

1.1 人类文明与城市

一

史前人类的住处虽然很简陋，但却完全不同于狼窟、蜂窝、蚁穴。不仅是形式的不同，更是本质的不同。马克思在《资本论》第一卷第二章里有这么一段话："蜜蜂建筑蜂房的本领令我们许多建筑师感到惭愧，但世界上最蹩脚的建筑师也比蜜蜂高明。因为，哪怕是最蹩脚的建筑师，当他在用蜂蜡建筑蜂房以前，已经在自己的头脑中把它建成了。"至于城市，在史前是没有的，史前只有聚落。聚落是人居住的地方。史前人类聚落有多处，我国临潼的姜寨，在公元前3000年前后，已形成比较典型的聚落，从考古学来说，属仰韶文化。这个聚落规模较大，其总面积达25000m^2，已发掘到的房屋基址达100余座，还有许多窖穴、墓葬等。整个居住区的东、南、北三面被壕沟包围，西南方有一条河流。壕沟的东面及南面是墓葬区。居住区内四面都分布着许多大、中、小型房屋。其中心有一块1400m^{2}的广场，还有两块可能是关牲畜的场地。姜寨的总体布局已具有简单的聚落结构。例如，其中的小型房屋是作为母系社会中一个家族里成年女子过对偶生活的住房，这样的家庭仅仅是一个生活单位，不是独立的生产单位，只保存有少量配给的储粮，因此没有独用的窖穴。中型房屋是供一个家族使用的，族长是女性，带领着老人、未成年的孩子住在一起，屋内除了灶炕以外，尚有一定面积作为召开会议和举行仪式的地方。睡觉的床位多分成左右两半，分布在入口的两侧，估计是因男女分睡的要求而设置的。在家族中供对偶家庭使用的小房子都围绕着家族房子布置。大型房屋是供氏族使用的，在这里不仅床位面积较大，而且在床位后面有较大的空地，供集会、议事及庆祝活动之用。这是个完整的、结构明确的聚落，但仍不属城市：首先，这里的人结构单一，只是一个氏族，分代而已，这也是人类新石器时代的结构特点；其次，聚落的界域不明显，仅以自然河流和人工所挖的壕沟为其界域；其三，还未建立起礼仪中心（作为文明的标志之一）。从这三方面来看，它作为城市的条件还不具备。

二

从学术上讲，人类进入文明时代，需满足四个条件，或者说须具备四个要素：一是文字的出现，二是金属的使用，三是城市的出现，四是礼仪中心的产生。其实这四个要素都不是孤立的，而且是相互影响的、综合的。

根据美国著名的城市规划学家L·芒福德在《城市发展史》（中译本由中国建筑工业出版社出版，2005）中认为："城市，作为一种明确的新事物，开始出现在旧—新石器文化的社区之中；这里所谓的新事物，正是劳埃德·摩尔根（1852～1936）和威廉·莫顿·惠勒所说的这一概念的明确含义。在发展进化过程中，一种新因素的介入，不仅会使原有物质的数量有所增加，而且会导致一场全面的变革，导致一次新的组合，从而使原有实体的性质发生变化。"他认为，村庄文化发生飞跃性变化，就属这种情况。在新的水平上，村庄本来的那些构成因素都被保存下来，并且被组合在新的、城市的原始机体中。在新的外来因素的作用下，这些因素又被重组，成为比村庄更复杂、更不稳定的形式，但这种形式却能促成进一步的过渡和发展。在这种新的组合中，人类的组合结构也就变得更多样了，除了狩猎者、牧民、农民等，其他各种原始类型也开始进入城市。

我们来看看外国早期的城市实例——古埃及的卡洪城。这座城市形成于古埃及第十二王朝时期，大约在公元前2000年左右。从图1－1中可知，这座城市平面呈长方形，约为380m×260m，有砖砌的城墙。城市中间又用厚墙分为东、西两部分。据考古家学研究，城西为奴隶居住区。厚墙以东又被一条大路分为南、北两部分，北部为贵族区，南部为商业、手工业及其他市民居住区。城的东南还有市集和坟墓，当然还有庙宇等。很显然，这完全符合城市的要素。

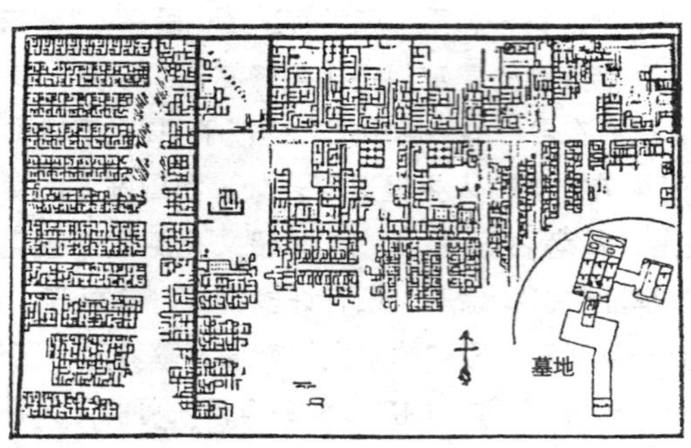

图1－1　古埃及卡洪城

三

城市的出现，反过来使文明的发展进程加快。城市与乡村的差别出现了，城市以经济和政治控制着周围的农村，城市里的生活方式和利益形态影响着乡村。

我国早期的城市，位于今郑州的商城，建于殷商时期，据《史记·殷本纪》记载："帝仲丁迁于隞。"该城距今已有3500年，这也是我国文明早期的城市。据董鉴泓主编《中国城市建设史》叙述，如今在郑州发掘出一座古城，即商城。有城墙，北城墙长约1690m，西城墙长约1700m，南城墙和东城墙长约1870m，周长约7km。西北、西南和东南城角都近似直角，唯北城墙东段向东南倾斜。在郑州商城四面城垣上，共发现11个宽窄不同的缺口，这些缺口有些是城墙废弃后损坏的，有的可能与商代城墙自身有关。从考古文物可知，郑州商城已是一个城垣周长达7km，包括城外郊区总面积约为25km^{2}的古代大城，在这个城的内外，有宫殿、平民住宅区，有铸铁、制骨、制陶等手工作坊，有农业居民点，还有一些墓葬区。

夯土墙遗址在今城的北面，尚有数段露出地面达数米，系用3cm 直径的夯杆捣土而成。现存遗址宽4～6m，最宽处达7～8m；高4m，最高处达9m；夯层厚约8～10m，夯土很坚实。整个夯土墙的范围，大部分与后代的城墙重合。整个范围南北长2000m，东西长1700m，比近代的郑州城墙范围大三分之一。图1-2是郑州商城平面（录自：董鉴泓主编. 中国城市建设史. 北京：中国建筑工业出版社，1989）。

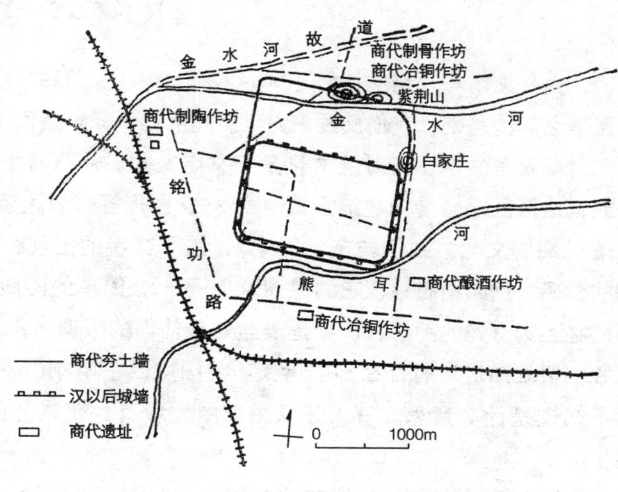

图1-2 郑州商代城址

在西亚两河流域的乌尔，也发掘出一座早期文明的城市。据考古学家研究，此城约建于公元前2100～前2000年，距今已4000余年。考古发掘出城墙和城壕，有两个港口。城市面积约$88hm^2$，据考古学家研究，这座城市居民达3万余人。在乌尔城中，厚墙围抱着宫殿、庙宇和贵族僧侣的府邸，高踞西北高地；墙外则是普通平民和奴隶的居住地。祭拜天神的山岳台（月神台）由夯土筑成，外贴一层砖。第一层基底面积约65m×45m，高约10m，有3条大坡道登上第一层。第二层的基底面积约37m×23m，高约2.5m。整座山岳台层层向上收缩，共7层，总高约21m。顶上有一间象征天神住所的神堂，如图1-3所示。在这宫殿、庙宇、山岳台三位一体的土台上，还有税收和法律等衙署，以及各种商业设施、作坊、仓库等，形成了一个城市的公共中心。

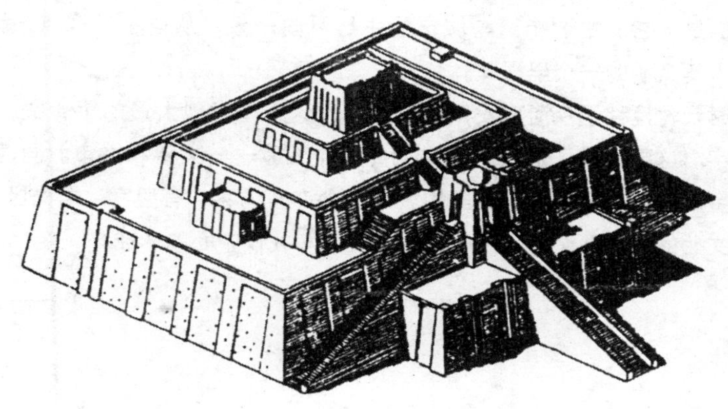

图1-3 乌尔城的山岳台

1.2 城市与聚落的比较

一

城市与聚落的比较，也是文明与“前文明”（pre-civilization）之间的比较。作为文明四大标志之一的城市，与聚落之间的差别，我们反过来亦可用其他三个标志来作比较。

首先是文字。史前时期没有文字，当时的文化是无文字文化。从符号学来分析，人们的一切行为，只能用言语或其他形象符号（如建筑或其他器物）、图形等来表达意义，来作为生存行为的交往。这就是聚落时期的文化。到了城市（时期），由于文字的出现，一是从城市语言来说，可以获得更确切的代码。例如图腾柱，它的“意义”是十分简单的图腾崇拜，只是规定崇拜的对象物。如果图腾柱上刻有蛇的图形，仅仅是表述蛇是他们的敬仰对象，仅此而已。当然，由于当时没有文字，我们很难知道还有什么别的含义。我国广西宁明花山发现的岩画，画有许多人形，至今人们还不知道是什么意思。有人还从图形中发现有生殖崇拜的符号，但更具体、确切的意义就不知道了。

又如英国沙利斯伯里巨石阵（Salisbury Stonehenge），据说约建于公元前2700年，也是史前时期之物，但它的功能是什么，至今也仍未能确定。文字，对于文化的意义是很大的。史前人类的许多内容，即便是考古学家，也只能解释其中的一部分意义。

二

今巴基斯坦信德省的谟亨约－达罗城（Mohenjo－Daro），考古学家认为，大约建于公元前3000～前2000年。这座城市被认为是迄今已知的最古老的城市了。此城面积约7.77km^2，据考古发掘，这里有民居、宫殿、庙宇等。城中的道路为方格网布局，主次分明，还有完整的上、下水道。更奇特的是，它的主要街道与城市的主导风向一致，从现在的观点来说是很科学的。不能不说，这是人类文明的一个里程碑。

我国在殷商时代，建都于今河南安阳小屯一带，这里曾发现大量的甲骨文，也是我国迄今发现的最早的文字。这已构成了形成人类文明的两个要素——文字和城市。同时，在这里又发现了城墙和许多金属器物；还发现了这里的城市包含许多内容，有皇宫、居民区、礼仪中心等，这又构成了人类文明的另外两个要素——金属的使用和礼仪中心的形成。

三

为什么会形成城市？这是由于人类文明发展的结果。构成文明的要素之一是城市的出现。这就形成了逻辑上的因果循环，在理论上是犯忌的。那么形成城市的原因是什么呢？这就是城市的生成机制（Generative）。美国现代语言学家乔姆斯基（N·A·Chomsky）在1957年建立了“生成语法”理论，我国语言学家徐烈炯著的《生成语法理论》(上海外语教育出版社，1988) 中说：“生成语法学是人类大脑机能的一种研究，……属于经验科学中的自然科学。”乔姆斯基认为，人的语言知识中有天生的成分，但并不认为人的语言知识全部都是天生的。语言知识中有一部分是后天从经验中获得的。乔姆斯基理论的着眼点是人与动物的区别，不是人与人的区别。种属之间的差异、民族之间的差异、个人之间的差异，都可以忽略不计。世界上任何人从遗传获得的语言能力可以看作是相同的，这部分能力是千万年生物进化的结果。而个人非遗传获得的语言能力，则是不同的，这不同是由环境影响和经验作用造成的。

我们以这种理论来看城市的形成，其实城市的形成最终还在于人。包括文字的产生，金属的使用和礼仪中心的建立，文明的这四大要素（标志）都是由人的生成机制产生的。当然我们也许还可以问，这个生成机制从何而来？但这已超越城市问题的范围，所以不再论述了。

1.3 文明的差异与城市特征

一

文明是有差异的，这种差异与进步无关。城市的差异表现在自然形态的差异上，如地形的不同，有的城市在平原地带，有的城市在山地，有的城市滨海等。有的城市水多，形成水乡型的城市；有的城市水少，要靠井水或泉水生活。

城市的差异还表现在习俗上。习俗是传统文化的表现，如季节、岁时以及婚丧寿庆、生老病死等。这些内容也是城市差异的重要方面，它们的不同，只是差异，并不是比较谁比谁进步。

城市的差异还表现在城市形式上。例如城市的轴线（特征），我国传统城市的轴线，一般说主轴多为南北向，如北京、西安、苏州。外国的城市轴线就不同了，欧美的大量城市，其主轴多为东西向，如法国巴黎，就有一条东西向的主轴，自东向西为民族广场、巴士底广场、卢佛尔宫、丢勒里花园、协和广场、香榭丽舍田园大街、爱丽舍宫、雄师凯旋门及戴高乐广场（原称明星广场），一直通向拉维莱特区、德方斯区。又如意大利罗马，自东向西为圣乔凡尼教堂（广场）、圆形竞技场、奥古斯都广场、威尼斯广场，一直通向梵蒂冈。

二

以上就是城市的横向比较。横向比较更包含有对城市具体内涵的比较。如东、西方城市的比较，我们对北京与巴黎进行比较：这是两种很有代表性的东方与西方的城市文化或城市文明。这两座城市的总体形成（一个是规则形的，一个是不规则形的），以及城市中的许多文化内容，如民居、宫殿、庙宇、园林、街道等，都表现出各自的特征。孰优孰劣？不能相比，只能说有差异。

城市文明的横向比较，我们还可以通过南、北两类城市作比较。北方城市圣彼得堡与南方城市巴塞罗那，它们虽然都是欧洲城市，但城市形态很不同，建筑风格也不同。例如北方的建筑屋顶较陡、较尖；南方的则较平。究其原因，可以认为北方天气冷、雪多，为了让屋顶的雪不易积厚，故如此做。

三

城市的纵向差异也值得注意。所谓纵向差异，是指城市历史发展的差异。研究城市，不仅要研究它的当代形态，当代的性质和特征，更要研究它的历史发展。如上面所说的西安，唐代是都城长安，地盘远比明清时的西安大。明代的西安其实只是唐长安的太极宫（初唐时的皇宫），略作了一点扩大。当然我们研究的重点，应当是这种变化的“为什么”。同时，唐长安与隋代都城大兴的关系又如何，甚至不改变为一房一路、一墙一门，只是改其名字，这又为何?

再有，唐长安与汉长安如何比较? 汉长安与秦咸阳又如何比较? 如图1-4所示，从图中可以看出，这一连串的都城变迁，有两点值得注意：其一，这种变迁是向东南方向迁移的；其二，这种变迁，仅仅是地方的迁徙，都城的本质无甚大变。这也正是中国古代社会结构特征之原因，所谓改朝换代，结构不变。

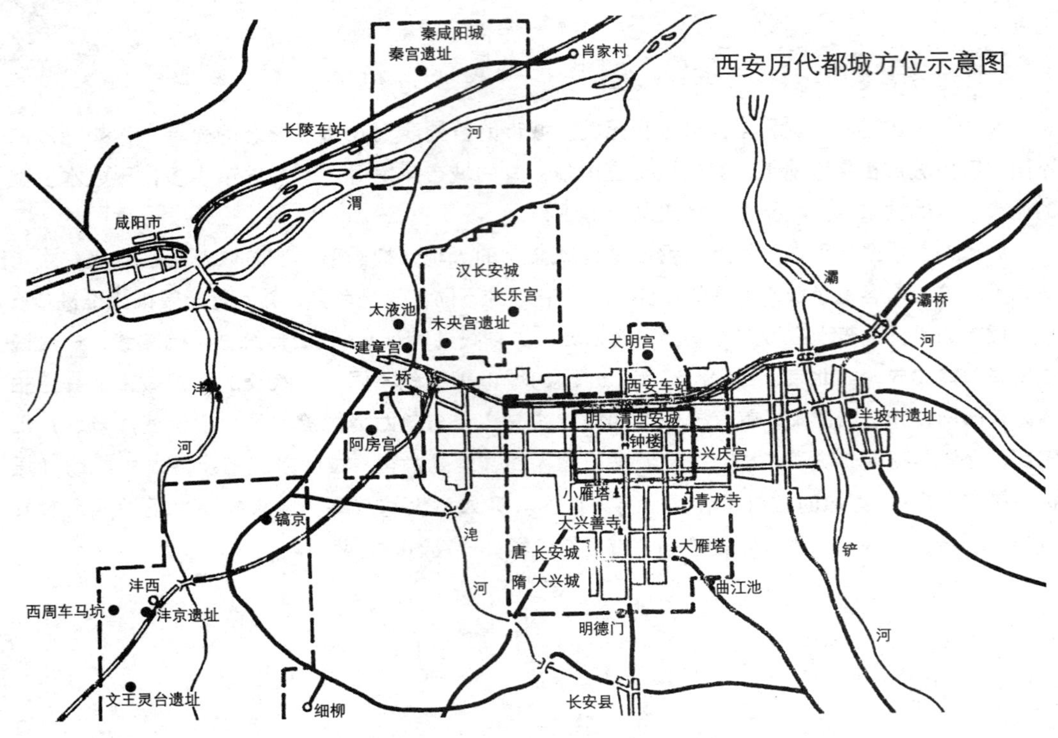

图1-4　秦咸阳、汉长安、隋大兴、唐长安

ONE

1.4 城市与进步

一

什么叫进步？进步一词，是专属人类的。有几个词的概念须搞清楚：演化、进化、进步。演化属无机界的变化，进化是生物界的发展，进步则是人类的发展。

进步，照字面上解释为比原来有所发展或提高，促进社会的发展。但从理论上说，进步是专属人类的、自主的。生物的进化是不自主的。

城市是人的城市，它的发展当然属于进步。文明有进步的概念。城市文明对研究城市很有价值。这里所说的城市文明，不只是指不随地吐痰，不乱穿马路，不乱抛垃圾等。城市文明的深层含义，如上面所说，是人类文明的一个尺度。以古罗马城为例，这座城市的最早建城时间，已无历史查考，相传起于一个传说。很久很久以前，在特洛伊战争的年代，当特洛伊城被希腊人攻陷后，一些人逃出来，漂洋过海来到意大利，建立了亚尔巴龙迦城。后来，一个叫侬多米尔的老国王，被自己的弟弟阿木留斯推翻，他的儿子被杀死。但是他的女儿为战神马尔斯所爱，生了一对孪生兄弟。阿木留斯叫人把他们放在一只篮子中，丢进台伯河。篮子后来被树枝挂住了，当水退去时，一只母狼听到孩子的哭声跑来，慈爱地舐干了他们，并用自己的乳汁哺养他们。不久，他们被牧人收养，并起名叫罗慕洛斯和雷默斯。长大后，他们杀死了阿木留斯，并在台伯河岸建立了新的城市。用谁的名字来命名新城呢？兄弟二人发生了争执。罗慕洛斯杀死了雷默斯，于是新城命名为“罗马”。

以上是历史传说。据历史记载，在今意大利半岛这块土地上，大约在公元前2000～前1200年，这里就有聚落，人们过着穴居生活。后来伊特鲁里亚人在拉丁平原上建立起聚落，后来命名罗马，并修筑道路，与四邻进行贸易交往。由于经济的发展，伊特鲁里亚人的聚落发展成为最初的城市。到公元前750年，伊特鲁里亚王朝建立（奴隶制初期），再加上希腊、埃及与叙利亚等文化的影响，开始引进冶金术，都市文化迅速发展，罗马的人口急剧膨胀，艾特拉斯奇人只得将此地的沼泽排干，兴建了罗马广场，并以此为中心，建造宫殿和道路。

自公元前8世纪起，艾特拉斯奇王国统治罗马达300年，主导了罗马最早的兴盛。但到了公元前5世纪，他们的势力逐渐衰弱，同时受到北边高卢人的入侵，在南边又和希腊人交战，腹背受敌，罗马人乘虚而入，一举推翻了艾特拉斯奇人的统治。

二

大约在公元前6世纪末，罗马人采取希腊的政治制度，建立罗马共和国。起初由贵族组成的元老院和每年在公民大会上选出的两名“执政官”共同掌权。直到公元前494年，成立维护平民权益的“保民官”并设置平民会议，颁布“十二铜表法”及通过执政官必须有一人是平民等一系列的改革措施，罗马才开始迈入民主共和时代。

罗马共和国到了公元前1世纪发生危机，抱有野心的恺撒（前101～前44）作为民主派的领袖，后来却转向独裁，自命为“元帅”、“祖国之父”，但被元老贵族们暗杀，于公元前44年遇刺身亡，后来由屋大维任元首，并获得“奥古斯都”（有神圣、庄严之意）称号。公元前27年，共和国倾覆，罗马帝国建立。

罗马帝国初期的罗马城，总面积为13.86km²。当时最大的城市建设是广场。帝国广场是从共和广场的轴线中段向西北延伸约300m左右。这里本是一块山间的空地。帝国广场由奥古斯都广场和图拉真广场等多个广场组成。它们的建筑布局不同于共和广场。共和广场上的建筑物强调自我突出，与广场整体不甚协调。帝国广场的建筑实体从属于广场空间，由广场上的方形、直线形和半圆形的空间组成。每个空间都由柱廊连接，端部的主要建筑物起着主要的装点作用。广场群的设计手法是：每个帝皇所建造的广场建筑群与另一个帝皇广场建筑群在用地布置上彼此垂直相交，以多个彼此相交的垂直轴组成一个帝皇的广场建筑群。图1-5即为罗马帝国广场群。

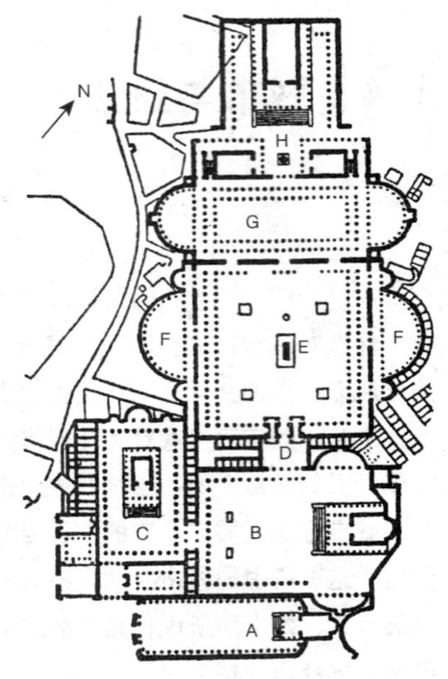

图1-5 罗马帝国广场群

A－奈乏广场（Forum of Nerva，90年）；B－奥古斯都广场（Forum of Augustus，前30年）；C－凯撒广场（Forum of Caesar，前40年）；D－图拉真广场前的凯旋门；E－图拉真像；F－广场内的市场；G－巴西利卡；H－图拉真纪功柱

城市的进步映射出历史的进步，不过这种进步在人类历史发展过程中不完全是一往直前的，有时会变得曲曲弯弯，甚至“倒退”。西罗马灭亡前后的城市，就表现出这样的现实。4世纪末，罗马帝国危机四伏，公元395年罗马帝国分裂为东、西两个国家。东罗马的范围包括巴尔干半岛和小亚细亚、叙利亚、巴勒斯坦、埃及、美索不达米亚以及南高加索诸地，首都君士坦丁堡（今伊斯坦布尔）。东罗马帝国又称拜占庭帝国。西罗马日渐衰落，公元410年，阿拉里克率领西哥特人攻陷罗马，这时西罗马首都已迁至意大利北部的拉文纳，公元493年，也被东哥特人攻陷。历史上以公元476年奥多阿克废黜罗马最后一个皇帝，作为西罗马灭亡之年。历史上也以此年为西方古代（奴隶制社会）的终结。东罗马直到公元1453年才被奥斯曼帝国所灭，但东罗马的社会制度已是封建制，属中古时期。

回到城市与进步这个主题上来。从社会形制来说，所谓进步，首先是奴隶制与封建制的比较。不要以为古希腊、古罗马有一整套的民主体制，可是这一切都是建立在排斥奴隶的基础上实行的。到了封建社会，奴隶这个阶级基本上退出了历史舞台。从表面上看，西罗马灭亡以后，欧洲被认为是“最黑暗的三百年”（5~8世纪），那时的欧洲，到处都是战争、贫困、瘟疫、饥馑，民不聊生。

当时的城市情况如何呢？法国在中世纪为法兰克王国，后来德意志和意大利分裂出去，成了三个国家，法国即法兰西，首都巴黎。中世纪的巴黎，街道狭窄而又曲折，市民房屋沿街建造，简陋而低矮，十分拥挤。菲利浦·奥古斯都统治时期（1180~1225），修建了卢佛尔堡垒，还修建了中央商场，位于城岛东南部的巴黎圣母院的主要工程也是在这个时期完成的。13~14世纪在城岛西北部兴建了宫殿，后来毁于火灾。总之，从城市的规模和形态来说，当时的巴黎远不及罗马帝国时期的罗马城。

然而，中世纪与古代相比，在本质上毕竟是进步了，奴隶阶级已基本上消失了。从9世纪到13世纪，欧洲慢慢地恢复了过来，那些狭小、破烂的城市形态也渐渐地变得有生机得多了。为什么？这就是欧洲中世纪的社会结构形态，促进了社会经济的发展。

中世纪城市的复兴，要归功于经济、商业、贸易的发展。因此，当时发展最迅速的城市是沿海的几个城市，如意大利的威尼斯、热那亚，法国的马赛，西班牙的巴塞罗那，荷兰的海牙、鹿特丹，以及沿河的一些城市。不过，这些城市在性质上完全不同于古代的罗马城或庞贝城等。

三

中国古代城市也是如此，上面说的秦咸阳、汉长安、东汉洛阳、隋大兴、唐长安等，这些城市以“城”为主，以“市”为副。城者，重在军事和政治；市者，则重在经济、商业和贸易，当然还有市民生活。我国古代的城市虽也设市，如《木兰辞》里有“东市买骏马，西市买鞍鞯，南市买辔头，北市买长鞭”。可是直到北宋的汴梁（今开封），城市里的经济和商业才发展起来。但中国古代城市的经济和商业，直到古代晚期的明清时期才真正发达起来。例如，江苏的无锡、安徽的芜湖、江西的九江、湖南的长沙，被称为全国的“四大米市”，就是由于经济、商业的发展而兴旺起来的。沿海的一些城市，则直到晚清，鸦片战争以后才发展起来。如广州、厦门、福州、宁波、上海这五座城市，称“五口通商”。这些城市固然是西方列强对中国经济、政治和文化扩张与掠夺的对象，但同时也是中国近代的发达城市。

1.5 城市空间

一

城市空间，就是城市范围以内的建筑、街道、广场、园林绿化等所占的空间。这里的“空间”，应当包含空间和实体。建筑空间包括建筑实体和室内外空间；城市空间将建筑作为一个实心的实体来看待，甚至把建筑物视为一个实物“点”，由这许多“点”形成城市空间。从城市的角度来说，要关心的就是这些点以及点与点之间的关系。

一般来说，城市空间不是三度空间，更确切地说，是带有起伏肌理的准三度空间。所以规划师的工作，大量地是在平面图上进行工作（当然也有高度方向的工作，例如竖向设计）。

城市空间的结构，一是它的轴线的把握，其次是城市路网的形式。结构主义哲学的一个重要论点是“关系”重于“关系项”。回答这个问题的最好办法是用图。如图1-6所示，*A*、*B*、*C*是关系项，*AB*、*BC*、*CA*是关系。从城市概念来说，三个点是建筑物或其他实物体，三条线是轴线或路网等。城市空间须特别关注的正是这些“线”。当然，城市形态也不能不注意这些“关系项”的高度方向，即建筑物等的高度、城市轮廓线、天际线等。

将城市的结构布置得完整、理性化，在古代城市中几乎是一个原则。如唐长安城，其道路几乎都是东西向、南北向的。地处江南水乡的苏州古城，其格局也是如此。有人形容苏州城内的道路形式像“鱼骨”，中间一条大街，两边垂直地伸出小街小巷，房屋依此布置，如图1-7所示。

我国曹魏时期的邺城，被认为是一个城市的典范，其城市道路几乎都是东西向和南北向的。从元大都到明清北京，也遵循这种做法。

近代上海的城市道路多曲曲弯弯，有好多道路是过去几条方向基本一致的路连起来的，所以不直；有的路过去是河流，后来改成路，如延安东路，过去这里是洋泾浜，所以道路曲曲弯弯。

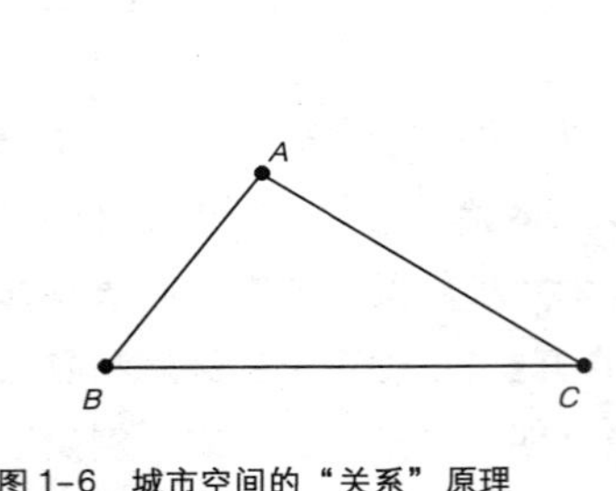

图 1-6　城市空间的“关系”原理

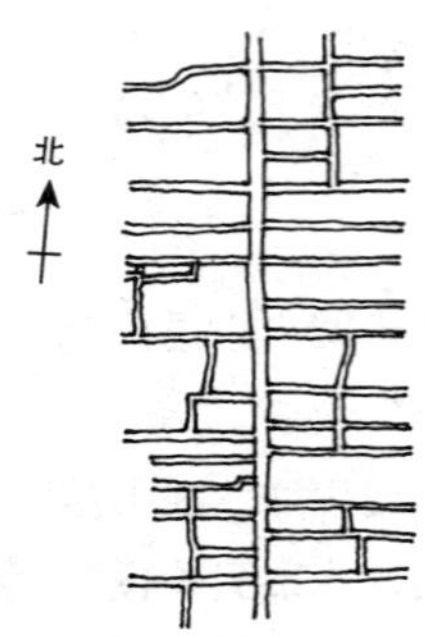

图 1-7　鱼骨形的城市道路结构

二

城市空间，上面说的几乎都是“瞬时”的，即一个时间段的。但事实上城市空间结构是在变动的。如果你 3 年以前到过上海，现在再到上海来看看，必然会看到许多新的面貌，如道路的拓宽、房屋的改变等。还有近年来发展最快的地铁。现在上海的地铁已有 9 条线路，但 3 年前只有 3 条。上海浦东发展更快，3 年前的浦东景观，已与如今大不相同了。上海，在近 20 年来的城市形象，可谓日新月异地变化着。有人引用马克思的话来形容此变化：“一天等于二十年。”

三

城市空间的形象，有人的主观因素。这种主观因素提升到哲理，一般说有两种思想：

一种是自然主义的，如上面说的上海延安东路，由河填掉以后为路，曲曲弯弯。又如上海的苏州河，沿河的两条路，东段河之北为北苏州路，南为南苏州路。西段之北为光复西路，南为西苏州路。路随河转，路弯曲得特别厉害。在上海，诸如此类的弯曲道路，可谓屡见不鲜。我国的几个山城，如重庆、遵义等，这些城市的形态更是呈立体的不规则形。

另一种是理性主义的。城市道路以及建筑物等，都要做到横平竖直，而且有明确的中轴线。我国古代的都城多为这种形式，如上面所说的唐长安城、曹魏邺城以及明清北京城等。《周礼·冬官考工记》中有一段话，记述了都城形制：“匠人营国，方九里，旁三门。国中九经九纬，经涂九轨。左祖右社，面朝后市。市朝一夫。”以洛阳的周王城为例（图 1-8），周王城是洛阳城市建设史上有确凿记载的都城，距今已有三千余年的历史了。据历史记载，周武王灭商后就有营建洛邑的打算，但他在第二年就去世了。成王幼年继位，周公（旦）辅政。鉴于武庚（殷纣王子）和管、蔡（管叔、蔡叔，都是武王之弟，一封在今郑州的管，一封在今上蔡西南的蔡）之乱的教训，周公更加意识到洛邑在政治、经济、军事上的重要地位。周王城则是《周礼·冬官考工记》都城建制的重要实践，可见这种城市空间是十分理性的，而且对后世的影响甚大。

但后世所建的都城，没有一座是完全照《考工记》中所说而建的，而是按照当时的现实来修正这种说法。如道路，就没有“九经九纬”这种形制。“面朝后市”也变了，如唐长安，就变为东市和西市。北宋都城汴梁，其中的“市”更是沿着汴河自由布局。南宋都城临安（今杭州），其皇城甚至布置在城南凤凰山麓，整个城市形成很不对称的形式。明清北京当然比较规整，但也与《考工记》有很大出入。这也许是时间要素在起作用，《考工记》的规定，毕竟是先秦时代制定的。

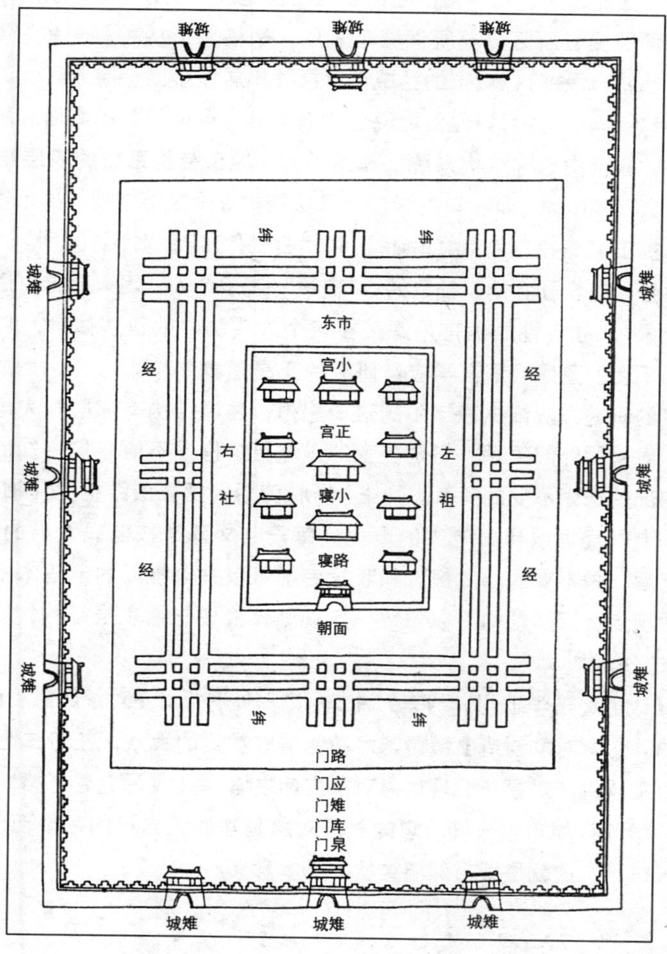

图 1-8　周王城图

1.6　城市研究方法论

一

城市作为一个客观对象来说，它的整体是个时空复变体，是个四度时空的对象。这种四度时空在古代（无论中国的还有外国的）应当说是三度时空，它在空间上是二度的，即平面的，只是这种平面的表面肌理是凹凸不平的，如有的山城，地形本身就有起伏，有的城市建有高楼、塔等。但对城市的面积来说它们仍然是微不足道的，只能说是平面的凹凸不平而已。但到了当代，情况有所改变。地铁，使城市空间向地下延伸。如今有些城市的地铁已向地下深至好几层。向空中发展，也在近年来出现。假如让建筑与建筑大片地连起来，那就从立体的建筑变为立体的城市了。所以说，城市应当视为一个四度时空复变对象。随着城市人口的增多，这种现象必然出现。

从研究城市的方法论来说，从四度时空的观点出发是现实的，不是乌托邦。

其次是表层和深层要有所区分。所谓城市表层，是指城市的种种形象（如建筑物、道路、林木、山和水及其他城市设施），城市的区域性对象（如居住小区、商业区、工业区、市中心设施等）。这些表层对象，我们也可以通俗地说是“看得见、摸得着”的方面。所谓城市深层，指的是它的结构系统，以及由这种结构系统反作用于人。城市结构系统的表层结构和深层结构的关系，按照结构主义（Structuralism）的说法，深层结构重于表层结构，瑞士语言学家索绪尔在其语言学研究中，提出“语言”（Language）和“言语”（Parol）的区别。“语言”是不以个人意志为转移的共性，是全社会的、抽象的。“言语”属于个人，因人而异，是具体的（包括物理、生理和心理现象）。社会性的语言是深藏在每个人头脑中的语法体系，它是一个自我存在的、封闭的、稳固不变的整体。语言学应当研究的正是潜藏于个人言语之后的、抽象的、普遍的语言。结构主义的研究方法依据索绪尔的这一思想，强调结构有深层与表层之分：表层结构是可直接感知的、对象的外部关系。它是多变的；深层结构是不能直接感知的、只能借助演绎推理得出的对象内部的稳固不变的关系。列维－斯特劳斯曾把表层结构比作拍发电报时的电文，而把深层结构比作电报局据以译出电文的电码。每一电文都是按电码发出的。电文是可变的，电码深藏于电文之后，是不变的。发报者和收报者都可以去电报局的电码本中找到电码所代表的语言。按照他的观点，深层结构可以依照一定规则转换成它的表层结构，就像电码可以拍发成各种不同的电文一样。

马克思在《〈政治经济学批判〉导言》中说：“……消费对于对象所感到的需要，是对于对象的知觉所创造的。艺术对象创造出懂得艺术和能够欣赏美的大众，任何其他产品也都是这样。因此，生产不仅为主体生产对象，而且也为对象生产主体。”（《马克思恩格斯选集》第二卷 95 页，人民出版社，1972）城市也一样，它的表层对象是按照人自己的需要而创造的，这些对象反过来却塑造了人自己。这就是城市深层结构的基本意义。

二

澳大利亚首都堪培拉的国会大厦，这座建筑由美国建筑师 R・裘戈拉设计，1988 年建成。有人说这座建筑没有主立面，共有 8 条道路可以进入这座建筑，这就意味着新的政府机构的概念，它不是盛气凌人，而是和蔼可亲，四面八方都可以进去。人处在这样的环境里，会变得怎么样呢？这就是环境对人和社会的反作用。人筑就城市形象，城市形象反过来也筑就人。我国有句成语——钟灵毓秀，正是这个关系。

古代的衙门、皇宫，就是相反的形态。北京的明清皇宫，那一道道的门，给人的感觉是等级森严。在午门前面的广场上，三面是高高的城墙，城墙的上面是柱廊，人站在此处似乎连头也不敢抬，只是觉得城墙上有许多兵将在盯着自己，心中觉得栗栗然。

三

城市的深层性质并不只有一种，而是有好几种，从哲理的概念来说，上面分析的是结构主义的、理性的，还有非理性主义的。作为比较典型的现代哲学之一的存在主义，在现代城市思想中是很多的。所谓存在主义（Existentialism），又称生存主义、实存主义。这个词最初由德国哲学家海涅曼用来称呼海德格尔的《存在与时间》一书的哲学思想，现在用于指称从海德格尔开始的把个人的存在当作全部哲学的基础与出发点的现代非理性主义哲学。这一流派的哲学家把分析个人"存在"的本体论结构作为哲学研究的主要对象，并认为只有在畏惧、焦虑、绝望等非理性的体验中才能领会个体存在的意义。存在主义是当代人本主义潮流的一个分支。

存在主义哲学有这么几个基本特征：首先，存在主义者把个人的"存在"当作哲学家的对象；其二，存在主义者都具有公开的非理性主义的倾向；其三，存在主义带有强烈的悲观主义和虚无主义的色彩。

存在主义反映在城市思想上引申成为一种理性境界的田园式的城市追求。英国的托马斯·莫尔（1478～1535）是空想社会主义"乌托邦"（Utopia）的代表。乌托邦的城市思想，首先，城市人口有严格的限制，不得过分集中。除郊区外，每座城市只规定六千个住户，每户的成年人，少则十名，最多十六名。如超过限额，则将多余的人口移居到人口稀少的城市。如整个乌托邦人口过多，则向国外邻近地区移民，开荒垦地，从事生产。人口密度问题在乌托邦已受到一定的重视。

每座城市划为均等的四个部分，各有市场（货物总栈与食品供应站）、医院与公共食堂（乌托邦人习惯于在这种食堂集体进餐）。当然，这一切设施都是免费为所有公民服务的。城市街道宽敞，规定为20英尺宽，便于行人、车辆通行。住宅区的建造都有具体的规格。每一住户可以任人自由进入，而且住房须每隔十年抽签调换，借以彻底废除私有制。乌托邦人花很大的气力绿化城市，每家后门对着花园，其中花草杂生、果树繁茂，既可观赏，又可提供新鲜的水果。

后来在19世纪初，欧文（1771～1858）、圣西门（1760～1825）和傅立叶（1772～1837）等又提出"空想社会主义城市"。欧文把城市作为一个完整的经济范畴和生产生活环境进行研究，于1817年根据他的社会理想，提出"新协和村"的示意方案，建议居民人数为300～2000人（800～1200人为最好），耕地面积每人0.4hm^2或略多。新协和村中间设公用厨房、食堂、幼儿园、小学、会场、图书馆等，周围为住宅，附近有用机器生产的工厂与手工作坊。村外有耕地、牧场及果林。全村的产品集中于公共仓库，统一分配，财产公用。他呼吁政府采用这种设想，但遭到拒绝。

欧文在1825年为了实现他的理想，用他自己的财产带领900个人从英国迁到美国的印第安纳州，以15万美元购得12000hm^2土地建设协和村。该村的组织方式与1817年的设想方案差不多，但在不久终于全部失败。

四

不过，这种思潮却一直继续着，直到19世纪末。当时，英国社会活动家霍华德提出田园城市运动。这个运动有两个互相关联的来源。"一是19世纪上半叶的乌托邦传统，特别是欧文的传统，人们把它看成是一个完美而自给自足的集体，一种城镇和乡村的综合体，有传统上与之相关的社会含义；二是坐落在绿树丛中单个家庭的观念，在某种意义上，是从19世纪后半叶维多利亚思想所具体体现的理想演变而来，所强调的是私密性，而不是社会关系，企图把家庭生活从大都市的拥挤和混乱中解放出来，尽量合理地使城镇变得和乡村一样。”（［意］L·本奈沃洛著. 西方现代建筑史. 邹德侬、巴竹师、高军译. 天津：天津科学技术出版社，1996）

霍华德于1898年著有《明天——一条引向改革的和平道路》，1902年再版时书名改为《明日的田园城市》。在这本书中，他提出了一个有关建设田园城市的论证，即“三种磁力图解”。这是一个关于规划目标的简练的论述，即城市与乡村都具有相互交织着的有利因素和不利因素。城市的有利因素在于有获得职业岗位和享用各种市政服务设施的机会。不利因素为自然环境的恶化。乡村有极好的自然环境。他赞叹乡村是一切美好事物和财富的源泉，也是智慧的源泉，是推动产业的巨轮，那里有明媚的阳光、新鲜的空气，也有自然的美景，是艺术、音乐、诗歌的灵感之由来。但是乡村中没有城市的物质设施与就业机遇，生活简朴而单调。他提出“城乡磁体”理念，认为建设理想的城市，应当兼有城市与乡村两者的优点，并使城市生活和乡村生活像磁体那样相互吸引，共同结合。这个城乡结合体称为田园城市，是一种新的城市形态，既可具有高效能与高度活跃的城市生活，又可兼有环境清净、美丽如画的乡村景色，并认为这种城乡结合体能产生人类新的希望、新的生活、新的文化。

他为了控制城市的规模和实现城乡结合，提出任何城市若达到一定规模时，应该停止增长，其过量的部分应由邻近的另一城市来接纳。从而居民点就像细胞增殖那样，在绿色田野的背景下，呈现为多中心的、复杂的城镇集聚区。即若干田园城市围绕一个中心城市构成一个城市组群，用铁路和公路把城市连接起来。他把这种多中心的组合称为“社会城市”。图1-9是他所绘制的可容32000人的城乡结合的简图。他建议总占地面积约2400hm²，其中农业用地约2000hm²。在农业用地中，除耕地、牧场、菜园、森林外，农业学院、疗养院等机构也设在其中。城市位于农业用地的中心位置，占地400hm²，四周的农业用地保留为绿带，不得占为他用。其中，有30000人住在城市，有2000人散居在乡间。

这些理想城市的构想，它的深层内涵就是乌托邦思想、非理性主义哲学思潮的表现。所以城市的问题，它学术性的一面属哲学与社会科学，是很有思想性的。

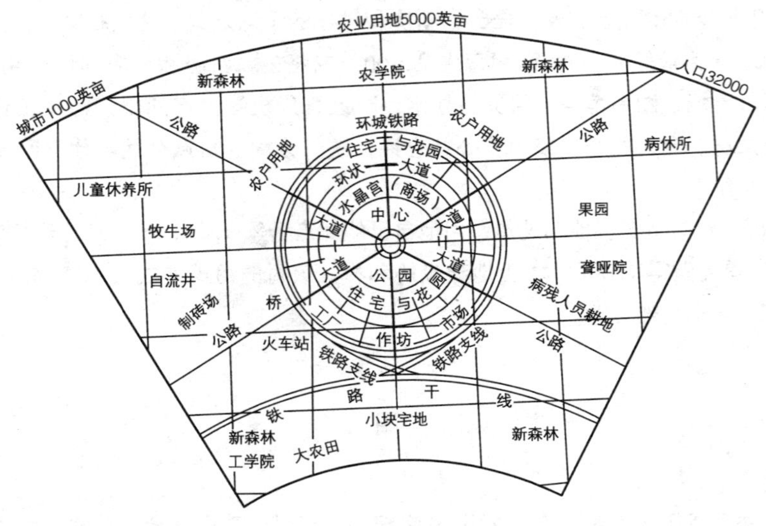

图1-9 田园城市简图

五

著名的现代主义建筑大师勒·柯布西耶在20世纪20~30年代提出“城市集中主义”理论。他发表了两部著作：《明日城市》(The City of Tomorrow) 和《光明城》(The Radiant City)。归纳起来，他的城市思想主要有四点：

(1) 他认为传统的城市，由于规模的不断扩大及城市中心区拥挤程度的加剧，已出现功能性的老化。随着城市的进一步发展，城市最中心部分的商业地区的交通负担越来越重，而这些地区对于各种事业又都具有最大的聚合作用，须通过技术改造以完善它的集聚功能。

(2) 用提高密度的办法来解决拥挤的问题。从局部来说，他认为可用大量性的高层建筑来解决此问题。同时，在这些高层建筑周围又会腾出很高比例的空地。他认为摩天楼是“人口集中，避免用地日益紧张，提高城市内部效率的一种极好手段”。勒·柯布西耶认为，摩天楼朝气蓬勃、坚固、雄伟，又反映时代精神，就像从前的大教堂，宣告对上帝和教会权力的信仰一样，他认为钢、混凝土和玻璃组成的五光十色的摩天楼是宣告对大规模的工业社会的信仰。

(3) 调整城市内部的密度分布。降低市中心的建筑密度与就业密度，以减弱中心商业区的压力和使人流合理地分布于整个城市。

(4) 他论证了新的城市布局形式可以容纳一个新的、高效率的城市交通系统。这种系统由铁路和人车完全分离的高架道路结合起来，布置在地面以上。

勒·柯布西耶在1933年发表的《光明城》一书中，对于城市提出了一个更新、更具体的城市规划设想，这是一个假设为需要协调和有领导的社会的产物。城市中心区是居住区而不再是行政机关了，代替它的是一些各自容纳2700个居民的居住联合体。城市仍保留着绿化空间和方便的、先进的现代化交通运输组织。图1-10是勒·柯布西耶设计的“现代城市”中心车站；图1-11是“现代城市”摩天楼标准层（平面）；图1-12是他绘制的“300万人口的城市”透视图。

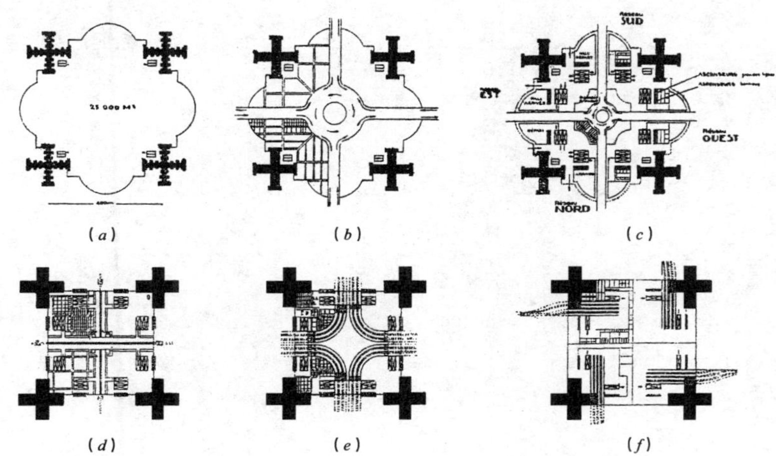

图1-10 “现代城市”中心车站

(a) 顶层 出租飞机停机场；(b) 中间层 快速车道；(c) 地面层 各铁路线的入口；(d) 地下一层 地下铁道；(e) 地下二层 市际与市郊线；(f) 地下三层 国际线

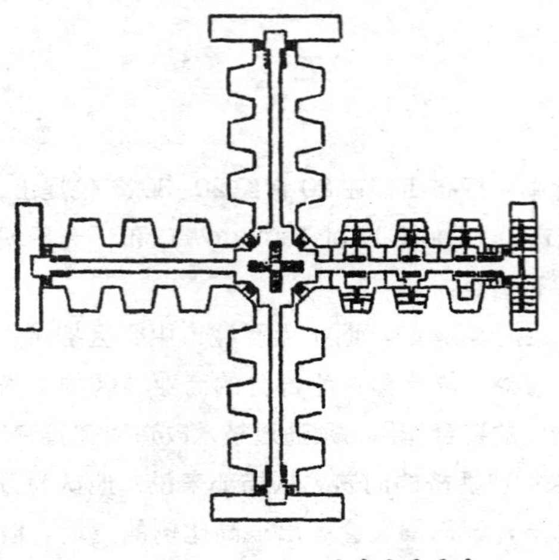

图 1-11 “现代城市”摩天楼标准层平面

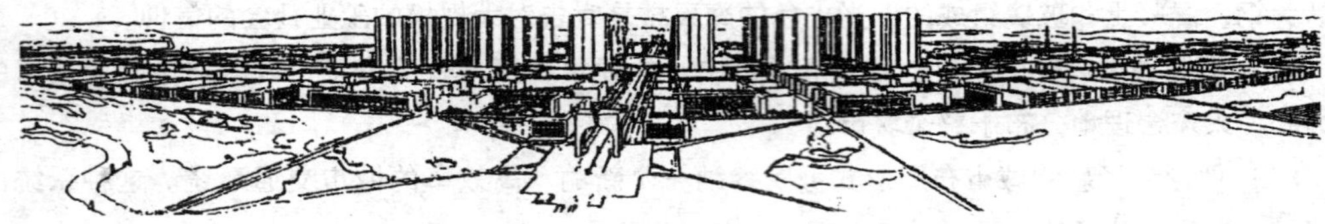

图 1-12 “300 万人口的城市”方案

城市论
The Theory of City

City and Culture
城市与文化

第 2 章 城市与文化

TWO

2.1 文化与城市文化

一

什么是文化? 文化二字看来容易理解，但若要对它进行释义却也不易。文化不只是“读书读得多有文化”，也不只是“文治教化”。文化（Culture）是个外来词，现代汉语的“文化”二字是从日语那里来的，其文字与汉字相同，但读音不同（ぶんカフ）。其实“文化”在西方也包含许多意义：文化，与“耕作”有关，英语中农业一词是 Agriculture。文化还与“进步”有关，如“麦子的改良”（the Culture of Wheat），“工艺的改进”（the Culture of Arts）等。“文化”一词从语义学（Semantics）来说是多义的，它还有“智慧”、“教养”、“崇拜”、“习俗”等含义。

菲利普·巴格比在《文化：历史的投影》(夏克，李天纲，陈江岚译. 上海：上海人民出版社，1987）中说：“……文化包含了思想模式、情感和行为模式，但并不包含任何决定这些模式的不可见实体，不管它们是什么东西。”作者把文化作为一种“模式”来看待，这显然是把与人关联的一切事物结构化、系统化。他还指出：“文化就是一个特殊种类的行为规则。它包括内在的和外在的行为两个方面，它排斥行为的生物遗传方面。”这个意思是从文化性质来说的，因此“文化”似乎是个说不清的词，只好约定、默认。书中又说：“我们已经把文化定义为‘除了在来源上明显地属于遗传的，某一社会内成员的，内在和外在的行为规则’。”其实这个定义还是不确定的，它只界定了外延，没有把其内在结构本质表述出来。同样，有些人认为，文化是“人类社会历史实践过程中所创造的精神和物质财富的总和”。同时，认为“文化是一种历史现象，每个社会都有与其相适应的文化，并随着社会的前进而发展；文化是一定社会政治和经济的反映，同时又作用和影响其政治和经济；文化具有民族性，随着各个民族的发展而形成民族传统；文化有其历史连续性，每一社会物质发展的历史连续性，是文化发展历史连续性的基础；在阶级社会中，文化具有阶级性。”（引自：中国文化辞典. 上海：上海社会科学院出版社，1987）这种提法，也没有触及文化的实质问题，只是文化的属性。文化，应当首先与人联系起来，并且与文明联系起来。文化具有这样一种意义：它是一种能使人感受的对象，是人类文明在进步尺度上的外化。应当认为，文明（Civilization）只是一种结构，这种结构是进步着的，但我们感受不到，须通过文化（对象物）进行外化、表述。同时，也正由于这种性质和关系，因此我们必须有一个时空框架，才有可能去研究和把握它。

二

城市文化是有秩序的，不是乱哄哄的。城市，其中的人的结构与其文化的结构密切相关。城市中的人，就其文化性质来说有三种类型：一种是有财有势的统治阶级，若是都城，就是皇家的；第二种是平民百姓，所谓俚俗文化，就显得土气、俗气，但他们却是大量性的，是城市的“根底”，而且最能表现地方特征；第三种是文人士大夫文化，这种文化显示出高雅、“不俗”，文秀雅致。一般多鄙视富贵，也看不起俚俗。我国古代的《诗经》有“风”、“雅”、“颂”，正是对这三种文化的表述。

至于城市，其文化特征也就在这一大文化类型中形成其结构。当然，不同地域的城市也有不同的文化特征，但都可以纳入这种人文结构的框架中，并表现出该城市的文化特征。如前所说，城市文化是个时空复变结构，随着时间的推移，不同的历史时期有不同的城市文化结构。上面说的这三大文化类型必然会变异。奴隶社会、封建社会、资本主义社会及社会主义社会等，其城市文化结构也就会显现出不同的特征。

三

皇家文化的内容，在城市文化中显露出城市的骨架性特征。都城的皇家文化，显示出城市布局秩序。如明清时期的北京，横平竖直的道路结构，中轴线对称布局，显示出大国都城的文化气质。明清北京的皇宫，位于城市的中央；外城、内城、皇城、紫禁城，层层套叠，形成很规则的城市形态，如图 2-1 所示。

唐代都城长安，布局很规则，充分显示出大国风度，而且它的文化结构也显得有条不紊。宫殿在北，原来是在太极宫，后来迁至城东北的大明宫，皇家文化便在这些宫殿中显示出来。城的南部则是广大的居民区。

外国古代城市的文化结构也有类似的情形。西欧在中世纪处于相当贫困的时期，所以他们的城市只有主体部分（皇宫和教会所在）比较考究，其他平民百姓所居之地显得比较杂乱、破烂。这就显示出当时的城市文化特征。当然，其文化结构仍如此。

四

我国的江南水乡城市，从城市文化结构来说，也同样如此。例如苏州，据宋“平江府图”记载，城市的府治所在称“子城”，位于城的中央偏南，居民区、商业区及其他区域，布置得有条有理；街道巷里，南北、东西井井有条，表现出很有文化性，特别是其中的道路系统，水陆并行，既显示出城市的理性、秩序，又显示出水乡城市的文化特点。一路一河，二路一河，或无路一河，两边皆是房屋，充分显示出水乡城市的文化特征。

苏州传统城市分区的条理性，也可以从它的商业布局中表现出来。这里有米行、水果行，还有织物行、化妆品行等，分区都很明确。古代苏州城市的手工业和商业也反映出了它的文化，或曰江南水乡文化。更可贵的是苏州古代城市文化在如今的苏州仍能比较完好地保存下来。

杭州也是我国古代江南的一座名城。这里的文化又有另一种特征。杭州不同于苏州，是一座不对称、又不甚规则的城市。但杭州曾作为吴越国和南宋的都城，因此杭州的城市文化又有自己的特色。这种特色是多方面的，南宋的吴自牧（生卒已无从查考）著有《梦粱录》，详细地记述了这座城市当时的文化内容。从南宋都城临安的城市文化特征来说，应了“临安”二字，即临时安顿，总有一天要打回开封（汴梁）去的，所以其布局有些“凑合”的特征。首先，皇宫是在临安城的南侧，不在整个城市的中轴线上；其次，这个都城规模不大，缺乏皇家（文化）气质。有人说临安的皇宫规模还不及秦相府（秦桧的府邸）。因此，从城市文化结构来说，杭州在南宋时，作为都城，它的皇家文化气质是欠缺的，或者说是扭曲的。但南宋都城临安的市民文化和文人士大夫文化，却是很有特色的。当时临安虽说是个偏安之地，但在12世纪世界城市来说，却是全球最大的城市，当时人口超过百万，而且商业相当发达，用现在的话来说，国民经济生产总值也是全球第一。据《梦粱录》记载，当时商业相当发达，临安城内，“自大街及诸坊巷，大小铺席，连门俱是，即无虚空之屋。每日清晨，两街巷门，浮铺上行，百市买卖，热闹至饭前，市罢而收。盖杭州乃四方辐辏之地，即与外郡不同。所以容贩往来，旁午于道，曾无虚日。至于故楮羽毛，皆有铺席发客，其他铺可知矣。其余坊巷桥道，院落纵横，城内外数十万户口，莫知其数。处处各有茶坊、酒肆、面店、果子、彩帛、绒线、香烛、油酱、食米、下饭鱼肉鲞腊等铺。盖经纪市井之家，往往多于店舍，旋买见成饮食，此为快便耳”。

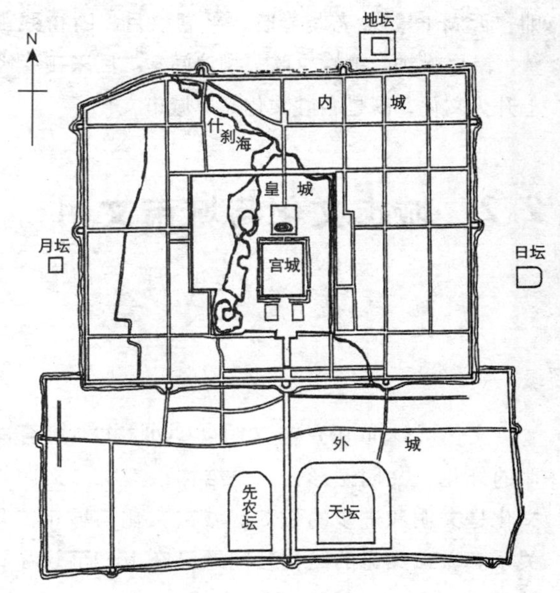

图 2–1　明清北京总平面

当时商业之发达，甚至早市、夜市也很可观：“杭城大街，买卖昼夜不绝，夜交三四鼓，游人始稀；五鼓钟鸣，卖早市者又开店矣。大街关扑，如糖密糕、灌藕、时新果子、象生花果、鱼鲜猪羊蹄肉，及细画绢扇、细色纸扇、漏尘扇柄、异色影花扇、销金裙、段背心、段小儿、销金帽儿、逍遥巾、四时玩具、沙戏儿。春冬扑卖玉栅小球灯、奇巧玉栅屏风、捧灯球、快行胡女儿沙戏、走马灯、闹蛾儿、玉梅花、元子槌拍、金橘数珠、糖水、鱼龙船儿、梭球、香鼓儿等物……”书中记述得十分详细，可见当时的商业文化之发达。

杭州这座城市，它的文化还与西湖有关。南宋文人罗大经著有《鹤林玉露》，其中“十里荷花”一篇，说的是对西湖美景的歆羡，他引用柳永的《望海潮》这首词，描述杭州的西湖之美景。但接着便说：“此词流播，金主亮（即金废帝完颜亮）闻歌，欣然有慕于‘三秋桂子，十里荷花’，遂起投鞭渡江之志。近时谢处厚诗云：‘谁把杭州曲子讴？荷花十里桂三秋。那知草木无情物，牵动长江万里愁。’……”这就是说，宋代之所以被金人所侵，是由于杭州西湖太美，金主亮早已垂涎三尺，所以决计渡江南侵。美景反而成了祸根。这种反意之笔，可谓良工心苦，手法更为独到了。西湖就是杭州城市文化的特点。南宋时，文人士大夫们议出西湖的10个景，即“西湖十景”：苏堤春晓、平湖秋月、断桥残雪、曲院风荷、三潭印月、双峰插云、花港观鱼、南屏晚钟、雷峰夕照、柳浪闻莺。后来在清代又有“西湖十八景”。这充分说明西湖景观已上升为文化，既是名胜文化又属城市文化。

2.2 城市文化与城市文明

一

文化（Culture）与文明（Civilization）有所不同，但两者关系密切：首先，文化是文明的外化，文明无形，只是结构；其次，文明与进步联系着，文化没有进步的概念，而且文化是文明和进步的积淀。城市文化与城市文明的关系，就是文化与文明在城市领域中的关系。城市文化的结构性问题已在上一节说了，这里要说的是城市文化与城市文明之间的关系。

城市文明的真正意义，不只是不乱丢垃圾，不随地吐痰，不乱穿马路，说话和气、文雅等。或者说，这种仅属文明的表层内容。其实，正如上面所说，文明与进步有关。如奴隶社会时期的文明，是建立在非奴隶阶级（奴隶主、自由民）民主、自由、平等、博爱基础上的规范性行为，以及由此而外化出来的奴隶社会的各种现实。

古埃及的城市，例如著名的卡洪城，城的西端为奴隶居住区，居住条件甚差，它与城东的贵族区形成了鲜明的对比。在古罗马，城市中用来为奴隶主们生活、游乐的地方很宽大，设施也很好，建有浴场、跑马场、角斗场、剧场等。这些条件都是建立在压迫、剥削奴隶的条件下实现的。古罗马这座城市，从其文化来说，也可以说是外化着奴隶社会。

欧洲的中世纪（Middle Ages），我们也可以说是封建社会（Feudal Society），这种城市的文明也就与封建社会（制度）相一致。从城市文明的概念来说，西欧中古时期的城市中最大的城市文明特征在于宗教的强权。所以它往往以教堂及广场构成城市的主体，也可以说教堂和广场外化着西欧的中古文明。看当时的城市文明（尺度），就是从这些外化物上反映出来的。从更大的范围来看，则涉及教区。一个教区是一个中心城市，一个主教堂（Cathedral），如当时意大利的比萨，就有比萨大教堂，其他的小城市则是小教堂（Church）。这也就表现出中世纪的等级性，它的文明的结构。

二

“改朝换代，结构不变”，这就是我国自周秦至明清三千余年来古代社会的特点。从这一特点来看，我国古代社会的城市文明，表现出了这种精神。成于战国时期的《周礼》，其中“冬官考工记”一篇，就有关于城市规范的记述：“匠人营国，方九里，旁三门，国中九经九纬，经涂九轨，左祖右社，面朝后市，市朝一夫……”上面已说，洛邑（洛阳）的周王城，就是按照这种城市建制建造起来的。后来历朝历代，虽有差异，但总结构不变。明清北京则更显得规范化。这正是中国古代城市文明的一个准则。

中国古代城市文明的第二个重要准则是“进步”的标准。文明的一个重要性质就是进步。但中国古代的“进步”是倒置的。所谓进步，也可以理解为对一种高境界的追求。而我国古代的高境界不是在未来，而是在过去。孔子曰：“周监于二代，郁郁乎文哉！吾从周。”（《论语·八佾篇》）意思是说，周朝的礼仪制度是以夏、商两代为根据的，那种制度多么丰富多彩呀！我主张周朝的。鲁迅在《风波》里借九斤老太之口说：“一代不如一代。”这些都是这个道理。因此，历代的文明准则，包括城市文明，都是这种精神。可是由于种种现实原因（包括城市地形和社会形制、经济、军事等），历代的城市多少有别于“营国制”的要求。如隋唐时期的洛阳城，被定为东都。隋代东都的规划，由宇文恺（555~612）主持，其城市建设规模与隋都大兴（即唐长安）相似。建城时，先建宫城及皇城，皇城大门的大道为中轴线，在洛河上架桥，直通南门定鼎门，正对南面的龙光门，以此轴线建成一个与后来的唐长安布局相似的东西对称的城市，但由于当时城西为在东周王城基础上建造的汉河南县城，并且又是洛河的河床，因此中轴线的东西对称形制未能实现。宫城位于城的西北。追求虽然未能实现，但规划思想仍是如此。

三

北宋都城汴梁（东京），今为开封市。这座城市在春秋时期就已建城，名开封，有开拓封疆之意，战国时的魏国也建都于此，名大梁。到了唐代，改称汴州。后周世宗改为开封，并扩大其城市。到了北宋，坐享其成，建都于此，又名东京（西京是洛阳）。此城的特点，从城市文明来说，它的内向性特别强。汴梁用三层城，层层包围，有固若金汤之意。这也正是中国文明的一个特征，即内向性。图 2-2 就是北宋汴梁的城市平面复原想像图。

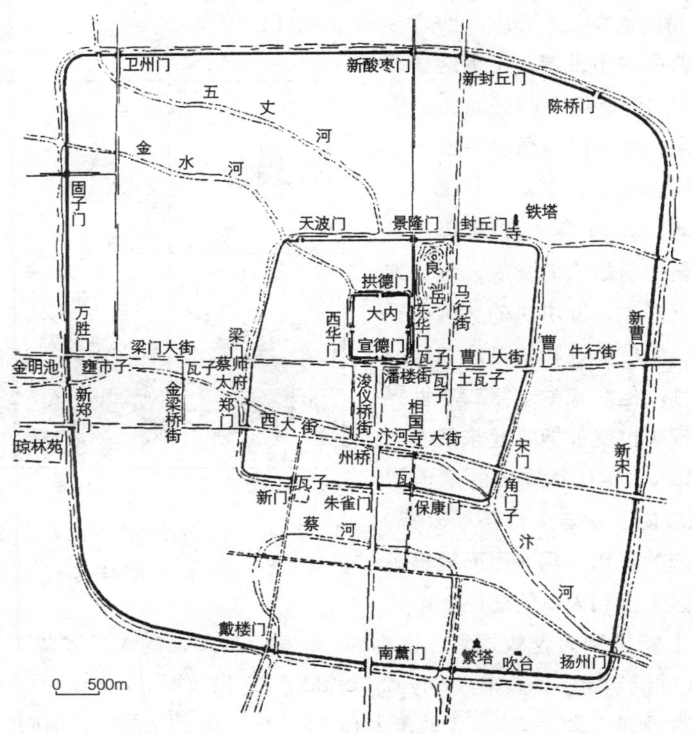

图 2-2　北宋汴梁平面复原想像图

四

城市文化与城市文明是两个不同的概念，前者是城市的文化特征，没有进步（Progress）的含义；后者有进步意义。图2-3是1811年的美国纽约城市总图。这显然已不是古代的城市形态，但也不同于20世纪纽约的城市形态。有人说1811年纽约总图是马车时代的产物，显然是近代城市形态，但也显然不同于20世纪汽车时代的城市形态。纽约城市的迅速崛起，就是城市文明发展的产物。城市文明往往把时间也表现出来。如果用地图，则它是三度时空。空间是二度的（平面），时间是一度的。

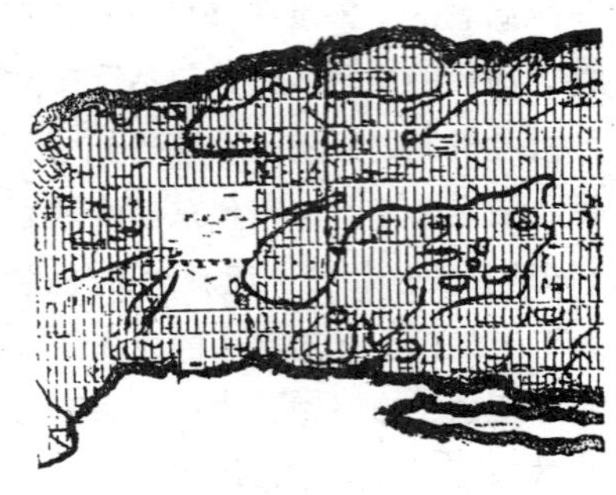

图2-3　1811年纽约总图

五

城市文明，从理论上说是进步，是一往直前。但实际上的城市文明往往也有“退步”性。恩格斯在《反杜林论》中评论法国启蒙主义思想家卢梭（1712~1778）：“……把不平等的产生看作一种进步。但是这种进步是对抗性的，它同时又是一种退步。……文明每前进一步，不平等也同时前进一步。随着文明产生的社会为自己建立的一切机构，都转变为它们原来目的的反面。”（马克思恩格斯选集. 第三卷. 北京：人民出版社，1972）

英国首都伦敦的城市发展，正是这一理论的实际表现。从19世纪中叶开始，由于工业和经济的发展，伦敦迅速崛起，图2-4就是伦敦的发展轮廓。1840年、1860年、1880年、1900年、1914年、1929年，我们在图中可以明显地看出它的发展，但这种发展是自发的、无序的、乱哄哄的。这种不理想的城市现实，促使建筑和城市规划师们考虑对伦敦的规划。但后来由于第二次世界大战，所以这一设想也就被搁置起来了。第二次世界大战期间，1940年提出的“巴罗报告”指出：伦敦的工业与人口不断聚集，是由于工业所引起的吸引作用，因而提出了疏散伦敦中心地区工业和人口的建议。1942年由阿伯克龙比主持编制大伦敦规划，于1944年完成轮廓性的大伦敦规划和报告。其后从1943~1947年又陆续制定了伦敦市（City of London）与伦敦郡（County of London）的规划。当时提出的大伦敦规划方案，是在距伦敦市中心半径约48km的范围内，由内向外划分四层地域圈，即内圈、近郊圈、绿带圈与外圈。内圈建筑人口密集，其主要改造特征是控制工业、改造

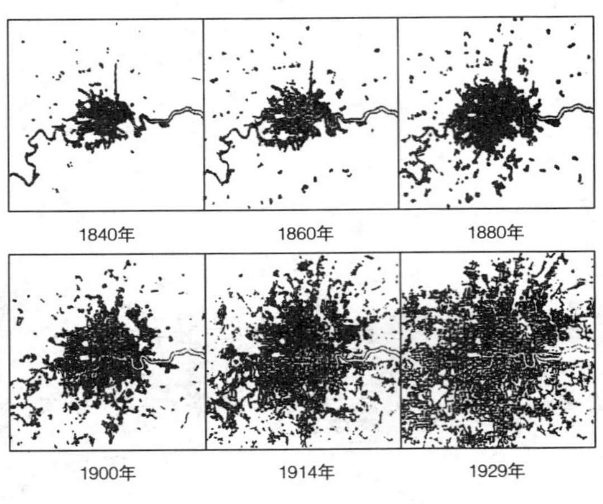

图2-4　19世纪中叶~20世纪20年代英国伦敦的发展

旧街坊、降低人口密度、恢复功能的地区，降低居住用地净密度，每公顷 190~250 人，迁出人口 415000 人。近郊圈作为建设良好的居住区和健全地方自治团体的地区，限制居住用地净密度，每公顷不超过 125 人。圈内空地尽量绿化，以弥补内圈绿地之不足。绿带圈为一宽约 8km 的绿化地带。圈内设置森林地带、大型公园绿地以及各种游憩、运动场地，并就近供应新鲜蔬菜和副产品。绿带圈内严格控制建设，构成一个制止城市向外蔓延的屏障。绿带圈以外的外圈主要用以疏散伦敦郡过剩人口和工业企业（引自：沈玉麟. 外国城市建设史. 北京：中国建筑工业出版社，1989：148 –149）。如上所说，城市文明具有时间性，时间越长，这种文明特征也越表现出来，并且与城市文化的区别也越来越明显。

2.3 城市文化的因果性

一

文化有原因吗？文化形成和演变的原因不外有三：其一是环境的原因，环境的变异形成文化的差异。这与人类的发展有些类似。我国远古时代的北方建筑多为穴居或半穴居，这种建筑（文化）就是由于环境条件所形成的。我国远古时代的南方建筑多为巢居，这种建筑（文化）也由于其环境所形成。《孟子・腾文公下》中说：“当尧之时，水逆行，泛滥于中国，蛇龙居之，民无所定；下者为巢，上者为营窟。《书》曰：‘洚水警余’。洚者，洪水也。使禹治之。禹掘地而注之海，驱蛇龙而放之菹；水由地中行，江、淮、河、汉是也。险阻既远，鸟兽害人者消，然后人得平土而居之。”这段话转述成白话文为：“唐尧时代，大水横流，到处泛滥，大地上成为蛇和龙的居处，人们无处安身；低地的人在树上筑巢，高地的人便挖洞穴。《尚书》说：‘洚水警戒我们’。洚水即洪水。后来禹来治水。禹疏通河道，使水流到大海中，又把蛇和龙赶到草泽里；水顺着河床流动，长江、淮河、黄河、汉水就此产生。危险已消除，害人的鸟兽也没有了，人才可以在平原居住。”这就是环境的原因。城市文化的形成和发展也是如此。

文化形成和演变的第二个原因是自身的原因。人类文化的原因就是人本身的原因。从这种关系来说，城市文化的原因就是人的原因。从语言学理论来说，就是“生成”（Generation）城市文化的结构和形态是由人的思维构成的，这种思维包括表层的思维和深层的思维。深层思维（模式）是构成城市文化的原因。

文化形成和演变的第三个原因是非必然的原因。东罗马拜占庭文化，君士坦丁堡的城市文化，这里在古希腊虽已有文化，但后来由于希腊被罗马征服而衰落了 250 余年，到了君士坦丁大帝建立东罗马帝国，这里（今伊斯坦布尔）又重新兴旺起来，而且竟持续了一千年之久。君士坦丁堡城市文化的形成和兴衰，原因不是必然的，而是历史的原因。君士坦丁堡成了东罗马帝国的都城以后，它的文化兴旺不用多说。公元 15 世纪东罗马的消亡，有其内外两方面的原因。这个国家在 13 世纪初，十字军第四次东征后，国家渐渐衰落，这是外因。同时，帝国内部由于内讧，因此引起经济衰退，政权不稳。后来又受到外来势力的打击（奥斯曼帝国），终于在 1453 年消亡了。奥斯曼（土耳其）占领君士坦丁堡后，海上贸易骤减，无休止的战争和海盗猖獗，所以这座城市便衰落了，城市文化亦可想而知。

二

城市文化是不断地变更着的，它在三度时空中随着时间的推移、历史的发展而变更，这种例子（典型的）很多。

首先说南京，南京最早作为都城是在三国时代，当时叫建业。后来东晋、宋、齐、梁、陈均建都于此，名叫建康，故有“六朝古都”之称。五代十国时的南唐也建都于此，名叫金陵。明朝建都于此，始称南京。当然辛亥革命后，中华民国也曾以此为首都。图2-5就是南京历代都城宫苑的略图（录自：阎崇年. 中国历代都城宫苑. 北京：紫禁城出版社，1987）。南京这座城市，它的文化随着朝代的更迭而变更。可是城市文化的变更，也有其不变的方面。南京位于长江河道的东南，这里有钟山和紫金山，有玄武湖和长江，所谓“虎踞龙蟠”，称为石头城。这样的城市环境和形态筑就了南京城市文化，城市人民的生活习俗、文化和语言（南京话）也都流传了下来。这就是城市文化的变与不变。南宋爱国诗人文天祥（1236~1282）有诗《金陵驿》，其中有：“山河风景原无异，城郭人民半已非。”这描述的就是南京城市文化。

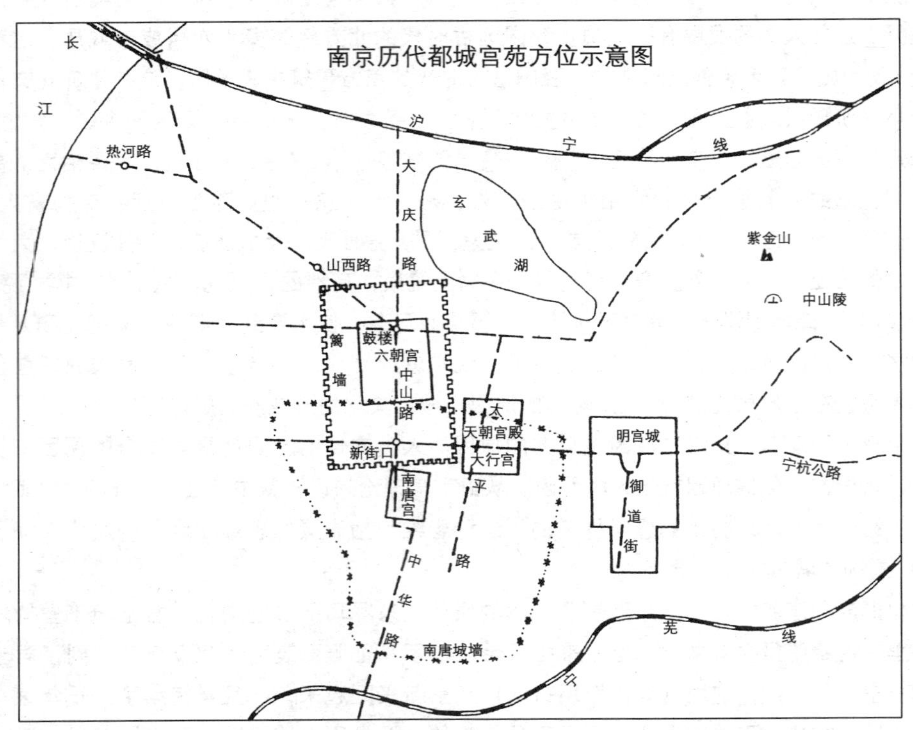

图2-5　南京历代都城变迁略图

其次说洛阳，此城号称“九朝古都”：传说中有“禹都阳城”、“桀都斟鄩”、“汤都西亳”，后来有周东都王城、东汉都城、曹魏都城、西晋都城、北魏都城、隋都洛阳、武周都洛阳及五代的后梁、后唐都城等。前面三城仅是传说，无从查考，只是后来史书上的记述。洛阳的变迁如图2-6所示（录自：阎崇年. 中国历代都城宫苑. 北京：紫禁城出版社，1987）。同样，洛阳城市文化也是三度时空，但洛阳文化也有自己的特征，这种城市文化形成的因果关系同样也是变化中有不变，或者说形态在变、结构不变，“薪尽火传”。

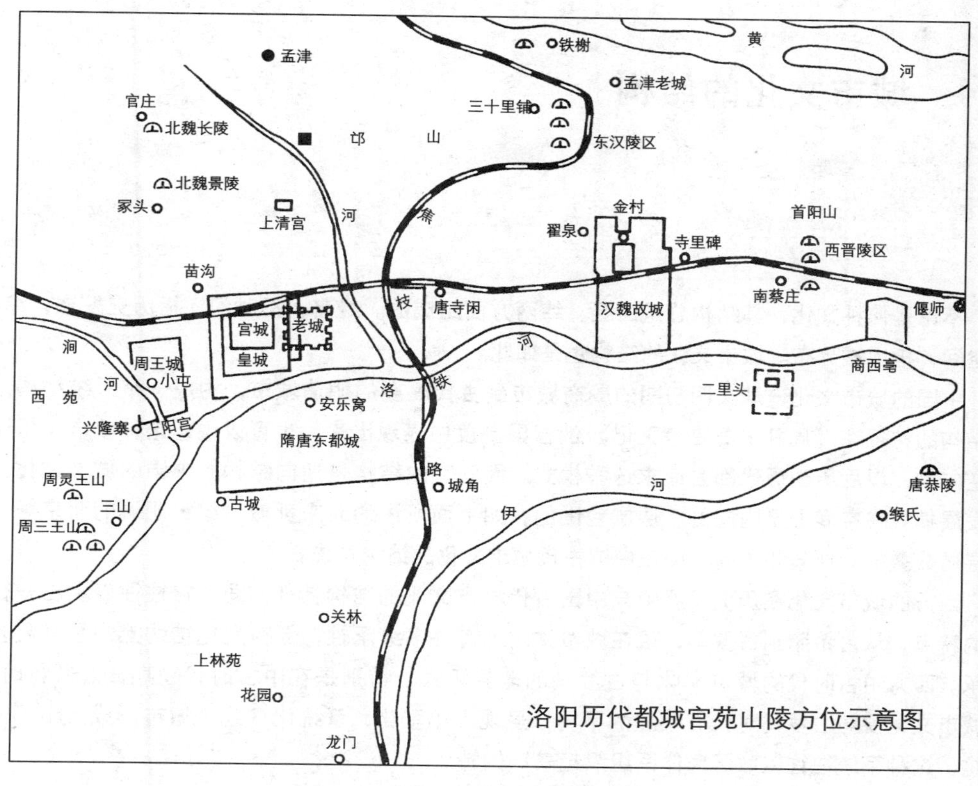

图 2–6　洛阳历代都城变迁略图

第三说莫斯科。这座城市的真正兴起是在 13 世纪。在这之前，此地属基辅罗斯（公国），解体之后便形成俄罗斯，不久又受入侵的蒙古人统治。莫斯科作为俄罗斯的都城是在 15 世纪。当时建造的华西里·伯拉仁内教堂就是其见证，同时也是莫斯科城市文化的象征，并以此影响着莫斯科城市文化。这座建筑对于俄罗斯和莫斯科文化的关系相当密切。华西里·伯拉仁内教堂建成于 1560 年，它也是为纪念最后战胜蒙古人，同时喀山公国和阿斯特拉罕合并入俄罗斯而建，所以它又是一座纪念性的建筑。这座建筑（图2–7）造型很别致，共有九个形状、高低和大小都不相同的圆尖顶。其平面形状是带有八个小顶的小厅围着一个大顶的大厅组成，并且由一个大平台把它们联合成整体，形成集中式的、中心对称式的形状。中间这个大的圆尖顶又高又大，显然是主体，是组合的中心。这个顶的形状，是在帐篷式尖塔上顶着一个圆尖顶，高达 46m。建筑（文化）是城市文化的原因，同时也是其结果。

图 2–7　莫斯科　华西里·伯拉仁内教堂

2.4 城市文化的结构

一

不论是何种文化，其结构总是由经、纬两方面组成的。经者，指时间，指历史发展；纬者，指空间，指地域分布。城市文化的结构也是如此。

中国的城市文化，从文明初期的殷商城市到古代晚期的明清城市，构成一个系统结构，这个结构的特征在《周礼·冬官考工记》的营国制度中表现出来，也可以说，这种城市文化形制是逆向的，以后历朝历代都去追求这种模式。因此它的结构是逆向结构。中国的城市文化，它的发展模式在空间上是内向的、层层包围的，如上面所说的北宋都城汴梁、明清的北京等，都是层层叠叠的。逆向和内向，便是中国古代城市文化的结构系统。

西方的城市文化在历史发展中与中国古代城市文化的结构特征不同，它往往表现出一往直前的特点，从古希腊到古罗马，虽在城市文化上有许多继承性，但在文化结构上却是发展多于继承。西方中古时代的城市文化与古罗马的差异更大，特别是在中古时代晚期，如哥特时期，其城市文化便与古罗马时代有明显的不同，呈现出小型化、系统化（几个城市形成大小不一的系统，这种系统往往以教区为体系组织起来）的特点。

二

城市文化结构，从非时空变化的概念来说，其文化结构表现在城市规模的级别上。不同的规模表现出城市文化的层次性。例如上海，是个大城市，上海文化与周边的小城市文化就有差异，这种差异不一定是文明的，但在文化上说，有某种等级关系。近代上海民间有一首儿歌："乡下人，到上海，上海闲话讲勿来，咪唏咪唏炒咸菜。"这有瞧不起外地人之意。而外地人也无法赶上、超越上海文化，甘愿默认这种羞辱。汉代有民歌《城中谣》：

城中好高髻，四方高一尺。
城中好广眉，四方且半额。
城中好大袖，四方全匹帛。

用夸张的手法讽刺当时京城周边的小城镇模仿京城里人们的穿着打扮，结果弄巧成拙。这就是城市文化的素质。有人说村镇里的人，衣服喜欢穿大红大绿，这在城市里的人看起来是"俗气"，认为衣服的色调以素色为高雅，这就是城市文化的非时空变化的一个实例。

大城市里的建筑也是如此，所谓有"分寸"，该装饰的地方装饰，不是所有的地方都装饰，也不是材料用得贵就是美。有些小城镇里的有钱有势的人家，以为建筑装饰越多越好，殊不知"过犹不及"。这也说明了城市文化的素质问题。

三

城市文化的结构，还有一种特征是三种人文结构组合。上面说的《城中谣》，是讽喻乡镇文化的。而城市中的文化（不论城市大小）也是有结构的。这种文化结构就是三种文化结构：宫廷文化、文士文化、俚俗文化。

宫廷文化，追求的是升官发财、富贵荣华。城市文化中的宫廷文化，从实物形态来说就是宫廷建筑、宫廷服饰和器物及皇家苑囿等。北京城市保护得较好，是指明清两代的皇宫（北京故宫）保存得完好。这种文化的建筑表述，可以通过建筑形态和建筑规模等方面来看。北京故宫太和殿，显示出最高的等级，可以说是北京的中心（位置），这座建筑面阔十一开间，在所有的建筑中它的间数最多，表现出最高级别，它的屋顶是庑殿二重檐，基座是三层白石台基，也都是最高级别，它的色彩，用的是黄色琉璃瓦屋顶，红墙、红柱，都是最高等级的。

北京皇宫，先是皇城，再是紫禁城。中轴线上用许多道门形成丰富的空间层次。自南至北，有天安门、端门、午门、太和门，然后是太和殿、中和殿、保和殿，后面是乾清门，里面是乾清宫、交泰殿、坤宁宫、坤宁门，后面还有御花园，园内有钦安殿，其北为神武门，然后还有北上门、景山、地安门。北京故宫可以说是世界上独一无二的多层次宫廷。其中建筑之多（相传宫内有房9999.5间，但实际上只有8662.5间，其中的半间是指文渊阁西端的一小间），可谓全球王宫之最，充分体现出我国古代文化的壮丽形态。

外国宫廷（文化）也同样，也可以从宫廷形态上看出来。例如巴黎，自西向东，由香榭丽舍田园大道到协和广场、丢勒里花园、卢佛尔宫。这就是法国首都巴黎的宫廷形态。而且我们还可以看出它与中国的宫廷形态之不同。中国的是层层封闭的、内向空间的形态；西方的宫廷形态是外展的，中轴线直通的，无一道门是关闭的，显示出纵深方向的豪华壮丽。

再如俄罗斯的首都莫斯科，其宫廷叫克里姆林宫。由于地形的关系，克里姆林宫是个不对称的宫廷。其外形近乎三角形，南和东北有河，西北以城墙为界，南面和东北面在河边也建城墙。这些城墙的顶上均有锯齿形的城垛，全部城墙共有16个塔楼，其中最主要的就是位于红场前的斯巴斯基塔。此塔成了莫斯科及红场的标志性建筑。无论是在东欧还是西欧，宗教（东正教、天主教）都具有至高的权力，教皇高于国王，所以宫廷形态中杂有许多教堂。莫斯科克里姆林宫内有许多宫廷教堂建筑，如乌斯平教堂、伊凡钟塔、阿尔汉格利斯克教堂、勃拉格维辛斯基教堂等。

西班牙首都马德里的埃斯库里阿尔宫，法国首都巴黎西南郊的凡尔赛宫、塞纳河畔的枫丹白露宫，英国伦敦威斯敏斯特区的白金汉宫等，都体现出城市宫廷文化的豪华壮丽。

文士文化也是由建筑来表现，如我国江南的一些民居，粉墙黛瓦。文雅秀美的形态充分表现出古代的文士气质，他们鄙视高官厚禄，提倡做学问，爱好琴棋书画，所谓“不俗”。如苏州的拙政园，原是明代文人王献臣的宅园，“拙政”二字，取自晋代潘岳的《闲居赋序》中句：“筑室种树，逍遥自得……此亦拙者之为政也。”这就是文人自谦，而且又学陶渊明的田园生活。城市之中，有了这种文人气质，不难想像其城市文化的高雅之气。这种城市文化气质少不了。

至于俚俗文化，它看起来俚俗，但却是城市的支撑体系。没有这些（大量性的）俚俗文化，无论宫廷文化或文士文化，都无法着落，似飘在半空中。从深层说，俚俗文化是城市文化的“原生态”。

2.5 城市文化门类

一

上面说的是城市文化的结构系统，但凡完整的城市，无论是都城还是其他较大的城市，都由宫廷文化、文士文化和俚俗文化组合而成。但从另一角度说，研究城市文化，还须作更具体的文化分类分析。本节要说的就是城市文化的门类。总的说，城市文化门类有日常文化、岁时习俗文化、宗教文化、艺术文化等，它们在城市里会有共同的风格特征。

先说日常文化。城市文化有别于乡俚文化，这在衣食住行日常生活的文化特征上有明显的区别。

市民的穿着不但有别于乡下人，而且不同的城市，人们的衣着风格也不一样。我国古代的江南城市，人们的服饰多比较高雅，不求华丽，只求文雅。京城里的人，衣着讲究的是人的身份。有官职的人穿着特别讲究，无论几品的官员穿什么样的衣服都很讲究。人们的衣着给城市增添文化形象，或可称之为城市的“软文化”。当然，不同国家和民族的城市，人们的衣着很不一样，例如中国的、日本的、俄罗斯的、英国的、印度的等，其差别很大。

然而，由于历史的发展，城市的服饰文化渐渐在趋同。近代上海，男士们“洋装”多起来了；女士的服饰也渐渐洋化。上海这座城市，所谓海派文化，人们的衣着特点就是兼容、时新，他们不保守，不论官职高低，都求表现高贵，也表现时新。过时的服装穿出去，被人看不起，当时（20 世纪 20~30 年代）若有人穿过时的衣服，会被人说“18 世纪的”。现代城市发展的快节奏也可以在人们的服饰中表现出来。

食文化也同样，但食文化对于城市文化来说，其形象的力度不如服饰的。在食文化中，如湖南、四川、贵州等地喜欢吃辣，有的地方则不吃辣；有的地方喜欢吃醋（如山西）；有的地方喜欢小菜里带甜味（如无锡）；有的地方小菜味道喜欢咸一点（如宁波），如此等等。这些城市的食文化差异对于城市形象差异影响不大。

住的文化可以泛指为建筑。各地城市中的建筑风格各异，这对于城市风貌影响甚大。城市文化指的是整个城市的形态；建筑文化指的是一座座建筑的形态，所以建筑（住的文化）对于城市日常文化来说影响最大。城市建筑的差异是有层次的。如苏州的房屋与绍兴的房屋或嘉兴的、无锡的、宁波的房屋等，是有差异的；但这种差异不及苏州与北京、西安、广州等的差异，这就是地方风格；再扩大来说，北京的和伦敦的、柏林的、新德里的、纽约的建筑，差异就更大了，这是属高一个的层次。

至于行，无论指的是路和桥，还是路边的建筑，或是路上行进着的车辆，或者是水上的船舶，难以说清。但“行”也许是以上这些的综合概念。所以“行”也是组成城市日常文化的一个方面，在此不再展开。

二

岁时习俗文化也是城市文化的一个重要门类。习俗，众所周知；岁时指什么？所谓岁时，多指“节”，所谓“四时八节”，这是中国古代文化特别看重的内容。我国古代不但有岁时习俗，而且还有许多书籍记述岁时习俗，如《荆楚岁时记》、《清嘉录》、《东京梦华录》、《梦粱录》等，都有岁时习俗的记述。

岁时习俗与城市文化的关系很密切。如春节，在家宅大门上要贴春联，如“山清水秀风光好，人寿年丰喜事多”、“阶前春色浓如许，户外风光翠欲流”等。宋代王安石有诗《元旦》：“爆竹声中一岁除，春风送暖入屠苏。千门万户曈曈日，总把新桃换旧符。”所谓“桃符”，是用桃木制成的两个对偶的神像，挂在大门上，可以除妖魔。春节，城市一片新气象。

端午节，我国各地的风俗大同小异，与建筑有关的是宅中扫除，还要用烟来熏；闷烧有苍术白芷的豆壳，可以除虫。在门上还要挂艾叶和菖蒲，说是除邪，其实这两种植物会散发出一种除毒杀菌的气体。从城市来说，人们还要举行赛龙舟活动，这分明是古代的水上运动会，也是城市的软文化。

中秋节，除了吃月饼，还要赏月，这也是城市软文化形象。中秋那天晚上，赏月活动比较隆重，有些城市居民，在家宅院子里还要摆放许多吃的东西来供月，如月饼、水果等。还会点燃香烛等，全家人围着桌子说笑、赏月，表达出人们对大自然的崇敬，祝愿人间生活更美好。

重阳登高这一习俗，在城市里人们也登山，但有的城市没有山，于是就登塔、登楼。秋高气爽，欣赏这金秋的大自然美景，也是一个重要的城市文化内容。当然，重阳节还要吃重阳糕。据传，这一活动是利用谐音：“糕”者，“高”也，也有登高之意，再转意则为“登科”、“高中”之意。

岁时习俗最隆重的是年俗，全国各地都重视年俗。这个节应从十二月初八吃“腊八粥”开始，然后是裹粽子、做年糕、掸尘（大扫除）、送灶神、供菩萨、祭祖、吃年夜饭等。这些活动，有的与建筑文化有关，也有的与城市文化有关，在此不细说了。

外国的此类情形也有，如美国，每年十一月的第四个星期四是感恩节。早年，英国等地的穷苦人来到这“新大陆”谋生，由于这里条件相当恶劣，许多人不是冻死就是饿死，好不容易活下来，终于成了美洲的居民，所以要感谢上帝的恩惠。几百年来，人们每年的这一天要过感恩节以致谢。

每年的10月31日是西方的万圣节，相传这一天阴间与阳间不分，去世的人可以享受人间之生活。这有些像中国的中元节，即“七月半”。农历的七月十五那天，也同样如此，还演戏，夜间在河中放河灯等，十分热闹。

宗教，从客观上说也是一种文化。如今世界上有三大宗教：佛教、伊斯兰教和基督教（基督教后来又分为东正教和天主教，然后又有新基督教），这三种宗教不但宗教上的差异甚大，而且表现在文化上的差异也很大，如食物，佛教提倡素食，不吃荤腥；伊斯兰教穆斯林不吃猪肉，吃牛肉；基督教徒不吃血。

宗教对于城市文化来说主要表现在建筑上。佛教的寺院有些特别，古印度佛教后来向三个方向流传：一是向北由今之巴基斯坦、阿富汗经新疆、河西走廊传入我国内地。这一支佛教称北传佛教，后来又传至朝鲜半岛和日本。二是向南，由印度南部传到中南半岛，即缅甸、泰国、柬埔寨、老挝及越南，又经马来半岛传向今之印度尼西亚诸地。这一支佛教称南传佛教。第三支是经尼泊尔诸地传入我国的西藏，再由西藏传向青海、甘肃、内蒙古至东北诸地，这一支佛教称藏传佛教，又称喇嘛教。

北传佛教的建筑有寺院、庵堂、塔幢和石窟等，但基本上与中国传统建筑相近，所以对于城市文化形态来说没有什么特别的个性，只有佛塔，它高高地耸立，丰富了城市的轮廓线，这也就是佛教文化对城市最明显的影响了。

南传佛教的建筑形式也多以塔幢的形式最为显露，也最有个性，如仰光的大金塔、云南景洪的曼飞龙塔等，其轮廓线也很显眼。

藏传佛教，以拉萨的布达拉宫为代表。这种宗教建筑形式与当地的传统建筑（藏族民居）也很和谐。这种形式称“碉房”，形如碉堡。图2-8是布达拉宫形象。

基督教的建筑（教堂）在城市中很突出，特别是到了哥特时期（约公元13~15世纪盛行于欧洲），这时的教堂形式称高直式，也构成城市轮廓线的主导，高高的尖塔直指天空，它似乎在号召人们信奉上帝、耶稣基督，将来可以到天国的乐土去。东欧各地的基督教称东正教，他们的教堂形式几乎都做成洋葱头形式的屋顶，这种形式来自小亚细亚和西亚诸地的传统建筑形式。后来这种建筑形式又影响伊斯兰建筑形式。这些地区的城市风貌（文化），也由这种洋葱头式屋顶的建筑形式所统率。

图2-8　布达拉宫

2.6　城市的物质性文化与非物质性文化

一

如今关于文物保护，提出物质性文化与非物质性文化，例如中国的昆曲，就属非物质性文化（遗产）；山西五台山佛光寺大殿属物质性文化（遗产）。同样，城市文化也可以分为物质性文化和非物质性文化两大类。如上面所说的城市的衣、食、住、行（文化），就可以分为这两大类。研究或区分这两类文化的意义，一是在于全面了解具体的城市的文化价值；二是在于动态地知道这座城市到底应该如何发展。城市的发展，一不能盲目追求物质性一面；二不能只有一个模式（就像20世纪30年代《雅典宪章》的观点，只是一个模式，千篇一律，所谓“国际式”）。

二

城市的物质性文化，主要的代表就是建筑，但城市文化不等于建筑文化，城市文化也不等于诸建筑（文化）之和。一座城市的建筑，一般来说总是在漫长岁月中形成的，但它们的风格却具有统一性。这好像人一样，一个家，祖祖辈辈，总是这个家庭的成员。有的家庭三代人，甚至四世同堂。他们的年龄不同，老的七八十岁，小的还是婴儿，但有许多相同之处，如年老的守旧，长衫马褂；年青的求新，西装革履。这些情况在城市的建筑中都能体现出来。老的，如古建筑、古塔等，形式相对单一，有数十、上百年历史；新的，则建筑形式多样，有洋的、土的。到了现代，形式更是五花八门。城市（文化）形态很像人和人群。

城市的物质性文化是个三度时空复变体，所以有些人以为城市一律要新式建筑或城市要“复古”，这种论点都不够科学。

城市里的物质性形象怎样达到和谐，这就要看这座城市的性质特征。每座城市几乎都有自己的性质特征。江南水乡小城，苏州、无锡、常熟、昆山、嘉兴、绍兴、宁波等，都不相同。这些不同对于城市文化的物质性特征来说，如同人的“兄弟姐妹”，有同、有不同。最典型的例子也许是马头山墙，如果我们细细观察，这些城市的民居，马头山墙不是千篇一律的，都不完全相同。城市规划也要重视这些城市的物质细节。

三

城市风格对于现代新兴城市来说是个难题，因为这种物质性文化风格，不是一朝一夕形成的，而是几十年、上百年才形成的，现在若要一下子建起一座城市来，它的文化风格从何说起？日本建筑师矶崎新在为洛杉矶规划设计中心城区时曾强调，这是一座新兴的城市，形象无所因承，虽有许多高楼大厦，但无个性，所以他要设计一个小而别致的建筑置于中心区，这个建筑的形象既不是现代主义的“方盒子”，也不是巴洛克式的古典造型，而是利用正方、三角、半圆等几何形体组合起来。他认为，也许这种形象将来能成为洛杉矶的城市符号。

我国的新兴城市，如广东的深圳，这里本来是个很普通的南国小镇，并没有什么特别的物质文化形象。20世纪80年代这里成为“特区”，并与香港接界。几年后，这座城市拔地而起，所建的房屋大多为现代方盒子，也许“国贸大厦”因鹤立鸡群，有方形平面53层，成了深圳的标志性建筑。除此之外，还有深圳湾大酒店、银湖宾馆、东湖宾馆、小梅沙度假村酒店等，也都是较有特色的建筑。但在更上一层说，这些建筑形象对于城市物质文化来说，则都属同一层次上的建筑形象。这就是个层次问题了。它们都是在相同的物质形象层次上，共同组成深圳的城市形象，这种形象的特征就是“新”。要是试图形成这座城市的物质文化个性，笔者认为要在罗湖附近，与香港接界处着力打造城市的物质文化形态（主要是建筑物），凸现这座城市的物质文化个性。

城市论
The Theory of City

Urban Space
城市空间

第 3 章 城市空间

THREE

3.1 城市空间概论

一

空间的意义要看不同的领域，在物理学上，空间与时间对应，不论这个空间有无物体。从城市来说，空间一般是指实的物体所留出的空余处，其性质与建筑基本相同，但城市空间基本上是两度性的，它的高度方向不甚明显（只有街道两边或广场四周的建筑物太高时，才显现出街道和广场的三度空间性）。例如上海的淮海中路，马路的宽度与两边建筑物的高度之比一般都在两倍以上（宽是高的两倍以上），所以这条马路在空间上感觉比较舒适。又如上海普陀区的长寿公园（绿地），这块地本来是比较理想的城市绿地，但后来被房地产商看中，在公园的周围建造起许多 20~30 层的高层住宅，所以这块地在空间上成了"井底"，成了众矢之的。另外，一个最重要的原因是人的行为。人总是沿水平方向行动的，即使是建筑的楼层，或城市的高架道路，人仍然是沿水平方向行动的，这就是平面关系的重要性。

城市空间是有功能的，不是纯空间艺术，城市空间按功能可以分许多类型：生活型、商业型、休闲娱乐型、交通组织型等。生活型的城市空间多出现在居住小区，结合小区绿地来布置。商业型的空间又可以分两类：一是街道型的，沿街两边（或一边）布置商店，如北京的王府井大街、上海的南京路、杭州的延安路等，这里的街道即城市空间。如荷兰鹿特丹的林巴恩中心，就是典型的步行街（空间）。这种空间也有做顶盖的，如意大利的米兰长廊等，它也属城市商业空间。二是组群型的，由诸街道网格或广场式的空间组成。

交通组织型的城市空间，如车站的站前广场、飞机场的候机楼前广场或轮船码头前的广场等。北京火车站前广场在 20 世纪 60~80 年代还是比较好的，但 90 年代后，随着人流的拥挤、车辆的增多和管理上的问题，就显得混乱了，人车混流也不安全。广州火车站前广场也同样如此。如何改变这种状况，关键就要从上面说的这种造成混乱的原因抓起。

二

休闲型的城市空间多指公园和大型绿地。从城市来说，公园也属城市空间。但是，20 世纪

90 年代以来，城市公园的情况每况愈下。如上海的复兴公园，本来是一个较理想的城市公园，而且公园内布置有条有理，其北部还带有法国公园风格，在近代上海公园里是个典型代表。解放以后也还是一处比较理想的休闲空间。但近年来情况变了，由于城市人口老龄化，所以好多老年人到复兴公园里去晨练，大家各占一方，园内的空地已被瓜分完毕。早上操练武术，一组组都有半导体录音机，好不热闹。如此每天大概要闹到上午 9 时以后才渐渐清静下来。这样，公园作为城市休闲空间已失去了原来的效果。

近年来，城市出现了大型绿地，它不同于公园，是开放式的，绿地里植树养草，也给城市带来美的景观。并且用近乎法律的形式规定大型绿地内不许造房子，不许开店或进行其他商业活动。这种城市空间是比较理想的，但愿不要像公园那样最终弄得不成体统。

三

城市空间的功能是第一重要的，但空间形式也不能忽视。城市空间的形式，由功能而定，如上面所说的街道空间，狭而长，高度方向不宜太高。街道空间在高度方向应当注意剖面，其开口的形式如图 3-1 所示。左图是直上直下的剖面形状，右图是做成豁口的，显然右图的形式要比左图好，有开朗、舒展之感，人在街道上不感到逼仄。

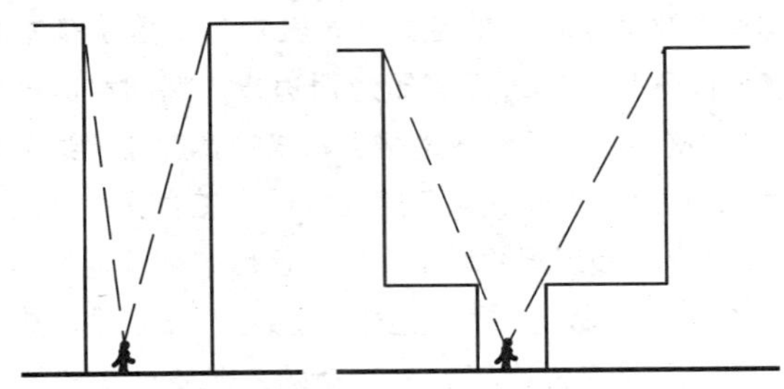

图 3-1　街道断面形式

广场式的空间不宜做得太方正，否则缺乏人情味。但广场更需要看它本来的功能。有的广场要求有庄重、严肃的空间，如巴黎的明星广场（今改名为戴高乐广场），周围 12 条马路汇聚在一个点，即雄师凯旋门，如图 3-2 所示。又如罗马卡比多广场，这是政府所在的广场，也显得很庄重、规矩。有的广场用于市民集散或商业活动等，则宜自由自在，不宜中轴对称，显得严肃。上海的人民广场可以说是“兼容”性的，它本来是“跑马厅”，近代上海在此赛马，带有体育、娱乐、赌博等性质，空间形状不甚规则。解放后这里成了城市的中心广场（人民广场），国庆节、五一节在此游行、庆祝，有时也在此举行全市性的大型集会，但它的形式还是原来的，也可以说是将就。所以环视广场四周，其轮廓线可谓“七零八落”。20 世纪 80 年代后期其有所规划，自北向南形成一条中轴线，北有人民大厦，南有上海博物馆，中间有喷水池，与以前相比壮观多了。可是周围的建筑不但没有进行改造，反而越来越杂乱，这在规划上来说，考虑是不够的。

有些实用性比较强的城市广场，就空间形式本身来说，则多从形式出发，注意其高低错落，注意其比例、尺度、节奏、虚实等，从造型法则角度去对待。但与建筑造型有所不同，城市空间造型更偏重于空间，或者说将建筑与广场空间结合起来。

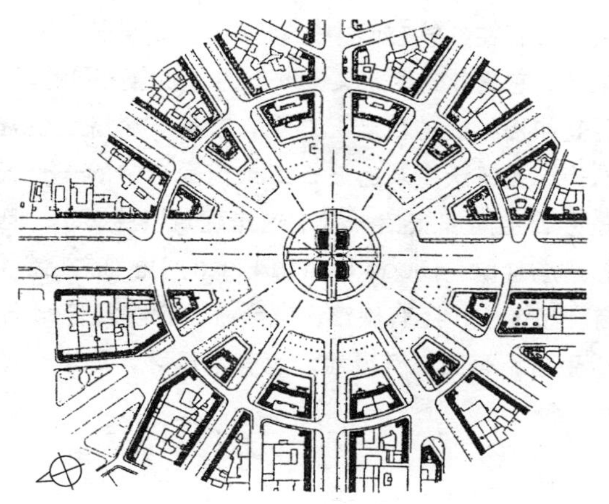

图3-2　巴黎明星广场平面

四

城市空间是有层次的，大体来说，城市空间可以分为四个层次：一是整个城市作为空间，包括建筑物等实体在内的空间，是二度空间，形成肌理性的空间形态；二是城市的区域性的空间，仍然是肌理性的空间形态，但显示出分工（功能）的空间，如公共性的、居住性的、工业的等；三是更具体的空间，如居住小区空间、商业性空间、交通枢纽空间等；四是进一步具体化，空间范围更小，如居住区中的活动中心、商场、运动性场所等，再往下则成了建筑空间，如院子、大厅等。

建筑空间的组成，可以分为七种方式，即围、覆盖、凸起、凹入、架起、设立、肌理变化（参见：沈福煦著. 建筑设计手法. 上海：同济大学出版社，1999）。城市空间也由实体构成，它的组成方式与建筑空间略有不同，归纳起来也可以分为七种方式：围、覆盖、凸起、凹入、架起、设立、肌理变化，但形态和空间范围则与建筑空间有所不同。

围。如图3-3所示，这是一个居住小区，整个小区中间的主空间由周围的建筑物和其他之物（如绿化等）所围，然后是一个个的组团，其空间手法也用围，但它们都是二度空间。

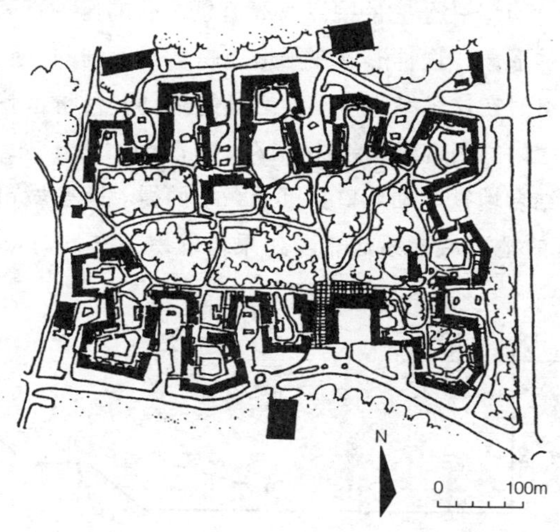

图3-3　围的空间

覆盖。这种空间的组织形式在建筑空间中比较多用，如亭子、雨篷等；城市空间的这种组织形式已与建筑结合起来了，它属建筑的，又属城市的，如意大利的米兰长廊（商业街）、上海浦东国际机场候机楼等。又如洛杉矶的百老汇广场，它是一个综合性建筑群体，有顶盖，是商业型的位于第七街、第八街、弗洛沃街及赫波街四条街围合中的一个长方形空间，里面包括百货公司、餐馆，上面则是办公空间和旅馆。看来这是建筑（空间），但就其性质来说却又是城市。美国圣迭戈市的霍顿广场（Sen Diego Horton Plaza）里面包括零售场地，4 个大型百货公司，150 个富有特色的商店和饭店，还有旅馆、电影院、剧院及停车场等，如图 3–4 所示。其实它运用了多种空间组织手法，有围，有覆盖，也有架起等，形态也做得比较花哨，已属后现代（Post Modernism）风格。

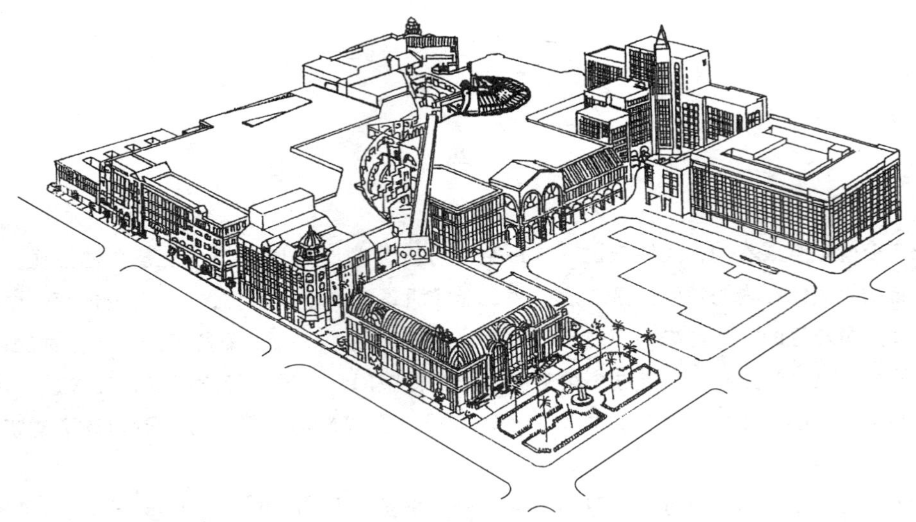

图 3–4　霍顿广场

凸起。这种空间组织形式对于城市空间来说可有两种：一是山地城市的空间形态，如重庆、遵义等；二是人为的，如屋顶空间的利用等，当然这种情况已近建筑（空间）。

凹入。这种空间组织形式对于城市空间来说，最典型的是下沉式广场。这种空间在视觉上有特殊的效果。如图 3–5 所示，由于它的视点有高有低，有的俯视，有的仰视，这对于城市景观来说无疑增添了不少新的形象，这种形象在平地上是意想不到的。而且人们还可以在台阶上就座，起到休闲的作用。有时在这里举行演唱会之类的活动，台阶也就成了看台，好比是古希腊的露天剧场，或者罗马城内的西班牙大台阶（1721~1725）。近年来，城市下沉式广场做得多起来了，有的下沉式广场结合地铁车站入口，可谓一举两得。有些城市，干脆在下沉式广场边上开设商店，与周围建筑的地下层联系起来。如果再发展下去，则城市也就会由平面走向立体了。

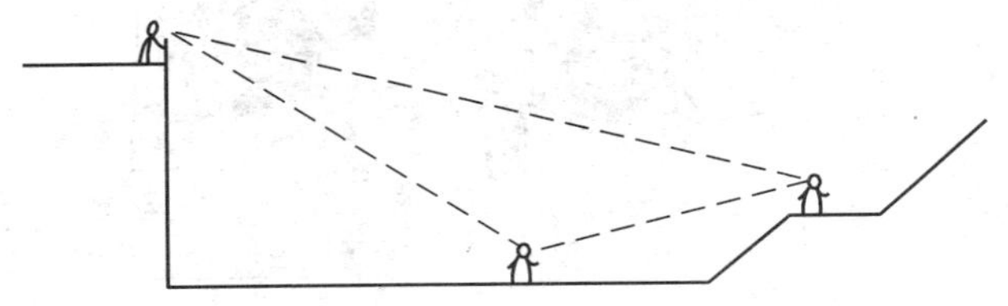

图 3–5　下沉式广场视觉分析

五

架起。这种空间组织形式也可以理解为将凸起形式的下部空间“解放”出来，如图3-6所示，对于架起的下部空间来说可以利用。若范围说得宽一点，高架道路和人行天桥等，对其上部空间而言，就是架起。与凹入的做法联系起来，城市空间就更立体了。

设立。这种空间组织形式有些特别，空间的外围界线比较模糊。如上面说的巴黎明星广场（戴高乐广场），中间是凯旋门，四周有12条马路交会。这个广场空间的组织形式就是设立，凯旋门是设立物，它对空间的作用范围很不明确。这种“不明确”不是它的缺点，从某种意义上说倒是它的优点。因为从这个空间的功能来说，设立之物对空间的作用，就应当是渐变的，渐渐地强烈起来。图3-7是某设立空间的剖面，就设立物对空间的强度来说，与设立物的形状和对人的视觉效果有关。如人像雕塑，人像正面的视觉强度大于其背面，所以广场空间总是人像的正面空间大于其背面空间。这种空间效果对于城市雕塑或纪念碑来说有很重要的实践意义。有的雕塑家不懂得雕塑作品的这种空间效果，所以城市雕塑光靠雕塑家是不够的，必须与规划师或建筑师配合，才能完成一个优秀作品。

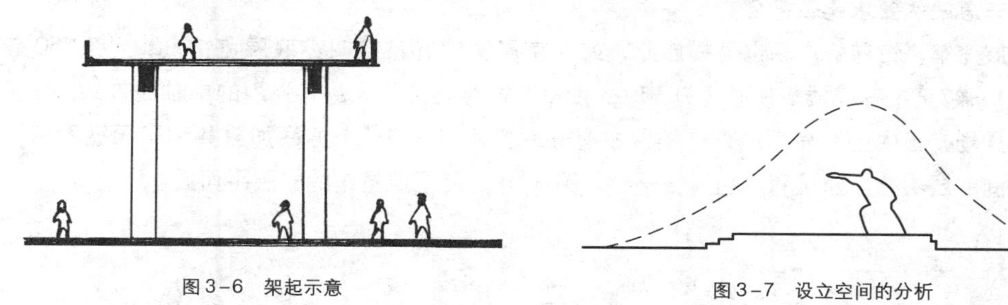

图3-6　架起示意

图3-7　设立空间的分析

3.2　城市空间的功能类型

一

从形式本身来说，城市空间类型不外是大小、形状，封闭的还是开敞的，以及上面说的七种（手法）类型。这里要说的是城市空间的功能性类型。

总的说，城市空间功能类型有：物质性较强的空间，如车站、码头、机场、工业企业等的空间（这里指的是建筑外围的场地）；物质性和精神性兼有的空间，如体育场、学校内校园空间、城市主题广场、纪念性广场及居住小区空间等；观赏性、休闲性空间，如城市绿化、公园等。不同的功能类型，其空间的形态和空间内的视觉形象等的要求都有所不同。

物质性较强的空间，其空间功能须明确，如车站，空间与车站的关系，以及人流、物流、车辆及其他物质性功能要求都很重要，不能只顾广场形式而有损功能。如火车站，站前广场在功能上有严格的要求。这种空间既是车站的，也属城市的。从广场的组织来看，如图3-8所示，一般的要求是：

(1) 广场与道路的连接应结合城市规划的要求，选择相适应的布局形式，使站屋的出入口与广场布局取得良好的组合关系；

(2) 旅客、行包、车辆流线的组织要明确分开，使它们各有专线、互不冲突，以保证旅客的安全和使用方便；

(3) 各停车场、行包专用场、人行道以及绿地等分区，必须结合流线组织作出明确的布置，并形成有机的整体；

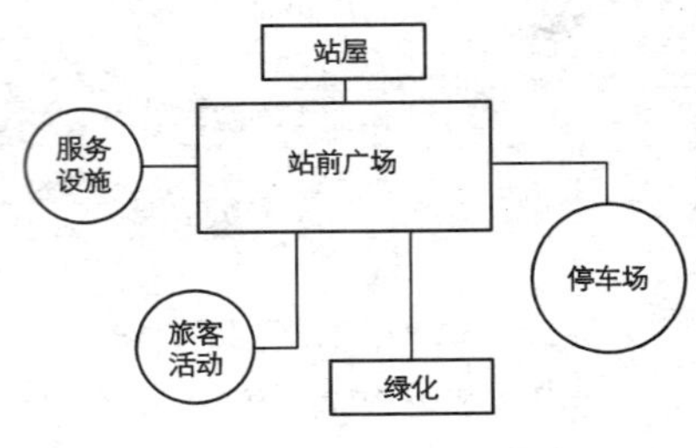

图3-8 火车站广场的组织

(4) 广场的规模必须结合城市的交通条件，在节约用地和投资的原则下，考虑当前使用和发展的要求，合理分配各分区的面积，并注意广场的空间比例。

如上面所说，20 世纪 60 年代比较理想的北京火车站的站前广场，如今已显得混乱。广州火车站的站前广场同样如此。上海火车站（俗名“新客站”）的站前广场也是这样，1987 年新建成时也比较好，但后来便越来越混乱。近年来，经过整顿，重新安排车辆行驶路线，情况有所好转。

北京火车站的站前广场，采用对称中轴线形式，从广场形式来说是比较庄重的，有气派，与首都火车总站的要求比较符合。

又如展览馆，馆前的广场也同样如此，如北京展览馆（从前叫苏联展览馆，20 世纪 50 年代初建造），馆正中有塔楼，其形式为当时的俄罗斯古典建筑形式，有强烈的中轴线效果。馆前面有一个广场，正中还有喷水池，塔楼左右有一圈空廊（有 16 个苏联加盟共和国国徽图案），增强了空间的层次感，建筑和广场风格一致。图 3-9 是北京展览馆的一层平面图。

二

宗教性的广场空间一般来说也做得比较庄重，如巴黎圣母院前的广场空间，充分显示了广场的庄重性，其手法是运用对称中轴线手法。罗马的圣彼得大教堂前面的空间，有三个广场，以一条中轴线串联起来，显示出主教堂的雄伟、庄重。

最有意思的是威尼斯的圣马可广场。这个广场最初是纯宗教性的，即圣马可教堂前的广场，后来渐渐发展，到了文艺复兴时期增加了行政性内容，后又增加了商业性和旅游性内容。这也可以说是宗教的历史变迁或广场的历史变迁。到了现代，有人誉它为“广场之父”。作为城市空间研究，我们不能只停留在对该空间的介绍，而是应当在分析它的形式的基础上研究它的功能，并看它的历史演变，得出它的价值所在。

三

广场空间的纯形式美，美在广场空间的形状和构成广场的实体（建筑物等）。如上所说，威尼斯的圣马可广场，被誉为“广场之父”。首先，看它的空间。如图 3-10 所示，这个广场其实是三个广场的组合。著名建筑史学家陈志华在《外国古建筑二十讲》中说，拿破仑（1769~

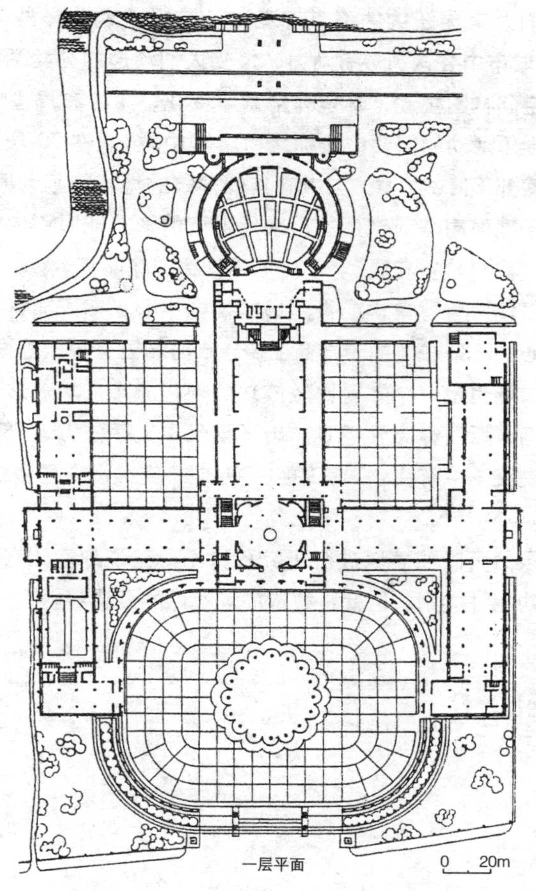

图3-9 北京展览馆的一层平面图

1821）走进广场，被瑰丽的建筑群感动了，“禁不住情发于中，叹了一句：‘啊，这是全欧洲最美的客厅。’随着做了礼拜的动作。传记作家们对这个动作有不同的记述，最深沉的是，这位身经百战的军人竟脱下了军帽，深深地鞠躬。拿破仑这时候礼拜的不是硝烟掩蔽下尸体堆成的山和鲜血流成的河，使他弯下头颅的是精美的建筑、富足的城市和人民悠然自适的生活……”广场，包括广场四周的建筑物，往往是城市的标志性景观，对于城市的规划、设计和保护，就显得十分重要了。

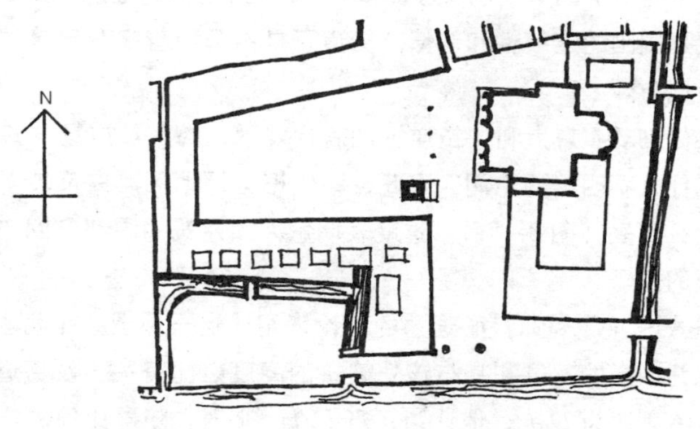

图3-10 圣马可广场

现代城市广场，我们以美国纽约的洛克菲勒中心广场为例作一些分析。这个广场建成于1936年，被认为是美国城市中公认为最有活力、最受人们欢迎的公共活动空间之一。其中心由十几栋建筑组合而成，空间构图生动，环境外部富于变化，中心布局上同时满足了城市景观和人们进行商业、文化、娱乐活动的需要，被称之为“城中城”。在70层主体建筑RCA大厦前，有一下沉式广场，广场底部下降约4m，与中心其他建筑的地下商场、剧场及第五大道相连通。该广场的魅力首先是由于地面高差而产生的，采用下沉的形式能吸引人们的注意。沿广场的中轴线垂直进入广场的道路称“峡谷花园”。在广场中轴线的尽端有金色的火神普罗米修斯雕像和喷水池。它以褐色花岗石墙面为背景，成为广场的视觉中心，四周旗杆上飘扬着各国国旗。下沉式广场的北部是该中心的一条较宽的步行商业街，街心花园有椅子等设施，供人们就座休息。

法国巴黎的德方斯广场也是一个做得比较成功的现代城市广场。这个广场的德方斯巨门成了它的构图中心，也是德方斯的标志性建筑。出于现代主义手法，这个广场周边形态基本上是不对称的，从风格来说是统一中有变化，有轴线但不是一直线。广场中的现代雕塑丰富了空间，使这个广场更富有活力。

城市广场的形式美虽然可以独立地进行研究和讨论，但说到底，它不可能是纯形式的，广场一定有功能，一定有功能性类别，这就是城市广场设计的至要者。

3.3　街道空间

一

日本著名建筑理论家芦原义信著有《街道的美学》（现已有中译本），书中对“街道的构成”这样写道：“按照意大利式构思，街道两旁必须排满建筑，形成封闭空间，这就像一副牙齿一样，由于连续性和韵律而形成美丽的街道，如果拔掉一颗牙齿，镶上一颗不同寻常的金牙，就会面目全非。同样，如果一幢建筑毁坏而另建一幢新的不协调的建筑，也就立即会打乱街道的均衡。”B·鲁道夫斯基就意大利街道阐述如下：“街道不会存在什么都没有的地方，亦即不可能同周围环境分开。换句话说，街道必定伴随着那里的建筑而存在。街道是母体，是城市的空间，是丰沃的土壤，也是培育的温床。其生存能力就像人性一样，依靠于周围的建筑。完整的街道是协调的空间。不论非洲的卡斯巴（Kasbah）那样密室似的住房也好，或威尼斯的纤细大理石宫殿也好，主要是周围的连续性和韵律。街道正是由于沿着它有建筑物才成其为街道。摩天楼加空地不可能是城市。”

有趣的是，如果仔细观看意大利的街道地图就会发现，街道和广场一直铺装到建筑的外墙根，与建筑之间没有什么不明确的空间，因此，即使把这幅地图黑白反转了并列来看，作为地图来说并不觉得有什么不妥（图3-11）。这就表明意大利建筑的内部空间与街道这样的外部空间，在质量上是近似的。

芦原义信运用格式塔（Gestalt）心理学的理论来阐述这一原理。在此基础上，他进一步研究了街道的宽度，认为街道的宽度和其与该处建筑的高度之比有关。设街道的宽度为D，建筑外墙的高度为H，两者之比为D/H。他认为，当$D/H>1$时，随着比值的增大，会逐渐产生远离之感，超过2时，则产生宽阔之感；当$D/H<1$时，高度与宽度之间存在着一种匀称之感，显

图 3-11　意大利地图黑白反转比较

然 $D/H=1$ 是空间性质的一个转折点（图 3-12）。$D/H=1$、2、3 等数值可考虑在实际设计时应用。由城墙围成的意大利中世纪城市中，因空间所限，街道狭窄 $D/H\approx0.5$（因中世纪城市的街道不大一致，这只是大概的数值）。文艺复兴时期的街道较宽，达·芬奇认为宽度与高度相等，即 $D/H\approx1$ 较为理想。巴洛克时期，中世纪的比例被颠倒过来，街道宽度为建筑高度的 2 倍，即 $D/H\approx2$，如图 3-12 所示。

芦原义信利用视觉原理来解释人对街道宽度与边上建筑物的高度之比的效果，如图 3-13 所示，他认为，按照 19 世纪德国建筑师 H·麦登斯的见解，人看前方时成 40°仰角，若考虑在建筑上部看到天空，则建筑与视点之间的距离 D 同建筑高度 H 之比 $D/H=2$，仰角成 27°即能观赏到建筑的整体。根据 W·海吉曼与 E·匹兹的《美国维特鲁威：城市规划建筑师手册》，若不超过建筑高度（H_1）约 2 倍的距离（D_1），即不能看到建筑整体。也就是说，当 $\mathrm{tg}\theta_1=1/2$，$\theta_1=27°$时，才能看到建筑的整体。从单体建筑转为看建筑群时，$D_2=3H_2$，即 $\mathrm{tg}\theta_2=1/3$，$\theta_2=18°$，如图 3-13 所示。

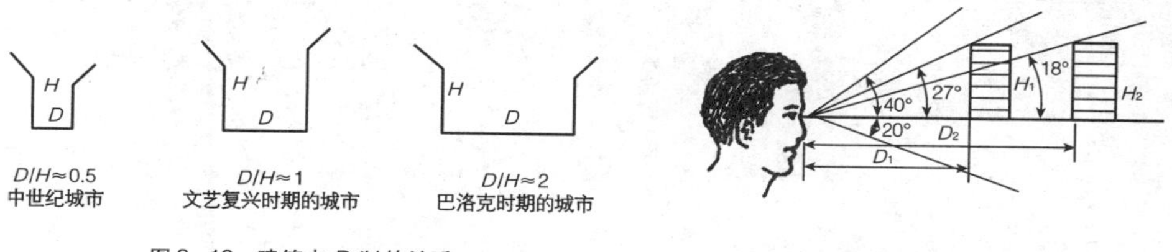

图 3-12　建筑中 D/H 的关系

图 3-13　建筑与视野的关系

二

然而，这只是从视觉原理出发的，对于实际街道空间的要求，还没有这么简单。所谓街道空间，它的形式的问题与实际的街道的多种因素有关，并不只是个简单的数学关系。在此，我们列举一些国外的著名的街道来分析街道空间。

日本东京的新宿大街，全长约 900m，这里是东京最繁华的地段，就如上海的南京路、杭州的延安路等。早在江户时代（1603~1867），新宿只是一个带有驿站的小镇。1601 年，这一带修建了五条公路，其中一条是考梳大街，沿着考梳大街建起了 33 个通邮的市镇，“新宿”就分别代表着“新的”和“通邮的市镇”。如今的新宿已经成为一个极为繁忙的交通枢纽，每天有 360 万人次在这里出入，成为全日本人流量最大的地方。新宿大街能够得名“日本第一繁华大街”，显然与这里摩肩接踵的人流有直接关系。

从20世纪60年代以后，在热闹非凡的新宿东口就形成一大片商业街区，而新宿大街则处在这个街区的中心。在它短短的街道两旁，集中了120家各类商店、购物中心，它们以男装、女装、鞋、手袋、化妆品、美术用品等精细的专业分工，展示着各自的特色。此外，还有众多的电影院、酒吧、舞厅、餐厅，给这条闻名全球的商业街提供着周到的辅助服务。

三

韩国首都首尔有条大学路，这里是首尔大学文理学院所在地，并以它为中心逐渐形成一个街区，于20世纪80年代建成。这条路是二战后新建的。1946年，这里建成汉城大学（即今之首尔大学），是韩国的最高学府。这条大学路建成后，大学都搬迁了，大学旧址变成了一个公园。但作为城市街道，则具有特殊的性质。当然，这里仍有许多高等学校，如成均馆大学、韩国放送通信大学、天主教大学和首尔大医科大学等众多高等学校。在这些大学中，成均馆大学的名气最大，它在韩国高等学校中名列前茅，大约是前四五名。韩国的中学生能考上这所大学都会觉得很荣耀。这座学校在古代相当于我国古代的翰林院。这里的人的素质一般都比较高。随着时代的变迁，人们的审美情趣也在改变，如戏剧，这里的好多戏院中所演的戏剧，已不是单一的剧种，而是有各式各样的现代戏演出，所以这个街区也就热闹非凡。在这里看完戏剧的观众，便到餐厅和咖啡馆里继续享受快乐时光，所以这条街更是十分热闹。

这里还有一个特点，大学生们常常要把自己的作品（包括毕业设计作品）拿到街上来展出，让群众来评点，同时也想借此找到更好的工作。当然，这在客观上也美化了这条街道。大学路上还有好多雕塑作品，它们造型新颖、千姿百态，其中有相当一部分，形象地表现了母子之爱的主题。还有一些巨型雕塑，以人体的某些部位单独成形，或头、或手、或足，显得十分夸张。正是有了这些雕塑，首尔人才有理由感到自豪，觉得再也不必羡慕巴黎、罗马等西方城市的街头雕塑了。

四

与亚洲诸国的都市街道相比较，欧洲的街道（空间）还有许多特色。首先说英国伦敦的牛津街。此街道位于伦敦西区，是西区商业、购物的中心，也是全英国最繁忙的街道。此街全长2000m。街道东西走向；这里还有一条与之垂直的摄政街，南北走向。这两条街的交汇处即“唐人街”。

伦敦分东、西两大区：东区从前是贫民区，建筑低矮，街道肮脏，住在这里的多为平民；西区则是王宫、议会、政府各部门的所在地，英国最大的百货公司、最高级的时髦用品商店、最豪华的别墅，都集中在西区，所以这里被称为“富人的乐园”。

牛津街作为英国最有名的购物街，自然是在西区。这条街竟云集了300多家店铺和商场，每年都有上千万来自世界各地的游客到这里来购物、观光。

爱购物的游客来到伦敦，一定会到牛津街，这里可以找到来自世界各地的服装、化妆品、家具、陶瓷等各类名牌产品，琳琅满目的商品让人大开眼界。这里所有的店铺一个挨一个地紧靠着，令人目不暇接。街道比较宽敞，尽管购物者川流不息，却没有拥挤之感。

来到牛津街，很容易走到摄政街，此街也是一条商业街，但与牛津街略有不同，它更狭窄，而且更蜿蜒曲折。另一个不同是牛津街更能吸引喜欢赶时髦的年轻人，摄政街则更为中年人所喜欢。在这里有著名的韦奇伍德瓷器店，可以买到精美的骨瓷等。这条街要比牛津街更有轻松感。

唐人街又叫“中国城”。这里虽然紧靠伦敦的两大商业街，但没有高层建筑，也没有豪华的大公司，街道也很狭窄，只能容汽车单行。这里是华人的天下，街道两边均有汉字招牌。每逢新春佳节，“中国城”里张灯结彩，人们都穿新衣服，互贺“恭喜发财”。青年人则舞龙耍狮，表演杂技，将异国风情融进了牛津街和摄政街。这种街道空间形象，也就成为街道文化了。

The Image of City
城市形象

FOUR

第 4 章 城市形象

FOUR

4.1 城市形象的具象与抽象

一

城市形象应当是二度性的，它的起伏不大，可以比作一幅浮雕。所以，城市形象可以抽象为一幅地图。这幅“地图”对于识地图的人来说，则用不着多作解释，街道、建筑物、公园、绿地、河流等，一清二楚。但如果对从来没有看过地图、不识地图的人来说，他却看不懂。其实地图已把城市抽象了，或者说地图不是城市，而是城市的符号。不会看地图的人对于城市（形象）却很了解，如果某个人在某城市生活多年，他必然非常清楚这个城市（形象）。例如某人在杭州生活多年，他一定知道中山中路北起长春路，然后经过平海路、解放路、清泰路、西湖大道、惠民路、河坊街，最后是鼓楼。这鼓楼好像为中山中路画了一个句号，再往南就是中山南路了。不会看地图的人对于中山中路，就是依靠街道两边的建筑物和这些交叉路来认识，并且记住，等到走在路上时就立刻认知（cognizance）了。看地图，他不懂得这种符号，不懂得抽象。

然而，从城市形象来说人的这种能认知的形象是很重要的。其一，城市形象不只是要为长久生活在这座城市里的人着想，也应当多为新来这座城市或刚到这座城市里来工作和生活的人着想。因此，研究城市形象是很有价值的。

在城市的研究中，我们会用“认同”这个词。此词不但是对这个具体城市形象（指一个点、一个区域甚至一个城市）的认知，更是与这个形象融为一体，犹如“故乡”、“老家”那样具有亲切感。

如上所说，城市形象往往是由建筑（形象）表现出来的，因为城市太大，看不全，而建筑总是具体的、看得见的。如我们说上海这座城市，在我们的心目中会立即浮现出上海的一些标志性建筑形象，如外滩建筑群、人民广场建筑群、东方明珠电视塔等。又如美国芝加哥，我们立即会想到西尔斯大厦；澳大利亚的悉尼，我们会想到悉尼歌剧院；莫斯科，我们也会想到克里姆林宫，红场周围的斯巴斯基塔、华西里·伯拉仁内大教堂和列宁墓等。伦敦则以国会大厦、维多利亚塔和大本钟等为标志性形象（图 4-1）。这些建筑位于伦敦泰晤士河边上，形成一处动人的景观，很有个性，令人难忘。

这些形象，也可以说是城市的名胜。罗马的圣彼得大教堂，位于罗马梵蒂冈的圣彼得广场的西南，此建筑高达 138m，圆穹顶直径达 42m。如果你站在高处俯瞰罗马，这座教堂便成了最为突出的形象，也是罗马的标志性建筑之一。

图 4-1　伦敦的标志性建筑群

又如比萨市，城中比萨大教堂的钟塔，由于地基的不均匀沉降倾斜了。比萨斜塔成了中世纪七大奇迹之一。这座塔也就成了比萨市的标志性建筑。此钟塔于 1173 年始建，但造到第四层时就发现它已倾斜，工程便停了下来，后来过了一个多世纪，比萨市民们要求再往上建造，他们请来著名工程师托马索·皮萨诺，他经过精心的测量和计算，证明这座塔不会倒塌，所以他建议把每层南边的柱子略增高一些，使工程得以按原设计继续施工，直到最后建成。从远处看去，这座塔好像是一只大鸟笼，四周环绕着圆形立柱，底层有柱 15 根，中间六层各有 31 根，顶层 12 根。斜塔每层都有拱门。斜塔底层墙壁上刻有浮雕，顶层有钟亭。塔内有螺旋形台阶共 294 级，游人可拾级而上，登到塔顶，在此可远眺全城风光。

二

以上的一些实例其实都是具象的。从视觉形象来说，记忆中的形象与实际的形象有很大的差别，某人默画的东方明珠电视塔，就与真的东方明珠电视塔有很大的差异（图 4-2），这说明他所记住的那个形象，把特征放大了，把非特征的东西疏忽了。

图 4-3 是心理学上的一个实验图形。

三

有人在上海长大，后来多年离开上海，但对上海仍是感情至深，他能记得上海外滩的许多建筑，能说出从前的怡和洋行、横滨正金银行、扬子大楼、中国银行、沙逊大厦、汇中饭店、麦加利银行、字林西报大楼、台湾银行、中央银行、交通银行、江海关、汇丰银行等。但他画不出，也记不住许多细节，如汇丰银行正中间有几根柱，他记不得，但一旦给他看照片，他一定认得是此建筑。城市对人来说正是这种关系。笔者做过一个测试，让学生在课堂上默画北京天安门的立面形象，结果 60 个学生（建筑学专业的）中只有不到 20 个学生画得对，有好多学生屋顶只画了一层（应是二层），下部的圆拱门应当是五个，有好多学生只画三个，甚至也有只画一个的。人对形象的记忆是朦胧的，只记得其大概。所以对于城市形象来说，还与人的心理有关。

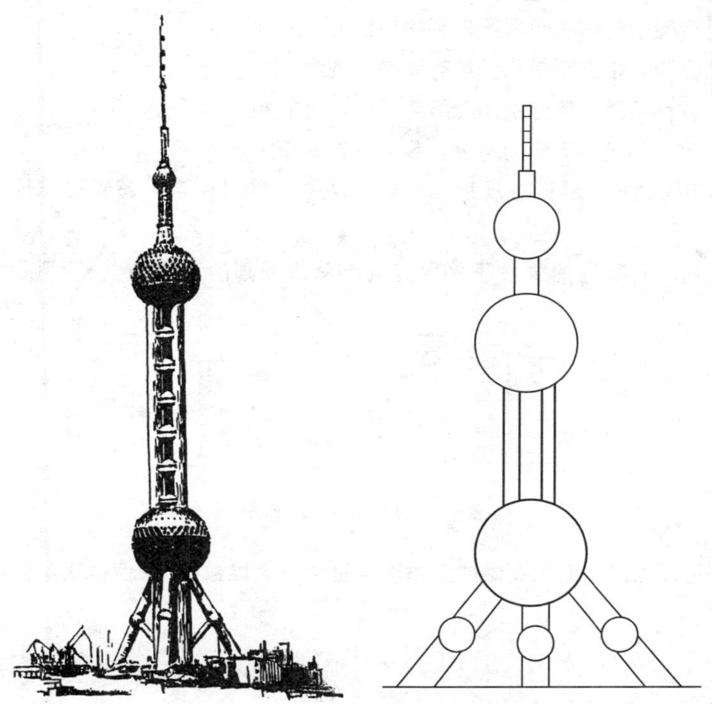

图 4-2 真实的形象与记忆中的形象

图 4-3 回忆画出图形的变化

四

城市的平面图是城市的抽象，我们看平面图时，就能想像城市具象。抽象，对于城市分析和评价来说是必要的，只有把对城市的认识提升到抽象的层次，才能对城市作出综合性的评价，而不是就事论事。这也是城市（理论）与建筑不同之处。对城市的规划和设计，对城市的评价或城市的理论分析，首先需有这种抽象。城市问题，范围越大越需抽象。如果只做小区规划、景观设计等，则具象操作是很有必要的。有许多大学的城市规划专业开设绘画课（素描、水彩画等），这种课程的开设对于城市景观设计、小区规划等方面是很有必要的；但若对城市进行总体规划甚至区域性的规划，范围越大具象越弱，其形象设计就越显得弱了。有一位城市规划专业的学生说了一句很有意思的话："做城市规划就是处理一大堆数据。"这话不无道理。

20 世纪 80 年代，美国规划学会对城市规划作了这样的定义："城市规划是一种系统的、创造性的方法和手段，用于提出和解决邻里、城市、郊区、大都市地区和更大区域范围内的社会、形态、经济问题。"将城市规划的工作推向形态规划以外的社会、经济领域。对规划人员的培养侧重于分析能力。美国规划学会认为，一个好的规划师应当具有四种最重要的素质：

(1) 分析复杂问题和解决问题所需要的想像力；

(2) 坚信社会和环境不断变化，具有动态的观念；

(3) 具有从各种不同角度分析问题所需要的广博的知识面；

(4) 具有在政治环境中工作的愿望，参与决策的愿望。

规划的工作范围由原来的形态规划扩大到广阔的领域（引自：超越形态规划. 城市规划汇刊，1992，6.）。

城市总体规划，无疑是抽象胜于具象。城市总体规划的工作方式，可以概括为一个框图（图4-4）：

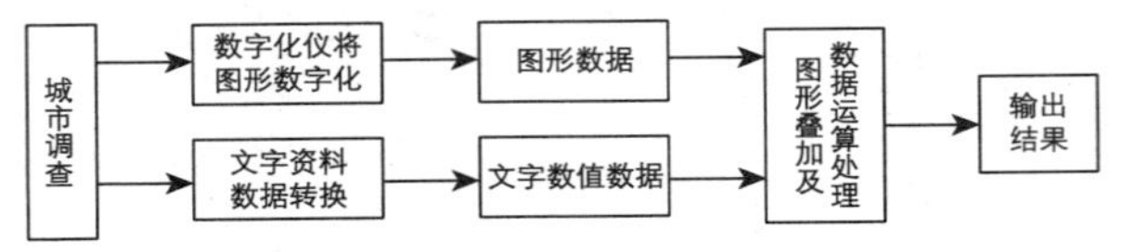

图4-4 城市总体规划工作方式

从这个图中可以看出，他们要做的工作确实是"一大堆数据"。但也离不开图，就是那些城市的抽象的地图。

4.2 城市形象与建筑

一

我们再从城市的抽象回到城市的具象。具象的主要对象就是建筑。建筑形象的城市意义不是诸建筑形象的相加，而是它们的集合，是整体。建筑群，是城市形象的最起始的形态。所谓"群体"，它的本来意思是指一群同种的生物，如果用这个概念来理解，那么在建筑上有相同性，也有其不同性。例如学校，由教学楼、礼堂、食堂、办公室、宿舍、实验室、图书馆及其他建筑组合而成，这些建筑无论大小、形状、风格等如何不同，但它们都是这所学校的建筑。商业街建筑群，也由各种建筑组成，不论它们是百货商店，还是食品店、烟杂店、饮食店、五金店等，都属一个建筑群。住宅小区，不论是多层的、高层的住宅，还是小区包括的服务性建筑、会所等，都属这个建筑群。从这个意义来说，建筑群是一个在概念上一致的集合。传统的建筑群，往往是形象不同、形式也不同，但风格统一，如我国的江南水乡，这些建筑在风格上说是统一的，组成了一个和谐的建筑群。园林建筑也是如此，如苏州的留园，园内许多建筑物，它们形式各异，有厅、轩、堂、亭、阁等，但风格统一。然而，现代建筑（城市）则又有了新的概念，不同风格的建筑也照样组合在一起，如巴黎的拉维莱特公园，美国圣迭戈市的霍顿广场等，从建筑流派来说，这些建筑群属于解构主义（Deconstructionism）或后现代主义（Post Modernism）。

二

然而，从建筑群的形式美来说，不论形式和风格统一、不统一，在组合成"群"的手法上还是要考虑它们的变化与统一。一般说，变化与统一是指这个“群”的诸建筑（单体）之间的关系。如纽约的哈雷姆区 1199 广场（图 4–5），由于功能的强调，所以小区中的房子形式多是向南呈台阶式布置的。这里有四组建筑，可谓统一中有变化，当然也不失其功能。

再如上海的康健新村，这个小区的建筑群形象，分组团进行形式分类，又分住宅和公建两种不同的形式，可谓很有逻辑性。不但形式分组，而且排列方式也很有秩序，在不失功能（如朝向等）的基础上作各种变化。

建筑群的形式，它的出发点是在功能，但形式也有必要作独立的处理。这种处理的准则就是形象变化，形式统一；形式变化，风格统一。这两者交替运用，使形象丰富多彩，又不失统一感。当然，真正要做到理想的效果却是不易之事，唯一能做的是不断实践。

三

城市形象，若扩大到整座城市，它与建筑群的形象是个由量变到质变的关系（过程）。从单个建筑到建筑群，其形象是量变关系；从建筑群到整个城市，其形象是质变关系。其实，真正的“城市”概念应当是整体的。

图 4–6 是上海市人民广场和人民公园及其附近的地图，同样也只画出道路、建筑、绿地等的范围，而且道路的宽度不是实际的宽度。重要的建筑只有一个点，如大世界、市人民政府、国际饭店等，写上文字以示其位置。这些都是记号、符号。作为规划师，不但要看懂这些图，而且头脑里要将这些形象转化为视觉形象（想像的或记忆的）。

范围越大，城市形象越显得抽象，其中的符号代表什么，都须用不同的标记标出来。图4–7 是美国首都华盛顿二战后的规划图（1952 年通过）。图 4–8 是日本东京的城市总图，也同样如此（以上两图均摘录自：沈玉麟. 外国城市建设史. 北京：中国建筑工业出版社，1989）。

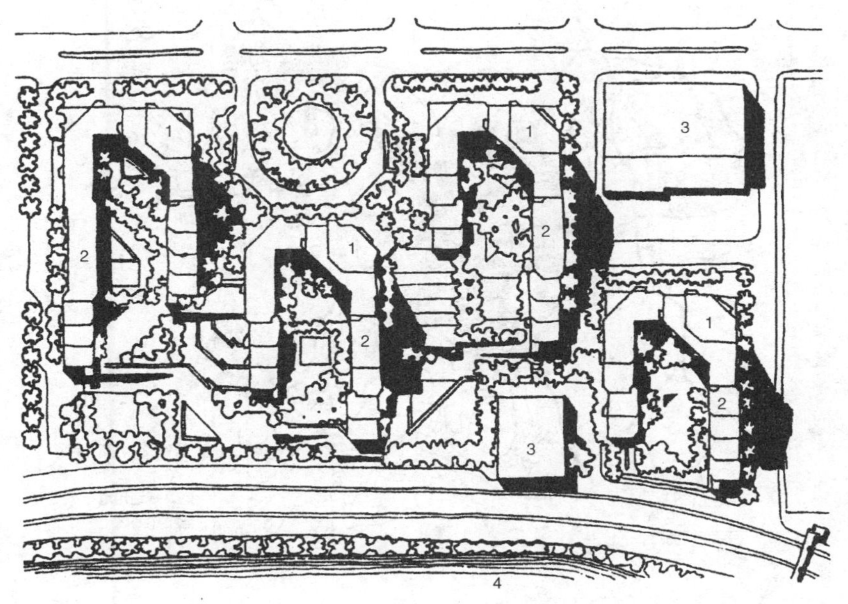

图 4–5　纽约哈雷姆区 1199 广场

1—38 层塔式住宅；2—18～16 层错层住宅；3—公共建筑；4—东河

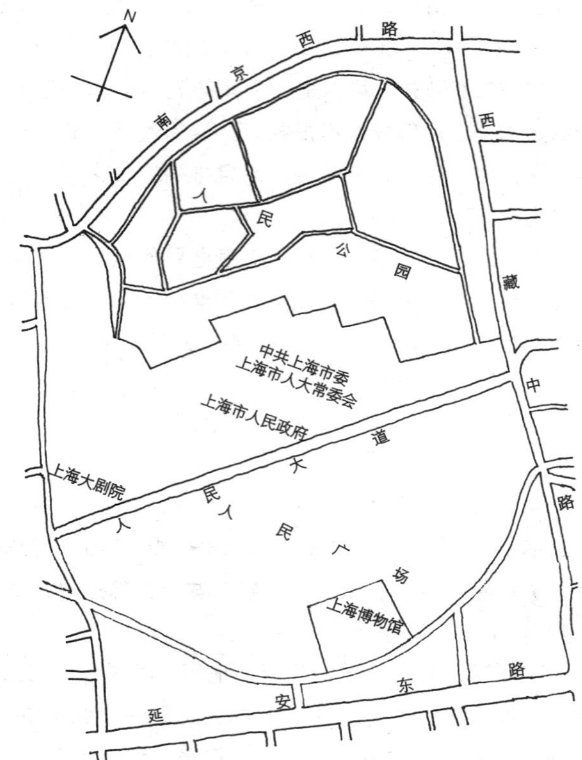

图 4-6　上海市人民广场和人民公园

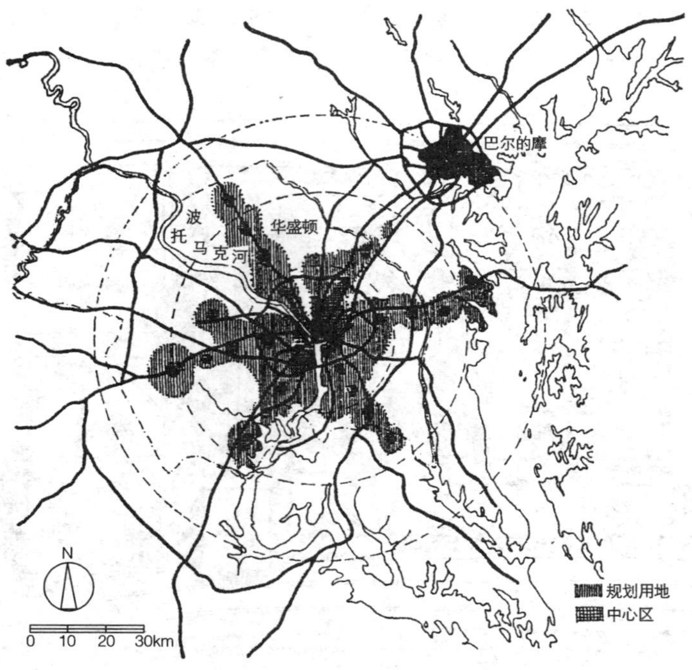

图 4-7　华盛顿总体规划（1952）

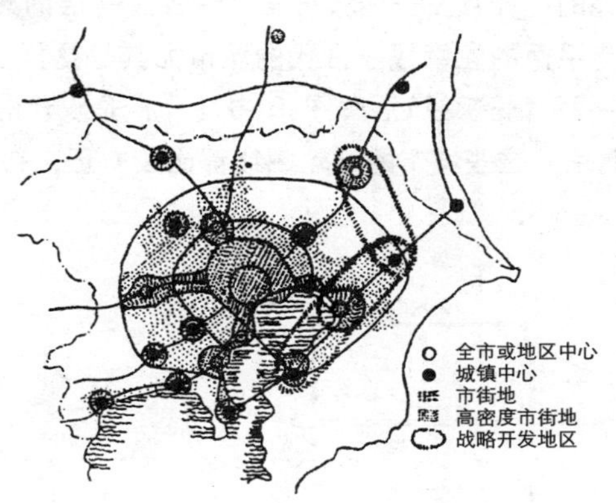

图 4-8　东京都市圈复合城市结构

美国著名规划理论家凯文·林奇著有《城市意象》（中译本已由华夏出版社出版，2001），这本书的书名取城市意象（The Image of the City），而不称形式（Form），这说明对城市形象的认识应当是意象式的，或者说是多视点综合的，一语中的，这就是对城市的思考方式和工作方式。

4.3　城市轮廓线

一

什么叫城市轮廓线？所谓城市轮廓线，是指城市的浮雕似的那个凹凸的形象。城市天际线与城市轮廓线不同，城市天际线是指城市形象在视觉上与天空接界的那条轮廓线。如上海外滩，这几十座建筑，它们与天空交界的那条线，从20世纪30年代形成，至今仍保留着。如果你从金陵东路外滩向北看去，就能看到这条优美动人的天际线。如果你站在杭州西湖平湖秋月前面的平台上看湖滨，也可以看到一条很美的天际线。但20世纪80年代以后，在湖滨的后面陆续建造起许多比原来的建筑要高出好多的建筑。湖滨原来的天际线消失了。

城市轮廓线是三度空间的，也是浮雕式的；城市天际线是视觉的“天、地”分界线。也可以说，城市轮廓线是客观的，城市天际线是视觉的、主观的。这两条线对城市来说都很重要，特别是天际线，更是人们关注的、很直观的。如上海外滩的天际线，不但是上海人关注它，同时外地游客也关注它。有些人曾来过上海，见到过这条美丽动人的天际线，如今再到上海，几十年如故，甚为激动。

二

如上所说，城市的三度空间，它的平面性是主要的，其高度方向只是一种浮雕性的形式。即便是如今有许多超高层建筑，如上海的环球金融中心、台北的“101”大楼，吉隆坡的双塔大楼、芝加哥的西尔斯大楼，以及迪拜的伯吉迪拜塔楼等，它们的高度虽高达数百米，但与城市的平面尺度却是不能相比的。况且在一个城市里，这种超高层的建筑毕竟是少数的。因此，城市的主要轮廓线就是城市平面的轮廓线。古代的城市尤其是这样，如图 4-9 所示，这是我国古代的一些重要城市的平面（轮廓线）。图 4-9 中（一）是汉代的长安；（二）是西夏的兴庆府；（三）是明、清的北京。这些城市的外轮廓线都比较方正，它的指导思想是规矩，方正不阿。

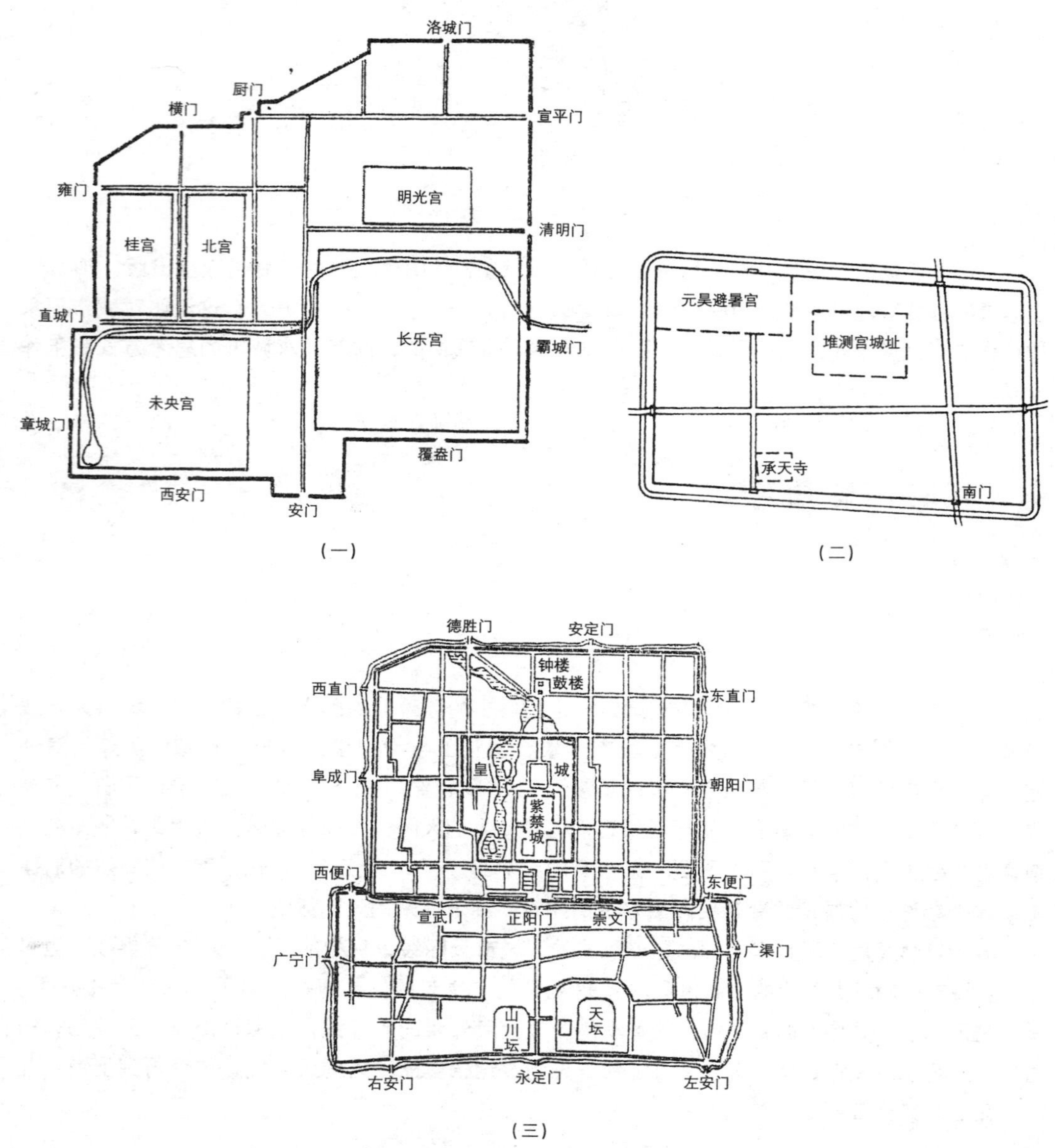

图 4-9　中国古代一些城市的平面（轮廓线）

图 4-10 是外国古代一些重要城市的平面（轮廓线）。图中（一）是卡尔卡宋城；（二）是诺林根城；（三）是诺夫哥罗德城。

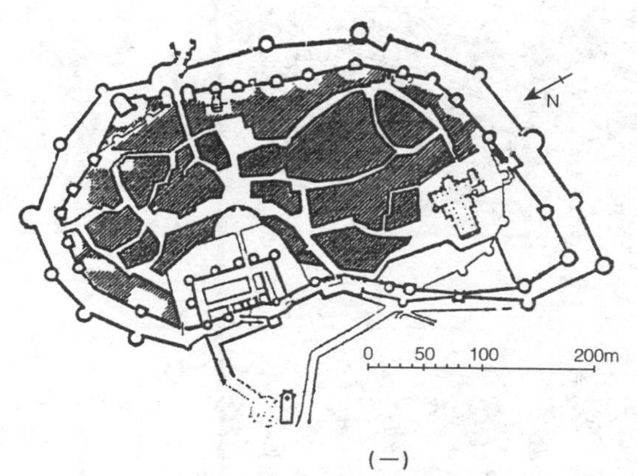

(一)

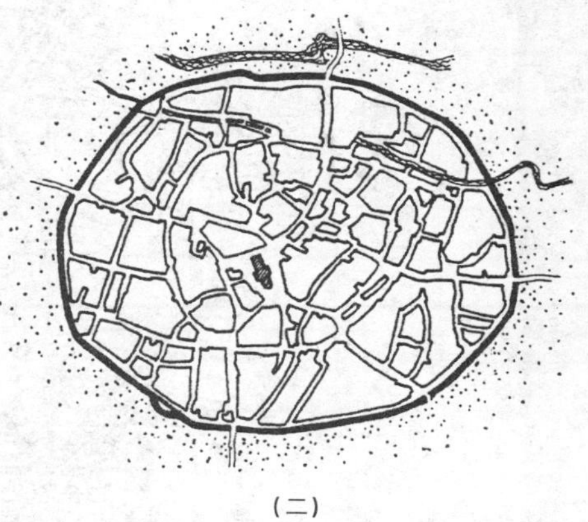

(二)

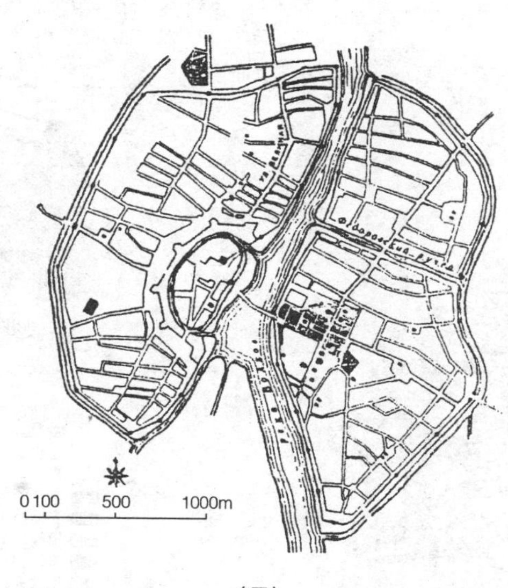

(三)

图 4－10 外国古代一些城市的平面（轮廓线）

三

如果说古代城市的轮廓线追求方正（不方正是万不得已），现代的城市就没有这种追求，或被贬之为“乌托邦”。看几个实例，如图 4－11 所示。图中（一）是罗马；（二）是魏林比；（三）是莫斯科。

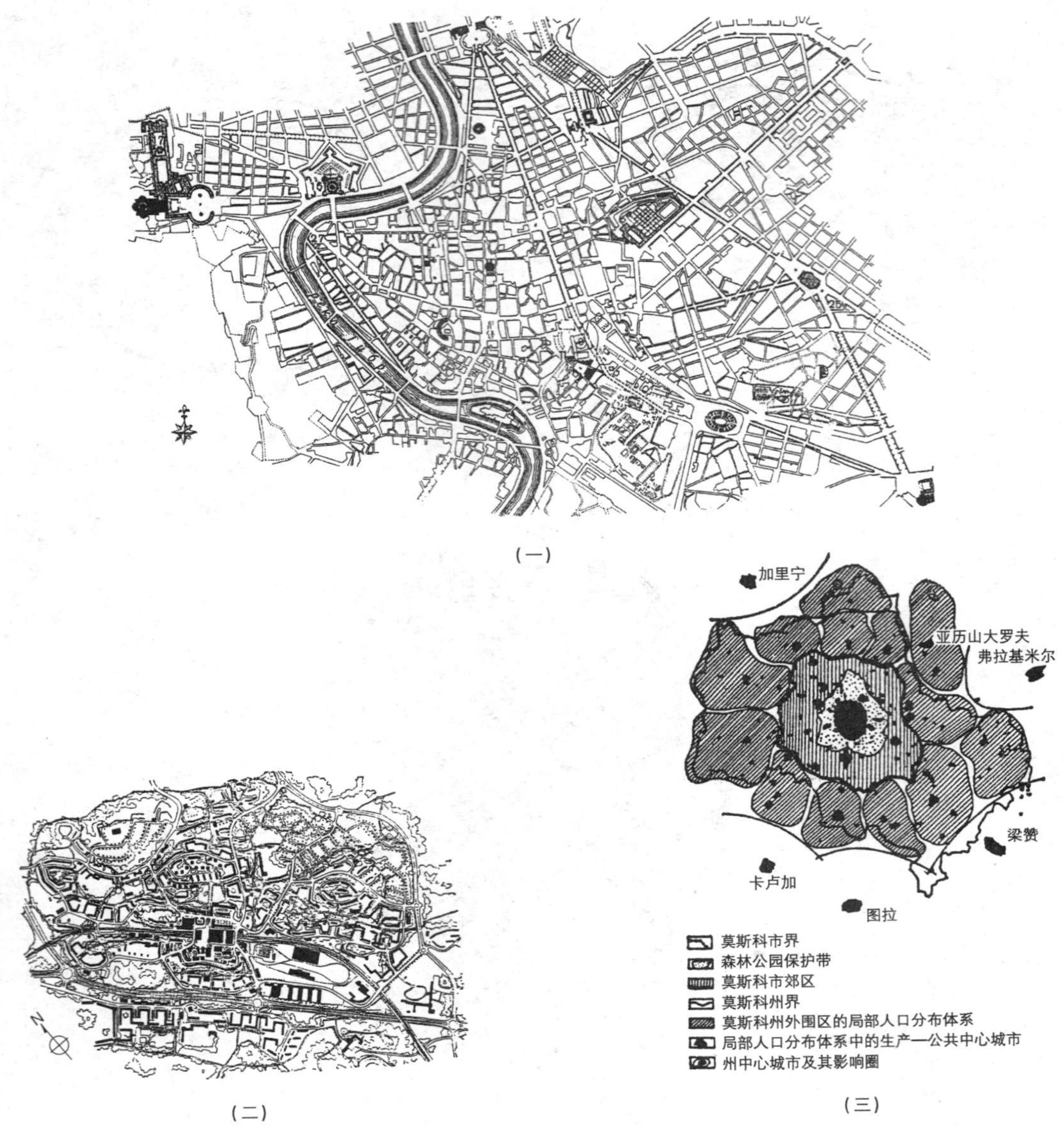

图 4－11　现代城市平面轮廓线

为什么现代城市轮廓线有这种特征?

首先，规矩方正，这是出于礼仪的需要。我国先秦时代，在《周礼·冬官考工记》中的营国制度，都城应当是“方九里，旁三门。国中九经九纬，……”这种形象都出自礼仪，出自等级观念。所谓“礼”，其实就是“治”的根本。城市形象的这种秩序性，就是规章制度。

其次，现代城市自由式的轮廓线，出自经商之需。所谓“唯利是图”，什么地方有商机，城市就向什么地方发展。英国伦敦、利物浦、曼彻斯特等城市，就是从“水”而成。码头，当时是一个发祥地，在这里不但要转运商品，而且有了船舶，来往的人也就多了，所以相应地发展起旅游业，开设饭店、旅馆及其他文化娱乐设施等。这种发展，它的形态又是自由的，何处“市口好”，就在何处开店。所以，人们往往沿着河道两边搞建设。河道是自然的、弯曲的，因此整个城市也就成了不规则形。同时，为了交通的便利，这些地方也发展起工业来了。如英国的曼彻斯特，在19世纪下半叶，纺织业大发展。

第三，资本主义社会也有许多制约措施，它不靠等级、礼仪，靠的是法规、法制，具体的措施是用税收，以此来维系整个社会系统，以经济作为基础，形成一个活结构。可是，正如马克思在《资本论》里所说的，工人在出卖劳动力后，劳动力的使用价值不归他的卖者所有，正如已经卖出的油其使用价值不归油商所有一样。资本家支付了劳动力的日价值，劳动力一天的使用即一天的劳动就归资本家所有，尽管工人劳动 6 小时就可以再生产出劳动力价值的等价，但资本家不会让工人只劳动 6 小时，而是要工人劳动 12 小时。奴隶社会是直接在奴隶身上榨取剩余劳动。资本主义社会，则是通过剩余价值的形式在工人身上榨取剩余劳动（参见：资本论．第一卷（第二章）．北京：人民日报出版社，2006）。现代城市的形成和繁荣，就其本质来说就是这样一种哲理。所以现代城市的轮廓线有两个特点：一是它在不断扩大，不像古代城市那样基本上是固定的，除非一个王朝被推翻，而推倒重来。二是它是不规则的，其原因就在于资本主义城市的本质。其实现代社会的市场经济原则对城市的要求也仍然如此，现代西方城市形态也仍然如此。其实，这种城市发展的模式与无边无际、随心所欲的概念又有所不同，现在我们正在研究在这种客观条件下的城市形态的控制问题，这也正是现代城市规划和设计的研究大课题。

4.4 城市标志物

一

上面已经说到，巴黎的城市标志物是埃菲尔铁塔，北京的城市标志物是天安门、天坛祈年殿，莫斯科的城市标志物是红场上的斯巴斯基塔，上海的城市标志物是江海关、东方明珠电视塔，华盛顿的城市标志物是国会大厦等。但城市标志物是会变化的，如巴黎，有人说巴黎圣母院是巴黎的“老奶奶”，埃菲尔铁塔则是巴黎的“少妇”。将来，巴黎德方斯巨门也会加入到巴黎的城市标志物中来。又如上海，它的近代标志物是外滩的江海关，从前上海牌手表就以“上海”二字构成江海关形象作为它的商标，但现在人们认为上海的城市标志物当然是东方明珠电视塔。

城市标志物基本上都是建筑物，一是因为它体积大，有强烈的视觉效果，能得到市民们的认同、共识；二是因为它时间长，如北京天安门建成至今已近 600 年了，巴黎埃菲尔铁塔也有近 120 年的历史了。

二

有人说英国伦敦的城市标志物是泰晤士河边上的大本钟。此钟塔建于 1858 年，位于威斯敏斯特桥北议会大厦东首，塔高达 95m。此钟当年由负责工务的专员本杰明爵士监制，故名“大本”。钟面直径达 7m。每隔 1 小时，会发出美妙的报时乐曲。1923 年起，通过广播，钟声传遍全球。

大本钟之所以能成为伦敦的标志物，一是它高大醒目，其次就是这首乐曲。全世界各地，凡是懂得这首曲子的人，当它报响时，总会联想到这个建筑形象，乃至整个伦敦。

仰光的大金塔也可以说是仰光的标志物（图4－12）。此塔位于缅甸首都仰光市北，建造于18世纪。塔高约99m，基座采用十字折角形式。大塔四周还有64座小塔。大金塔表面用金箔贴成，塔顶装有精致的宝伞。此塔的正式名字叫瑞大光塔，金色的塔身在阳光照射下十分耀眼。它成为仰光的标志物可谓当之无愧。

图4－12　仰光大金塔

三

天安门建成于明永乐十九年（1421），明代时叫承天门，当时的形式是三重檐牌楼式建筑，明代天顺元年（1457）被焚毁。到了成化元年（1465）重新建成，形式改为九开间门楼。明末李自成农民军入北京，被清军逼迫出城时又毁于兵火。清顺治八年（1651）又重修，并改名天安门。此建筑面阔九间，进深五间，下面是高10m余的红色大砖台，建筑总高33.7m。新中国成立后，北京作为首都，当时每年国庆节都在天安门广场举行庆典，天安门成了全国人民向往的形象，所以它不但成为首都北京的标志物，而且成了中国的标志物。

美国首都华盛顿的国会大厦，也享有同样的荣誉。美国国会大厦作为华盛顿这座城市的标志物也是当之无愧的。此建筑始建于1793年，但19世纪初毁于战火，现在这座建筑是1819~1850年重建的。中间的穹隆顶甚大，共有4层。下面是圆环形的一圈柱廊，上面一层设有倚柱和窗子，比下层矮。在这上面就是带拱肋的大圆顶，顶的上端又是一圈小围廊，并设一小小的圆穹顶。最上面设一座高达6m的自由神像。这座建筑总高达87m。

威尼斯的标志物，可以用圣马可广场上的钟塔为代表。它高高地耸立着，从海面上望去，可谓鹤立鸡群，十分壮观，而且它体态秀美，能表达出威尼斯这座艺术文化水城之精神。

图 4-13 所示是西安市的钟楼。这座城市在 1400 余年以前的隋唐时期就已很有名。如今西安的标志物应当是西安市中心的钟楼。这座建筑位于西安市内东、西、南、北四条大街交会处。钟楼始建于明洪武十七年（1384），明万历十年（1582）重修。基座为正方形平面，高 8.6m，边长 35.5m，四面各有券洞门。此建筑总高 36m，攒尖重檐顶，内有楼梯，可供游人登临。

图 4-13　西安钟楼

从城市市民角度来说，城市标志物不仅能识别城市，而且具有强烈的认同性。人在这座城市住久了，对这些标志物会产生情态性效应。人与这些形象已建立起一种语言关系，他们之间能“对话”，具有亲切感。笔者 1956 年初到北京，亲眼见到这向往已久的天安门时，心中产生认同感，原来北京并不陌生。这一连串的情态过程其实就是在与天安门对话，就是对北京这座城市的认同。这也正是城市标志物的积极意义。没有标志物，或标志物未被认同，人对这座城市是冷漠的、没有感情的。

4.5　软的城市形象

一

上面说的城市形象，其实都是“硬体”，物质的、固定不动的。但对城市形象来说，不能忘了它的“软体”。话语，其实就是城市的一种软体。如上海话，你能听懂上海话，就是对上海的认同。方言不能一概否定，大家都说“普通话”。方言是有功能的，这种功能就在情态，就是城市的一个软形象。二次大战后，北欧的一些建筑师塑造了一种建筑风格，即新方言派（Neo-Vernacular），这对于建筑的情态来说，它的作用是积极的。后来后现代主义建筑接过这一观点，也强调“方言”（但对待建筑语言的方式却完全两样）。后现代建筑师摩尔设计的新奥尔良意大利广场，是为这里的意大利移民设计的，他在广场的中央做了一个圆形水池，中间又做出一个意大利地图形状的半岛，又有喷泉，名曰圣约瑟喷泉。圣约瑟是意大利古代的一位受人们敬重的神，所以这里的意大利移民都喜欢来这里品赏来自祖国、故乡的形象。

后现代主义建筑师们批评现代主义，说他们的作品都是冷冰冰的方盒子、火柴盒子，这也是从城市情态出发的。在建筑物（硬体）中寄以情态，也是可能而且有必要的。

二

有些软的城市形象，虽然规划师和建筑师管不着（如电影节、啤酒节、黄酒节、旅游节等），但对城市的研究来说，这些城市软形象都很有关注的必要。或进一层说，规划师和建筑师对这些城市的软形象应当关注，并落实到自己的规划和建筑项目中去。

电影节或电视节，现在有好多城市每年或隔几年要举办。这是大众性的文化活动，所以须有足够的场地供大众活动。

上海每年的九月要举办旅游节，开幕式的夜晚，城市的几条主要马路打扮得五彩缤纷、花枝招展。一辆辆的旅游花车各显神通，展现出各地的风情。2007 年的上海旅游节更推出了新项目，吸纳了世界上许多国家的旅游团前来表演。他们带来了全球各地的民俗风情，无论服饰，还是唱歌、跳舞等，都展现在大家的眼前。这一夜，一直要闹到后半夜，远比传说的闹元宵还要热闹。

三

杭州举办西湖博览会已经有许多年了，1929 年举办了首届西湖博览会，后因故停办，近年来又恢复了，还举行狂欢节、休闲博览会等，这些都显示出城市的活力。

世界上有许多城市还举行马拉松赛跑。城市事先划定赛跑的线路，起点在何处，终点在何处，时间起讫，行人、汽车和公共汽车如何分流等。我们可以在电视中看到，世界上许多大城市举办马拉松赛跑，人数可达数万人，场面壮观。

西班牙有斗牛节，奔牛在马路上乱窜，人们与牛混在一起奔跑，场面颇为惊险，当然免不了会受伤，城市在这一天也可以说疯了。这也正是他们的民俗文化，连城市带人都投入这个节日。有些国家还有西红柿节，把许许多多西红柿相互乱扔，弄得路上、汽车上、人身上到处都是西红柿，把城市染红了。这就形成一种心态，没有参与过这种活动则是很难让人理解的。

出于宗教性的活动也很多，例如美国每年 11 月的第四个星期四是感恩节。这个节日起源于北美英国殖民地普利茅斯，该地居民于 1621 年获得大丰收后，举行感谢上帝的庆祝活动。1863 年，美国总统林肯正式宣布感恩节为全国性节日。

佛教也有节日，例如我国每年农历七月十五，称盂兰盆节，又称盂兰盆会。这一天，佛教徒为超荐历代祖先而举行佛事。据《盂兰盆经》记载，释迦牟尼弟子中神通第一的目连，看到母亲死后成了饿鬼在地狱受苦，如处倒悬，自己却无以救助，便求佛拯救。释迦告以每年七月十五自恣日时，备百味饮食供养十方自恣僧众，便可使其母解脱。佛教徒据此神话兴起盂兰盆会。在我国，最初举行此仪的是梁武帝，大同四年（538）于同泰寺设盂兰盆斋；其后在民间普遍举行。到了唐代，每年皇家送盆到各官寺，献供物品，并有音乐仪仗等。到了宋代，改为以盆施鬼。后来还在寺里举行诵经法会及举办水陆道场、放焰口、放灯等活动。

我国民间的节日也很多，如春节、清明、端午、中秋、重阳等。有许多也与建筑和城市有关，如上面已说的春节在大门上贴春联等。端午节不但要吃粽子，家里要大扫除外，还要赛龙舟、演戏《白蛇传》等。

城市文化正是由这些节日构成。城市的软形象对于城市研究来说不容忽视。重要的是需要为这些文化活动考虑空间。但这种形态的特点是即时的，不是长久的。活动过了，形象也消失了。但这种文化却仍然留着，到时候又会重来。

城市论
The Theory of City

The Color Tone of City
城市色调

第 5 章 城市色调

FIVE

5.1 色彩·色调·城市色调

一

色彩，就是指各种各样的颜色，但一般是指单独的某种颜色，也指各种颜色，如色彩缤纷、色彩鲜艳。色调则不然，它一定指多种颜色，指多种颜色组合成一种色觉效果。如红、橙、黄等，构成暖色调；紫、蓝、绿等，构成冷色调。又如鲜艳的色调、灰暗的色调、淡雅的色调等。具体的建筑，多指色调，因为建筑物往往不只用一种颜色。城市的颜色更是指色调。有谁见到过只有一种颜色的城市？因此研究城市的颜色，必然是研究色调问题。

城市色调，大体可有暖色调与冷色调；色差较大的色调与色差较小的色调；高明度色调与低明度色调等。有的人说，对城市色彩的研究是无中生有，这话也许不无道理，但城市色调确实是存在的。城市色调不同于建筑色调，可以由人来设计；城市色调则往往是自然而然形成的，或者说是历史积淀的。但一旦形成城市色调，就成为一种风格、一种传统，人们也就自然而然地去追随这种色调。

二

城市色调孰优孰劣，没有定数，须看它是否与这座城市相称。这种相称，一在自然，二在城市的性质。如我国江南的一些城市，其色调多显得淡雅。如苏州，其城市色调比较淡雅，黑、白、灰居多。这种城市色调形成的原因与江南的自然景观有关，天不怎么蓝（不如北方天空的湛蓝），山是绿色的，即使冬天也是如此，水面的颜色则是天、山、树、房屋等倒影的颜色。总之，十分和谐。再从人文特征来说，苏州多文人，文学家、画家、书法家，他们鄙视升官发财，愿做学问，琴棋书画，渔樵耕读，风雅儒生耳。再从城市性质来说，也同样如此。苏州地处江南，城市里的房屋，所谓粉墙黛瓦，具有高雅的色调。小桥流水人家，颇令人歆羡。五代词人韦庄（836~910）有《菩萨蛮》：

人人尽说江南好，游人只合江南老。

春水碧于天，画船听雨眠。

垆边人似月，皓腕凝霜雪。

未老莫还乡，还乡须断肠。

词中用优美动人的笔调，描绘出江南美景，而且充满着人情味。他本是西安人，后来由于战乱来到江南，受到这里风土人情的熏陶，所以要说“未老莫还乡”之语。

江南的一些城镇，其色调之美由自然的原因和人文的原因组合而成。细玩起来，无论苏州、无锡、杭州、嘉兴、绍兴、宁波诸城市，至今仍有这种色调追求。如今“长三角”（长江三角洲）的城市建设，其色调也需从这种淡雅的情调入手。

三

杭州的城市色调更值得研究。这座江南名城虽然也做过都城，但那只是南宋偏安之地，所以从城市文化来说，仍以传统的江南城市为主调。杭州一地，也许自古就是个旅游城市了。“西湖十景”，就是南宋文人们议定的：苏堤春晓、曲院风荷、平湖秋月、断桥残雪、柳浪闻莺、花港观鱼、雷峰夕照、双峰插云、南屏晚钟、三潭印月。从色调来说，杭州的城市色调偏冷色调。自然的山水、林木偏冷色调；建筑物，如传统的杭州建筑，白墙黑瓦，而且多用大片的白墙（特别是好多弄堂两边用大片的白墙作住宅的围墙）。这种黑白之色本来是中性的，它们与自然物的冷色调（山、树等）配合，则偏向冷色调了。

四

伦敦的城市色调，从色相（色彩有三要素：色相、明度、纯度。色相就是指红、橙、黄、绿、蓝、紫等）来说不甚明显，多为水泥、砖、石等材料本色。从明度来说，偏低，如泰晤士河边上的国会大厦，看上去颜色较深。其他传统建筑也是如此。另外，伦敦的自然条件也影响其色调。伦敦有“雾都”之称，一年中有好多日子是雾蒙蒙的，看起来色彩就偏灰暗。伦敦的新建筑的色彩如何对待？伦敦的现代建筑，其色调开始转为鲜艳，而且效果也不错。这就是伦敦的城市色调的传统性和现代性。

圣彼得堡这座城市的色调，好多建筑物的墙面用的是浅米黄色，还有少量的白色、粉绿色，以这几种色彩为主色调，其效果有些像绘画上的水粉画。从色彩理论来说则属高明度暖色调，近乎法国18世纪洛可可的色彩风格。这也许与其文化内涵有关，彼得大帝提倡改革开放，引进西欧文化（属同时代），当时法国流行洛可可风格（又称路易十五风格），从色彩来说喜欢用粉红、粉绿、天蓝、嫩黄、金色、银色等，都属淡雅的情调，建筑上也流行这种色调。这种色调流向俄罗斯，在当时的建筑上也就用这种色调，从而形成圣彼得堡（当时为俄罗斯首都）的城市色调。

后来这种色调也影响了中国。中国近代东北一带（特别是哈尔滨），接受俄罗斯文化较多，所以也多用这种色调。

华盛顿这座城市的色调，其主色调可以从它的国会广场的建筑和其他实物的颜色来看：国会大厦的主色调是白色，白宫（The White House）是白色的，华盛顿纪念碑是白色的，国家美术馆（包括西馆和东馆）也是近白色的；广场上的林荫道是绿色的。以这种色调作为城市主色调，使这座城市显得文静、秀雅。城市色调虽然是建筑和其他实物的综合色调，但城市主体部分的色调往往起着统领的作用。

5.2 城市色调与城市文化

一

一座城市的色调多由建筑的颜色形成，但这种色调其实与城市文化有很大的关系。例如古代北京的色调，宫殿与民居的色调反差甚大，这与北京这座城市有关。

宫殿，反映宫廷文化，从建筑的颜色来说，是强烈的颜色：红、黄、绿、蓝等鲜艳的色彩。北京天安门上面用黄色琉璃瓦，下面为大红柱子、红墙、红门窗，再下面是土红色的城墙，皇家气十足。北京颐和园乃是皇家园林，其中的建筑也多用这种色彩。如其中的佛香阁，屋顶用黄色琉璃瓦，几条斜脊用绿色琉璃构件。佛香阁共4层屋顶，用同样的色彩处理，每层下部的柱和门窗均用红色。下面的高台用白石，黄色琉璃砖作栏杆花饰。皇家园林，色彩甚为壮丽。

北京的平民住宅，多用灰色的砖瓦，灰屋顶、灰墙，只有大门处有些红、黑等的油漆颜色。一条胡同、灰墙、灰路，显示出平民的文化特征。北京古代城市色调具有强烈的等级反差。

二

上海这座城市是于近代才兴起的（元代设上海县，但那时只是个小县城，位置就是如今的中华路、人民路这一圈的里面）。当时，上海县城的城市色调与江南其他小城差不多，建筑如其他江南小城民居，以黑、白、灰为主。上海作为一个近代大城市，还是在19世纪后半叶，从租界（Settelement）开始迅速发展的。先有英租界和法租界，后来美国也有了租界。英租界后来与美国联合起来，称公共租界。20世纪30年代，上海已成为远东的一座特大城市。上海的城市色调也就是在这个时候形成的。当时上海建设发展很快，许多高楼拔地而起，当时十几层的高楼不计其数。与此同时，由于上海人口激增，所以也就建造起大批的住宅，其形式多为石库门里弄房子。因此，当时上海的城市色调自然而然地由这些建筑的颜色表现出来。

这许多建筑的总色调又如何呢？我们得出一个平均的色调倾向——暖色调。当时许多房子的外形材料，不是水泥就是砖。水泥颜色，由于水泥中有黄砂，所以偏黄灰色，倾向于暖色调。更是那许许多多的石库门房子，其屋顶几乎都用红瓦，暖色调更为强烈。如果你乘飞机到上海的上空往下看，便可以看到大片大片的红屋顶。

位于黄浦江、苏州河交汇处的上海大厦（从前叫百老汇大厦），用的是泰山砖（面砖），暖色调；位于西藏中路汉口路的教堂沐恩堂、徐家汇的天主教堂，以及江西中路汉口路的圣三一堂等，用的都是红砖；位于福州路江西中路附近的美国花旗总会，外墙也用的是红色面砖（暗红色）。上海有许多近代建筑的外墙表皮用的是水泥材质（如外滩的几十座建筑），浅灰中带黄，也是暖色调。

上海的城市色调，从这许多建筑色彩上可以看出，它总的倾向是暖色调，但又显得比较杂。有的建筑颜色浅，有的则深。深与浅也属色调的要素，即明度。总的说，上海城市色调的又一特征是杂。这也正是上海文化的海派特征。上海人来自各地，江、浙一带，还有广东、山东、安徽诸地，甚至外国。上海文化还有“洋泾浜”（这是一条河的名字，现在早被填，改为马路，即延安东路）之称，所以上海的城市色调也就很杂，不同于北京、苏州、杭州诸地，有比较明确的城市色调特点。

三

文化是什么？很难说出一句话来概括什么是文化，但如果说色彩文化，则显然是围绕着色彩，包括衣、食、住、行及种种艺术文化，它们的色彩关系。城市的色彩文化，除了建筑等“硬”的城市对象物之外，还有诸多“软”的城市对象，这种对象的特点是随时变更的，甚至是运动着的。例如人们的衣着，街上的车辆，房屋上的店面装饰，屋顶上的广告牌等，都属城市“软”的色彩。上海的城市色调，“软”的色彩十分丰富和强烈，这又是它的一个城市色调特点。

上海南京东路步行街，它的色彩特征可以说是“软”的色彩最典型的实例。如果你有机会去南京东路走走，会领悟这里五彩缤纷的色彩效果。人们穿着华丽，五光十色；两边的商店橱窗色彩斑斓；建筑物上商店招牌、广告牌及诸多宣传品，色彩之丰富，令人目不暇接。如果你走到它的最繁华处，即从浙江路口至西藏中路口一段，更令人眼花缭乱。

5.3　城市色调与建筑设色

一

从前的城市色调是自然形成的，没有人专门去关注城市的色调问题；但城市色调是客观存在的，某个城市的色调偏暖或偏冷，偏明快或偏庄重，偏单一或偏复杂，偏对比或偏调和等，这些色调现象都是自然而然形成的。当然它们也有原因，一是与自然环境有关，二是与人文环境有关。如江南一带，青山绿水，淡雅秀丽；人们重视高雅文化，所以其色调多为黑、白、灰等素色。又如北京，作为都城已数百年，所以皇宫色调与民居色调反差甚大，这又是一种色调特征。华盛顿，色调讲究纯洁；马德里讲究浪漫；上海较杂，是海派文化所致，海纳百川，博采众长。以上这些色调特征，都是自然而然形成的。接着的问题就是能不能人为地控制城市的色调?

这就是城市色调控制的问题，城市的色调从无意识到有意识，也许是必然的过程。最可怕的是误导，须知“错误比无知更远离真理”这句话。所以，如何来看待城市的色调是个非常重要的问题。

二

城市色调如何控制，最重要的就是建筑的色调如何来控制。我们首先说几个原则：城市传统文化的色调已如前面所说，如北京的、杭州的、上海的、华盛顿的、伦敦的、威尼斯的等，这些城市新建筑的色调如何配置。

其实色也如形，城市的建筑形式要与这个城市的传统建筑形式相协调，但如何协调？在20世纪50年代，我国的建筑形式流行“大屋顶”，说是民族形式，说功能是现代化的，形式是民族的，还提出口号：民族的、科学的、大众的。可是到了20世纪60年代，就将它批判为复古主义。后来又来一个“全盘西化”，都做成平顶方盒子式的“现代派”形式。其实城市色彩也有些类似，喜欢强调民族形式。当时好多公共建筑往往用黄色琉璃瓦大屋顶、大红柱子，所谓“古色古香”。到了20世纪80年代，又迎合一股思潮：白墙面、茶色玻璃（后来又有蓝玻璃），名曰“现代化”。

建筑的色彩表现出城市的色彩，因此当时我国的一些城市都效法于此，北起哈尔滨，南到深圳；东起上海，西达西安、成都、重庆，所谓千篇一律。如此情况，一直延续到20世纪末。后来终于有人提出城市的色彩个性问题。21世纪初，有人明确提出了城市色彩问题。

三

关于城市色彩问题还专门举行会议，提出城市色彩与和谐居住环境的主题。① 在会上，与会人员针对城市及建筑环境色彩展开讨论。会议还邀请建筑和色彩专家、学者等，共同探讨我国城市建设规划与建筑色彩新战略，以期更多地减少色彩应用不当而造成的视觉污染，使我们的城市更加和谐与美丽。

城市环境是社会化和公众化的，必须强调协调性及统一性，各种建筑风格都应当体现城市的地域性和城市本质。城市色彩体现着城市个性，展示着城市形象，体现着城市文明发展程度。和谐的建筑和环境色彩使人身心愉悦，有利于营造稳定、文明、健康、和谐的生活、工作环境；有利于提升整个城市的形象品位；对大众的审美水平起着潜移默化的作用，使人们对自己生存的城市产生荣誉感和责任感。而建筑色彩不和谐、不好看，便易形成城市的“环境污染”，引起人们心态上的不快。

这次会议认为，当今我国城市化建设的步伐甚快，大量的建筑拔地而起。可是，因为长期以来我们在城市规划与建设过程中缺乏对建筑与环境色彩的深刻认识，迄今大多数城市和小城镇在规划和发展中尚无统一的色彩规范和监督管理，建设领域的色彩应用比较混乱，造成了建筑和环境上的视觉污染，给城市形象塑造带来负面影响。因此，无论从加速建构我国城市色彩建设理论，还是从有效改善当前我国在城市色彩领域存在的问题方面，本次论坛都具有重要的历史意义。

---

① 由中国科学技术协会主办，中国流行色协会承办，中国城市科学研究会和清华大学建筑学院等机构协办的“2006中国科协年会——城市色彩与和谐居住环境”专题论坛于2006年9月在清华大学建筑学院举行。

以上是这次论坛的基本精神。笔者基本上也赞同这些观点，但城市色彩这个名字，应当称城市色调较好。因为色彩在城市范围来说不易被理解。我们不能说这个城市的色彩由哪几种颜色组成，我们只能说这个城市的色调，是高调还是低调，是比较单纯的还是比较复杂的，是暖色调还是冷色调等。所以有的城市规划师认为，城市色彩的讨论是“无稽之谈”。如果说城市色调，则是现实的。所谓调，类似于音乐中的调性。我们听音乐，知道这首乐曲属什么调，如贝多芬的《命运交响曲》是 e 小调，莫扎特的《土耳其进行曲》是 A 大调、《布拉格交响曲》是 D 大调，舒曼的第一交响曲《春天》是降 B 大调等。当然城市色调的“调”不必那么复杂、规范。如上所说，城市色调往往是从色的冷暖、明度的高低和色是纯净还是多而杂等进行控制。城市色调须注意调，这在构成城市的建筑的设色上应有所考虑。

城市论
The Theory of City

Urban Esthetics
城市美学

第 6 章 城市美学

SIX

6.1 建筑美学与城市美学

一

什么是建筑美学？建筑美学是研究建筑美的学问。城市美学的意义也同样。什么是建筑美？建筑美多指建筑形式的美。当然形式不能孤立，它必然与功能、技术、经济有关。这种理论对于城市美来说尤其重要。一个城市不能因为形式的好看而产生种种的不合理（如居住小区偏重形式而影响居民生活和城市发展等）。但城市美学与建筑美学毕竟有质的区别。如图 6-1 所示，图中许多个一样的小方块组合成一个圆，这时小正方形已被大圆所取代。研究城市形象的美就是要研究这个“圆”的美，而不是研究这些小正方形之和的美。

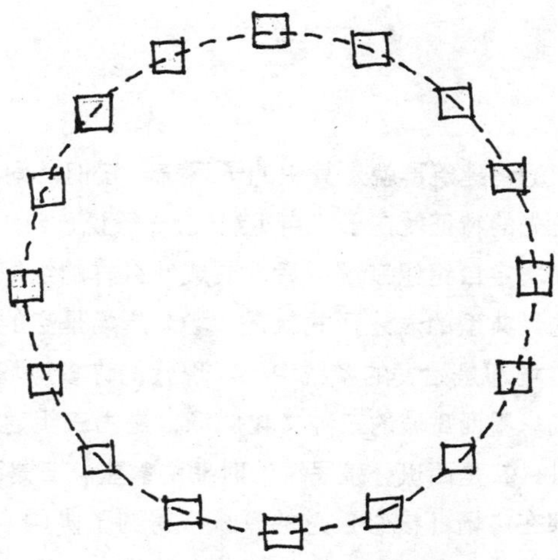

图 6-1　建筑形象与城市形象

城市的美是有结构的，建筑就是城市美的“元素”；建筑（元素）加上城市的其他对象物形成建筑群，再由此而形成街道或区域，再加上其他对象物，然后就形成城市。村镇有别于城市，这种区别不仅在规模的大小和边界的清楚性，更在于这种结构关系。一旦这种结构在量性上形成大于“元素”之和，就成为城市。

二

以上说的只是城市美学要研究的对象物，从结构主义理论来说，“关系重于关系项”是一条分析事物及其美的准则。从城市来说，“关系项”就是各种建筑物和城市的其他物体；“关系”就是这许多对象物之间的相互关系。建筑与建筑，建筑与道路、广场、绿化及其他之物，它们有种种的关系，如距离、方位、体量、数量、质地、颜色以及诸功能上的关系。城市的这种关系，它的美显然不只是形式上的，而多为内容上的。例如市区的商业中心，这许多店铺集中好呢还是分散好？举个实例，现代城市中凡是有麦当劳的地方，附近总有肯德基。又如上海打浦桥，大大小小的饮食店不下 20 家。为什么？这就是“关系”。它们喜欢在一起，这不是为了热闹，而是为了竞争，竞争出商机。20 世纪中叶，德国学者 H·哈肯研究出一个理论——协同论(Synergetics)，属“新三论”之一（还有二论是突变论和耗散结构论）。H·哈肯在协同学中研究的是远离平衡状态的开放系统在保持与外界的联系下，自发产生的有序结构和功能行为。这样的系统，其内部必然具有若干子系统，子系统之间的组织关系属于有组织的关系，即不需要外来的力进行组织。这样一种系统理论，也许对研究建筑和城市有很可贵的价值，因为建筑和城市典型地具有协同的关系。

一个建筑群，无论从它的存在、功能和文化表述，乃至它的美，都是一种自组织协同关系。一个广场，它周围的建筑以及由这些建筑所形成的广场（系统）也同样如此。甚至，一个建筑单体也可以看成一个系统，它内部的各部分为子系统，产生自组织协同关系。“自组织”，就是“活的”。现代、当代的建筑（造型），所着眼的已不是形的单一的和谐，而是寻求内部各子系统之间的协同关系。

三

城市作为一个系统，它的诸建筑群就是其中的子系统。它们之间必然产生一个场（Field）。这种系统的协同效应，其首先的特征就在于“自组织”。一般说，自组织系统开始形成时是有一个核心的。开始的组织形式决定自组织系统以后发展成什么样的组织。但它不是其中的任何一个子系统，而是场。建筑的最典型的表述形式就是广场。广场是空的，由广场周围的建筑（子系统）形成，但这个空的广场却是始发的系统中心。现代的许多广场，往往并不突出其中的任何一座建筑，而是突出广场。墨西哥城的三种文化广场，是由三组建筑（子系统）构成的：一是古代印第安人居住的遗址；二是西班牙殖民统治时期的教堂；三是现代住宅建筑（图 6-2）。这三种不同形态的建筑，却在广场（核心）总的系统下得到了协调。没有任何一种外来的力量使这些子系统协调，而是它们自己作为一个开放系统完成的。之所以说它是开放的，就是因为在这个广场上你可以不断插入子系统，而不破坏这个场的结构和形态。

这种自组织也是功能的。哈肯举了这样一个例子：“让我们考虑一个城镇，或者一个城市的一条街道。假定这条街道上开设有两个饭馆。为了得到更多的利润，它们都想吸引更多的顾客。这时，最好的办法似乎是将街道分成两半，且各在其一半的中间。实际上，可能会出现这样的情况，一家已开设了，而另一家想要开设在整条街的最中间。假定饭馆是可以自由挪动的，设 A

图6-2　墨西哥三种文化广场

先挪动到靠近中间的位置，这时B看到A占了有利位置，招徕了更多的顾客，于是它也就向中间的位置挪动。这样做的结果是，最终这两家饭馆都靠在一起，中间只相隔一道墙。到这时候，他们之间的竞争更剧烈了。但这时所出现的另一个问题是，住在街道两头的顾客嫌路太远，若雨天或顾客累了等原因，他们就不来了。这样，这两个饭馆又都失去了许多顾客。所以看来饭馆的老板想错了，应该搬到街道的两头去。但当我们在德国去吃饭时就会发现，开始走了很长时间还没有见到一个饭馆，一旦发现一个，就会看到在其周围有不少饭馆。因此，人们会问，这些老板是聪明还是笨？让我们先想一想然后回答。这个问题，在很大程度上依赖于交通的发达程度。如果交通困难，人们行走不便，那么分开设在街道两头的布局将是有利的；但若交通很方便，那么靠在一起的布局就会更有利。为什么？因为紧靠在一起时，老板们为了各自得到更好的经济利益，就会竞争。饭馆老板很聪明，他们开设饭馆各具特色，并以此来维持各自的生存……”（转引自：沈福煦. 论建筑的协同性. 南方建筑，1991，4）。

6.2　城市的形式美

一

与建筑美一样，城市也有形式美。城市形式美不能单独来讨论，它必然与功能、技术、经济等联系在一起，但城市形式美须独立出来建立其美学系统。这就是辩证法。

城市形式美须从其法则说起。它也与建筑形式美一样，包括变化与统一，均衡与稳定，比例与尺度，节奏与韵律，虚实与层次。建筑（形象）对于城市（形象）来说只是一个组成要素，它的形式美不在建筑（即便只有一个建筑），而是在城市。研究城市的形式美，须从城市诸“单元”进行分类研究，如街道、广场、建筑群以及城市整体。下面逐一进行讨论。

二

街道是线性的空间。街道美在何处？日本著名建筑师芦原义信（1918~2003）著有《街道的美学》一书（尹培桐译. 天津：百花文艺出版社，2006）。他应用格式塔心理学（Gestalt Psychology）“图形”与“背景”的概念，并引用中国的“阴阳”之说，对街道空间的美学问题作了系统而深入的研究。他在这本书中着重讨论了街道与建筑的关系，对街道宽度与两边建筑高度之关系、阴角与阳角、下沉式空间、轮廓线、雕塑小品及其作用、街道的景观等都作了系统的研究。这是建立城市美学的一个重要方面。

据芦原义信研究：“原来在中世纪的城市里，广场只是街道的扩展。来到意大利的城市一看，的确，即使今天也不是没有中世纪那样的朴素广场。广场真正成为艺术作品，是从文艺复兴时期阿尔伯蒂和达·芬奇的时代开始的，今天以意大利和法国为中心的世界著名广场，是在17世纪和18世纪达到高峰的。”他认为，作为广场，要具备四个条件：首先，广场的边界线清楚，能成为“图形”，此边界线最好是建筑的外墙，而不是单纯遮挡视线的围墙；第二，具有良好的封闭空间的“阴角”，容易构成“图形”；第三，铺装面直到边界，空间领域明确，容易构成“图形”；第四，周围的建筑具有某种统一和协调，*D/H* 有良好的比例。

从美学的角度说，城市里的广场有不同的性质。从广场的使用性质来说，天津的文化广场（图6–3）是商业性的，它的美是“合目的”性的。这个广场的主要功能（目的）多为贸易、购物，或者在商业中心区以室内外结合的方式把室内商场与露天的及半露天的市场结合起来。商业广场大多采用步行街的布置方式，使商业活动区集中。既便于顾客购物，又可避免人流与车流的交叉，同时可供人们休息、交往、饮食等，它是城市生活的重要中心之一。

图6–3 天津文化广场

北京的天安门广场规模相当大，东西、南北均达500m，双中轴线对称布局，所以十分庄严，属纪念性、政治中心性的广场。从美学的角度上说，天安门做得很成功。为了获得广场东西之间的均衡效果，特将东端的博物馆正门做成廊式，里面又做了两个内广场（当然这也是博物馆的功能要求）与人民大会堂（西端）在体量和形式上得到均衡，这是建筑手法。但美中不足的是人民英雄纪念碑的位置摆得不妥。从广场设计理念来说，这个纪念碑相当于西方古典广场中央的方尖碑性质（如意大利圣彼得大教堂广场、巴黎的协和广场等），但由于人民英雄纪念碑的形体太粗大，为了不挡住人民大会堂和对面博物馆的对景视线，所以将这个纪念碑的位置向南移了一下。但这一移动，它就失去了轴线定位功能。这是手法问题，但也是纪念性广场的一个原则性问题。

有些设计为了强调中轴线，将广场做成一连串的空间，如法国的南锡中心广场（图6–4）：自北向南有政府广场、跑马广场、斯丹尼斯拉广场。南锡中心广场又名南锡路易十五广场，建于1750~1755年，是洛林首府南锡的市中心广场，其风格是古典主义与巴洛克的结合。广场由三部分组成：一个长圆形广场、一个狭长的跑马广场和一个抹去四角的矩形广场。三个广场按同一轴线对称排列，全长达450m。长圆形广场（北首）原叫王室广场，后改名政府广场，以长官官邸为起点。整个广场群是半开、半闭的，如透过政府广场两侧的券廊可以看到外面。斯丹尼斯拉广场的四角是敞开的。在跑马广场与斯丹尼斯拉广场之间有一道宽约40~65m的河流，河上筑有30m宽的坝，坝上的建筑使之在联系中形成“瓶口”，这里设有凯旋门。广场群形式多样，既统一又有变化，既开敞又封闭，既收又放，既分又合，其中还有林木、喷泉、雕像、铸铁花栅栏等，使之成为世界著名的广场。

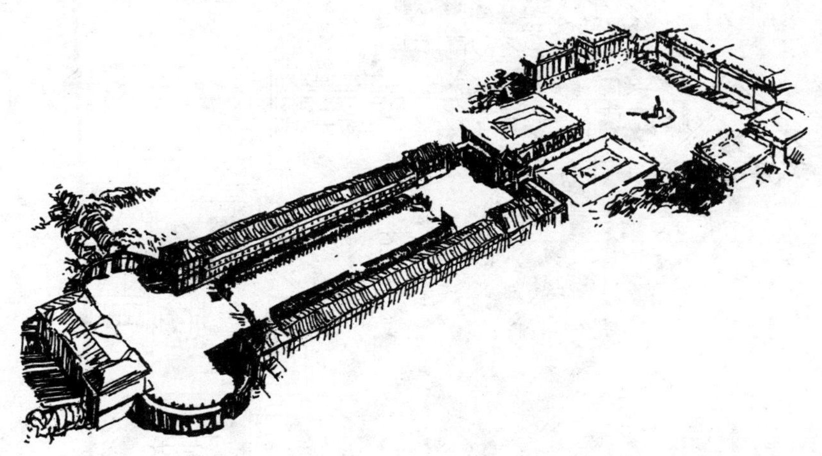

图6-4　南锡中心广场

三

现代城市广场的美学特征有二：一是自然性，形式自由自在，很少做成对称式，往往是不对称中求均衡；二是强调实用功能。如上面所说的天津文化广场，是个商业性广场，不对称，但又均衡。宁波的天一广场也是如此，它虽是方形的，但四周建筑形式高低错落、自由自在，广场中商业气氛十分浓厚，热闹非凡，有声有色，运动感很强烈。城市居住小区中的大型绿地，其形式也近乎广场，如天津的川府新村（图6-5），其中的小区公园就是典型的小区广场（形式）。又如上海的三林苑居住小区，正中一个大花园，花园之北是社区中心，以此为圆心将花园（广场）中的道路和花坛作放射形布置，并形成中轴线，很有气派，被誉为小区的“客厅”。

四

城市的形式美也包括建筑群的形式美。其实上面说的天津文化广场也属建筑群的形式美。要提醒的是，“群”的形式美不是“单体”的形式美。

再举一些实例。首先说清华大学学生活动中心（图6-6）。所谓学生中心，主要有这么一些内容：一是一般社团活动室，包括文学社、书法社、摄影社、绘画社、雕塑社、学生报社等用房；二是文艺社团排练室，包括民乐、西乐、声乐、舞蹈、剧组等用房；三是群众性活动室，包括学生组织或个人举办的展览、讨论、讲座、联谊等用房；四是娱乐活动室，包括棋牌、台球、电子游戏等用房。多功能厅用来举行舞会、展览、联欢、排练节目和其他集会等。

建筑群除了要满足功能要求外，形式的组合也很重要，其关系也如建筑形式美原则，但建筑群的形式美着重在“群”，如群的疏密、节奏，诸建筑形式的统一与变化等，这是作为建筑师、规

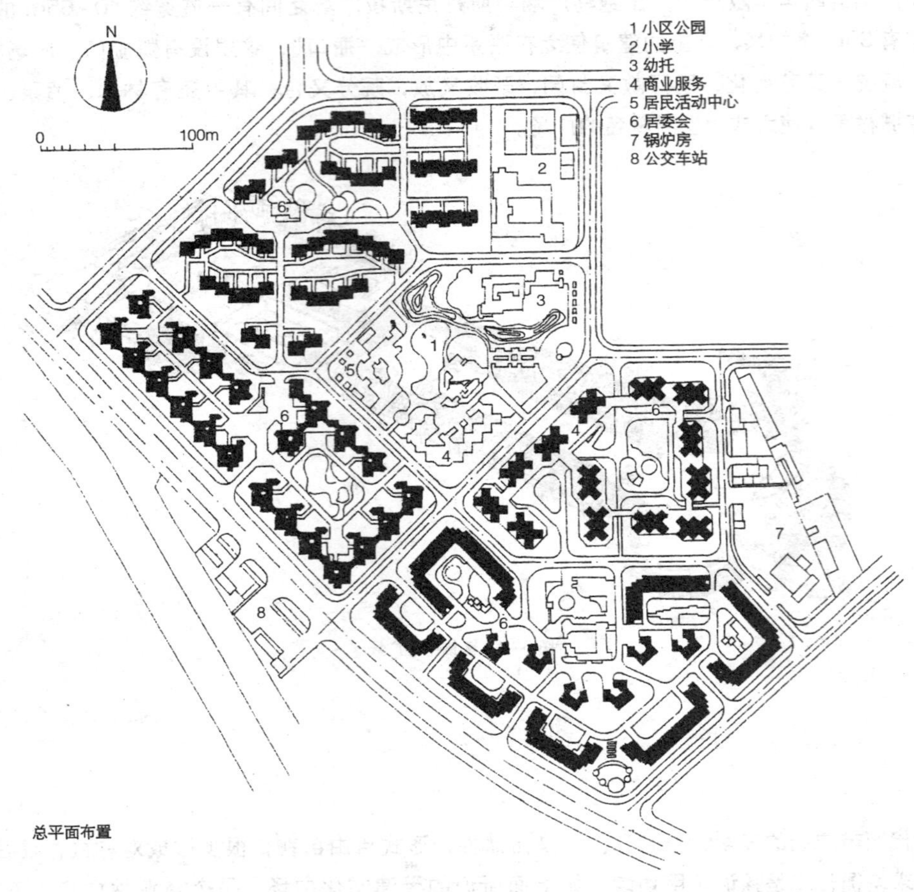

图 6–5　天津川府新村

划师都须重视的，图 6–7 是英国约克大学的学校总平面图。就形式而说，这其中的建筑多用廊连起来，如道因特学院、兰克维斯学院以及南首的赫斯林顿大厅为一组。另外，这些建筑多用廊连起来，这不但可以使人们雨天不必走湿路，更是可以形成建筑与建筑之间"关系"的紧密感。

我国古代的园林，特别是江南园林，非常讲究园中的建筑布局，建筑群的形式美。不仅注意了建筑的相互关系，而且更从视觉景观出发，利用了借景、对景、框景、夹景、引景等手法（组景手法有 18 种），若从建筑群的形式美来说，可谓登峰造极。图 6–8 是苏州怡园的平面。从图中可以看出，该园真可谓布局得体、疏密有致。

又如苏州的网师园，如图 6–9 所示，不但建筑布局得体，而且其空间也很有艺术性。有人利用格式塔原理将其实的建筑和空的空间互换，结果两者的疏密、节奏、韵律等几乎都一样合乎形式美法则。

建筑群的范围越大，形式美的成分越少。到了城市总体，其布局所考虑的问题几乎都是功能性的：居住的、商业的、工业的、文教的、交通的等。所以，有人认为城市总体规划少有艺术性。但应当说，"艺术"（Art）一词的语义已转化了。

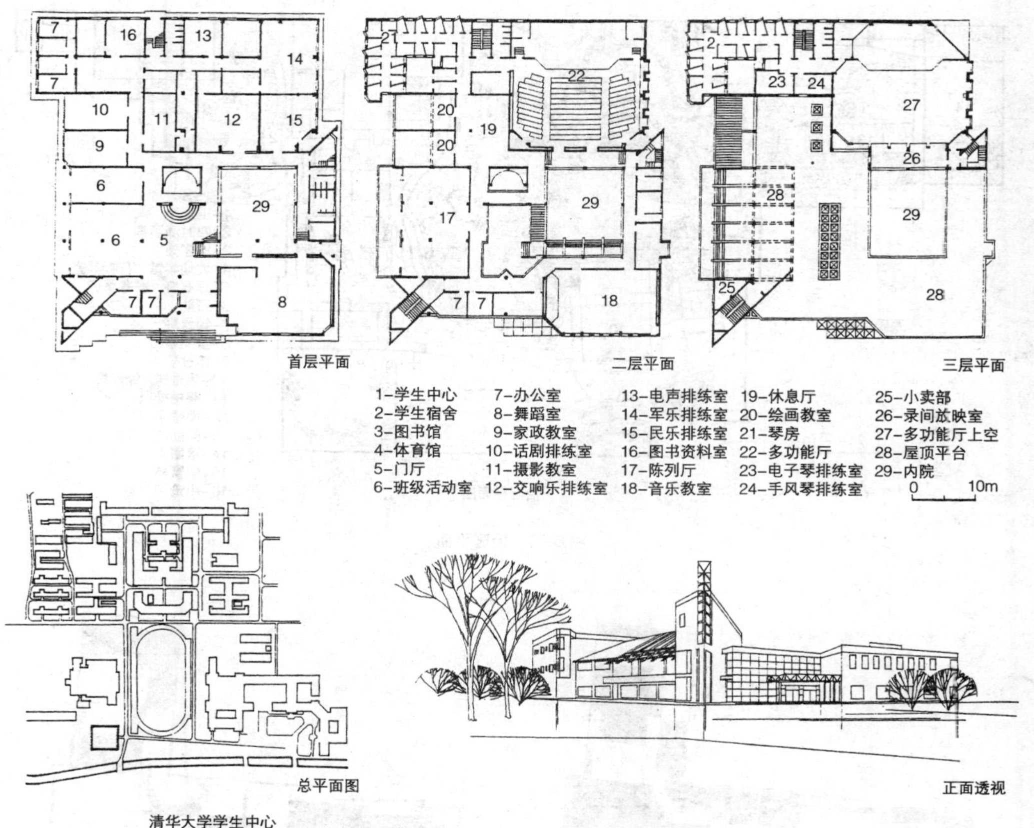

图6-6　清华大学学生活动中心

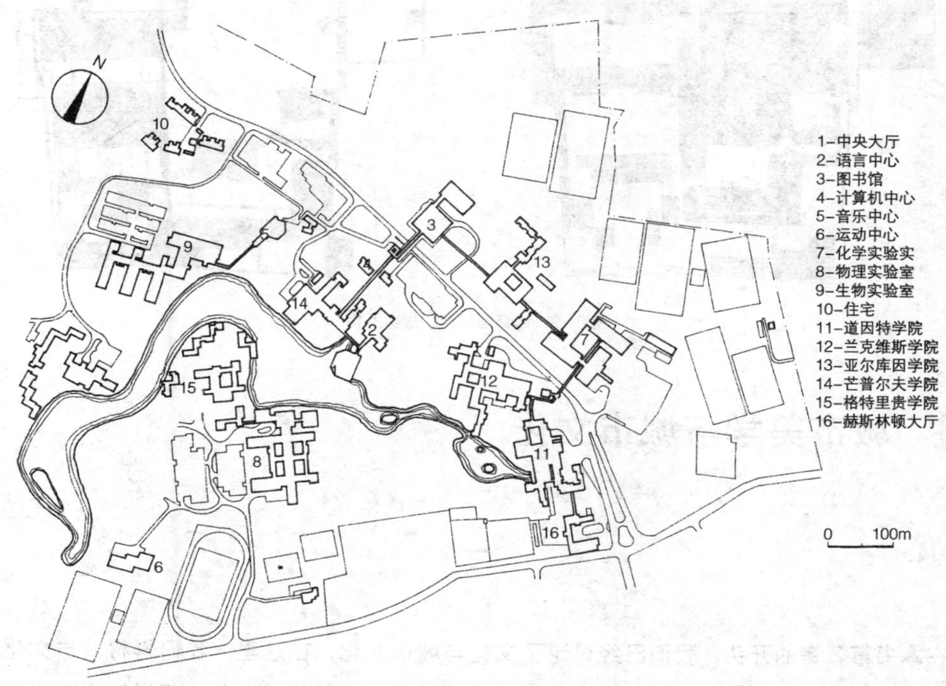

图6-7　约克大学总平面

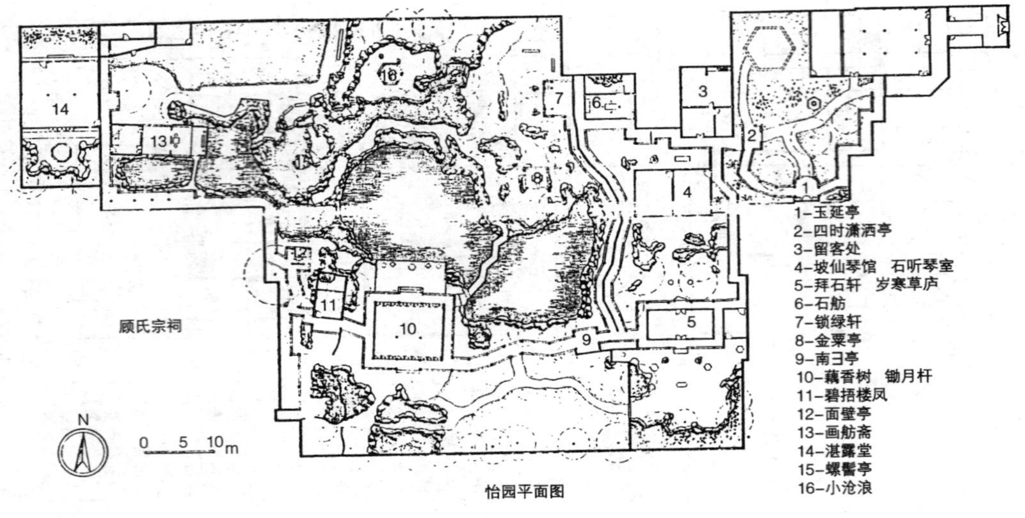

图 6–8 怡园平面

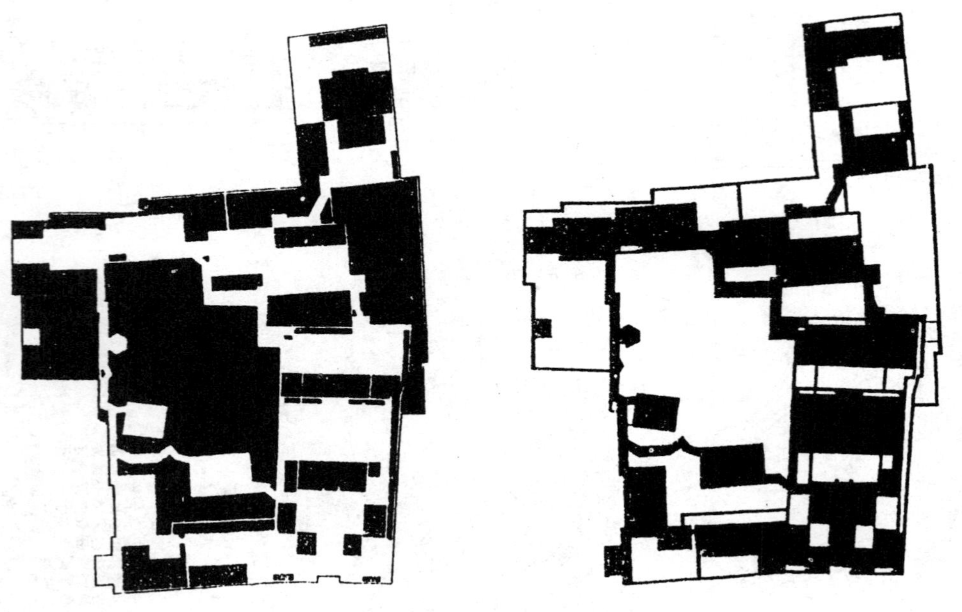

图 6–9 网师园平面：虚实互换

6.3 城市美学与城市文化

一

在本书第 2 章的开头，我们已经讨论了文化与城市文化，在这里，我们再将城市文化与城市美学的关系及它们之间的相互作用作一番研究。从美学、艺术、文化、哲学诸方面来说，有好多人似乎还有些混淆。一个对象物，它的美、艺术性、文化性、哲学性等，指的是什么呢?

例如建筑，有人专门写书，研究建筑文化，也有人专门写书，研究建筑美学，还有人写建筑艺术甚至建筑哲学；还有绘画、雕塑、音乐、文学，以及桥文化、茶文化、酒文化、服饰文化等，它们均涉及美学、艺术、哲学。可以说，有一个门类，就有一种文化、一种美学、一种艺术、一种哲学，城市也在其中！但是，从好些书中，我们又发现，其实写桥的文化和桥的艺术、桥的美学或哲学，其内容都差不多，只是冠词不同而已。细读之，发现除了"绪论"中涉及不同的概念外，后面的内容都是一个个的实例介绍而已。这也许是当代的一种著作现象吧，全国乃至全世界都是如此。

其实，文化、美学、哲学、艺术是有区别的，我们这本书名叫《城市论》，也就是说，对于城市的文化、美学、艺术、哲学诸领域都要牵涉，而且要说出它们之间的不同之所在。

所谓城市文化，如前所说，是将城市进入到文化层面来讨论（不只是一般介绍诸城市的历史、地理和表层特色）。城市艺术，着重在城市的形式，进入到城市的审美领域。城市美学，我们借助德国哲学家黑格尔（1770~1831）的理论，他认为美学就是艺术哲学。也就是说，如果我们把城市作为一个艺术对象，对它的深层哲理的研究，对它的形成、发展、消亡的研究，以及对它与人和社会的关系深层次的研究，这就是城市哲学了。

二

城市美学与城市文化，在结构上是怎样的关系呢？如果比较简要地说，也可以认为城市美学是城市文化的深层哲理。美学，在这里也意味着"文化的哲学"。

城市美学浅显的解释就是城市的美的学问。什么是城市的美？不外两个方面：一是城市的形式美（要比建筑美的对象物范围更宽广）；二是城市的内涵美（主要是合理性）。我们这里要说的多指前者。

城市的形式美，一般说多出自视觉（形象）。但视觉不可能统包全城形象来感受，一般总是一个局部，即某个视角下的形象。这种形象，近年来也就是指景观（Landscape）。举例说，如加拿大多伦多电视塔及附近的景观，从形式美来说，电视塔的垂直形体与周围环境的水平形体起着对比的作用。除建筑外，其余的绿化和水面环境起到衬托的作用，主次分明（图6-10）。

图6-11是纽约的西格拉姆大厦。此建筑高158m，造型为典型的现代派方盒子形式，它与周围的环境是和谐的，这种形态在纽约这座现代化大城市来说当然也是和谐的。但它在历史的概念上（美学的）则是"凝固的"，当时（20世纪50年代）的审美标准与现在的审美标准比较，则又有所不同。

图6-12是芝加哥的瑞莱斯大厦及周围环境，从景观美来说，它无疑表现出了大城市气质，这在19世纪末的美国，从"时代"的意义来说这是"现代"的新兴的时期，因此这种景观（属芝加哥学派）也同样充满了时代之美。"时代"过去了，它也就被新的形式所取代。这是现代形式美的一个重要特点。

图 6–10　多伦多电视塔及周围环境

图 6–11　西格拉姆大厦及周围环境

图 6–12　瑞莱斯大厦及周围环境

图 6–13 是莫斯科大学的主楼形象。这种景观的主体很突出，采用中轴线对称形式，我们可以用庄重二字来形容它。所谓高等学府，“世界名牌大学”（从前是罗蒙诺索夫大学）须给人以一定的气势。这种建筑形式也是 20 世纪 50 年代苏联流行的形式，所谓俄罗斯民族形式，如同圣彼得堡的海军部大厦或莫斯科红场边上的斯巴斯基塔。但从现在的审美观来说，是否也可以说是过时了呢？只要看一下当今俄罗斯所建造的大学建筑就可以了解这一点。

最后说巴西首都巴西利亚“三权广场”上的国会大厦和下面的两个会议厅形成的一组建筑群（图6-14），这也是对比的作用，高与低的对比，正与反的对比，直与曲的对比。这几个方面的对比表现出这一组建筑的形态美。在这里，城市美与建筑美是交织在一起的。

图6-13 莫斯科大学

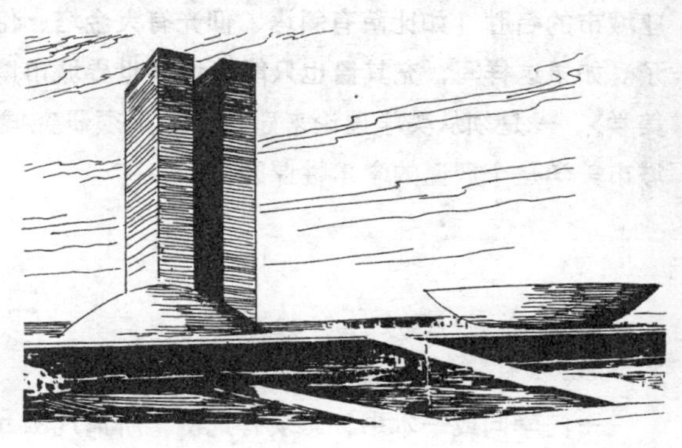

图6-14 巴西国会大厦

三

从上面的一些实例中可知，城市文化与城市美学是结合在一起的。在这里，我们特别要强调的是城市的现代文化及它的审美特征。

城市的现代文化，通过两方面表现出来：一是从日常生活中表现出来，包括衣、食、住、行诸方面。如人的出行，古时候多乘马车或轿子，后来发明了汽车，就用汽车代步，所以小汽车又叫轿车。服饰也是这样，无论中国、日本还是欧美，古装与现代服装有明显的不同，这也就是时代美。在时代的面前，如果要使建筑、服饰、车辆等产品有时代美，须有下述几个条件：首先它须适应于该时代社会和个人的物质需求，从城市整体来说也同样；其次，它在坚固性方面和维修方面要优于原来的形式，但在使用时间上并不一定要很长久，因为时代就意味着要过时，建筑和城市形态也同样，现代建筑不提倡“百年大计”，要紧的是在一个不太长久的时间段里求得坚固耐用；第三，它在统筹的经济性上是要优于过去的。这些都不是形式美，但却是建筑和城市美的根本。

6.4 城市美学的建构

一

城市美学是一种门类美学，它与建筑美学、雕塑美学、绘画美学、服饰美学、小说美学、电影美学等一样。近年来，门类美学发展很快，因为社会现实需要这些美学。说得过分一点，这也是商业（竞争）的需要。然而正如前面所说，如今的书籍，关于这些门类的美学还是文化，似乎分不清。名曰美学，其实只是介绍一些作品而已，只是供一般读者浏览而已，并不是什么“学”。真正作为门类的美学，就须把问题深入下去。如建筑美学，就须说出这个建筑为什么美？那个建筑为什么不美？例如说到北京故宫的太和殿，如果只说它是什么时候造的，有几开间，屋顶形式如何云云，那只是介绍，只是“旅游小丛书”。要说这座建筑的美，就须从内容、形式两个方面的深层哲理方面去分析，在伦理等级、审美情趣及形式美法则等方面去作深入分析。城市美学著作也同样，我们不能把古今中外的许多名城罗列一下，放置一大堆数据，再加上各座城市的名胜（如比萨有斜塔、仰光有大金塔、伦敦有圣保罗大教堂等），就算是《城市美学》了。如果这样写，充其量也只能算作《世界城市博览》，不能算是城市美学著作。真正的《城市美学》，一是须从美学理论来建构，二是须研究城市兴衰的哲理，三是须研究城市与人的关系。城市美学是个严谨的学术性课题。

二

一门学问或一本书，总须有凡例，所谓凡例（又称体例），就是书（或学问）的结构，如此书按年代来写，还是按性质类型来写；是内容叙述式的，还是深入到因果、逻辑的；是分章和节，还是分得更细等。作为城市美学（本书由于除了论述城市美学外，还涉及城市的其他方面，所以书名叫《城市论》）它的凡例可有多种考虑，这里所写的是从城市的一般意义，城市美的综合的审美特征，直到城市的形式美这样一个系统来阐述的。这里不写城市美学史，因为城市美学这门学术分支还很年轻，还不够成熟，所以不能建构起它的历史。

城市的形式美是城市美学的重点，也是最显而易见，但又“视而不见”的。所谓城市的形式美，就是建立在建筑形式美的基础上，但又将建筑（形象）的视野扩大到建筑群、景观，甚至整个城市（形象）。

三

要对城市美学进行建构，在这里只能说是一个尝试。本书的城市美学，仅是书中的一章，而且从凡例来说也是不成熟的。笔者认为，要建构城市美学还需要从城市整体上去把握，从城市的纵向（历史发展）和横向（全球各地）两方面来研究。但困难的是城市美不同于建筑美，例如巴黎圣母院，它的美早已有人研究；古希腊的帕提农神庙，它的美也早已有人研究。建筑美学就是在这种研究的基础上建立起来的。但城市，以往只是研究“史”，只是对古今中外许多城市的发生、发展，以及它的功能性进行分析。只是到了现代，才有人研究城市景观和城市形态的美学问题。城市美学是一门年轻的学问，笔者在本书中提出对城市美学的建构，实属“尝试”。

四

城市美学的理论建构，可以分为两大部分：

一是美学理论，包括纯美学的理论和城市的形式美理论，还有城市的内容美。城市的形式美仍可按照形式美法则进行评价，如变化与统一，均衡与稳定，比例与尺度，节奏与韵律，层次与虚实等。但它所论述的对象是城市，不是建筑，更不是雕塑之类。即便是城市雕塑，也与一般的雕塑不同，城市雕塑具有地点性、环境性，而且是大尺度、大视野的。

二是城市发展的美。一座城市的产生、发展和式微，如古代罗马城，它为什么会发展，又为什么会消亡，成为一堆废墟。这中间有其必然性，也有其偶然性。但从史学的角度来说，这都是既成的、必然的。

史学与美学，对于城市来说是两个不可分割的方面。我国历史学家周谷城著有《史学与美学》，此书对于建构城市美学与史学是有益的。意大利史学家和美学家克罗齐（1866~1952）曾说："人写出来的历史都是'现代史'，都参与了作者的观点，不完全是客观的了。"尽管客观主义历史学家强调客观真实性，但总免不了会带有自己的见解。有的建筑甚至哪年建成也各说各的，难作定论。但这种问题另当别论，我们这里应当站到史学的高度，对于城市的兴衰尽量保持客观的态度来论述。

不要忘记，我们这里不是写"城市史"，我们是从美学的层面上来论述城市的发展，因此城市史，"评"多于"述"。当然这本书的重心在"论"不在"史"，即不是城市美学史。

城市论
The Theory of City

Urban Planning and Design
城市的规划和设计

第7章 城市的规划和设计

SEVEN

7.1 中国古代城市的规划理念

一

我国的城市规划其实很早就开始了。早在春秋战国时代就已有城市规划准则。我国古代对都城的规划称“营国制度”，这里的“国”就是都城。据《周礼·冬官考工记》记载：“匠人营国，方九里，旁三门。国中九经九纬，经涂九轨。左祖右社，面朝后市。市朝一夫。夏后氏世室，堂修二七，广四修一。五室，三四步，四三尺。九阶，四旁两夹窗，白盛。门堂三之二，室三之一。殷人重屋，堂修七寻，堂崇三尺，四阿重屋。周人明堂，度九尺之筵，东西九筵，南北七筵，堂崇一筵。五室，凡二筵……”这就是说，匠人[①]营建都城，方九里，每旁三门。都城内主要的道路有九经九纬，每条路可容九辆车子并行，王宫门外左边是祖庙，右边是社稷坛。王宫前面是朝，后面是市。市与朝方各一百步。夏后氏的世室，堂南北长十四步，广增长的四分之一，十七步半。五室，中央室方四步，广加四尺，四隅室方三步，广加三尺。九阶，室四旁各有两窗夹正中的门户，用白灰粉刷。门堂面积为正堂的三分之二，门堂的室南北长为正堂的三分之一。殷代人们建重屋（屋顶是两重屋檐），堂南北长七寻（合56尺），堂基高三尺，四栋二重屋。周代人们的明堂以九筵（一筵为9尺）为度，东西九筵，南北七筵，堂基高一筵，五室，每室广与长都是二筵……

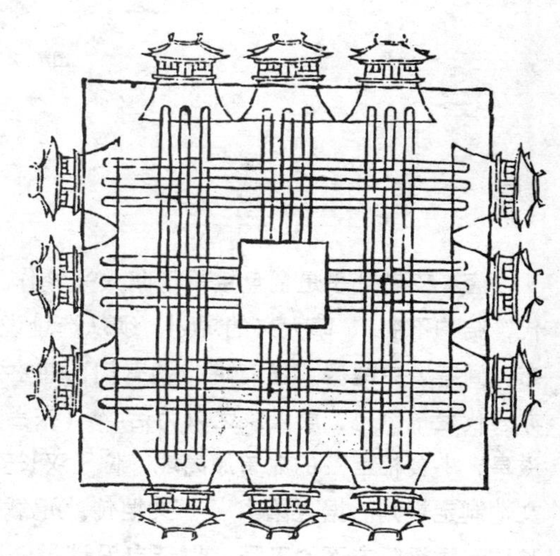

图7-1 《周礼·冬官考工记》中的王城图

图7-1是根据这种制度规定所绘制的图。

《周礼·冬官考工记》成书于战国，但据研究，周代的都城规划是否严格按照这种制度还难以证实。不过据分析，从元大都的城市布局中尚可看出这种形式。

① 这里说的匠人不是工匠，而是指规划师、建筑师。

二

在这里说说曹操营建的魏王城。如图 7-2 所示，邺城东西七里，南北五里，规模仅次于当时的洛阳。曹操为适应当时三国鼎立的形势，故邺城规划多从军事着眼。以城北的宫城为中心，宫门前南北主干道为规划主轴线，东西主干道为辅轴线，将全城划分为城南和城北两大区。城南为市里区，城北为宫禁、官署及官僚贵族府邸专用区。城北区内，又以正殿文昌殿及庙社为中心，连同殿东的听政殿和寝宫，加上司马门外的官署构成一个宫禁区。这里东为府邸区，西为禁苑区。武器库及马厩等都在苑内，靠苑的西北城垣筑有铜雀等三台。唐杜牧的诗《赤壁》中说“铜雀春深锁二乔”，就是指此台。这三个小区既有分工，又成整体。邺城的规划是相当成功的。

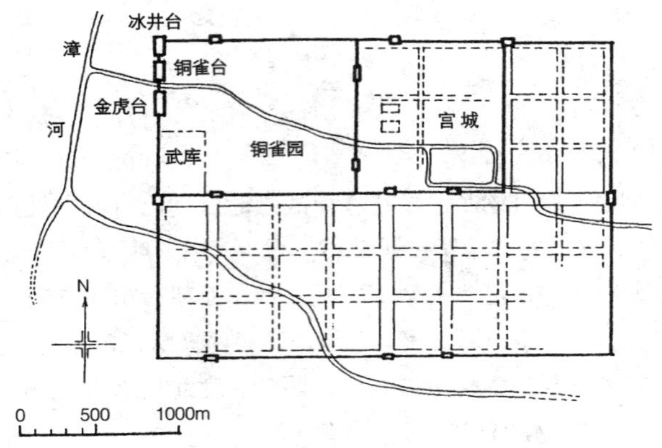

图 7-2　曹魏邺城平面

三

唐长安城几乎是全盘接受了隋大兴城作为都城，这正说明我国古代的一个史实：“改朝换代，结构不变。”隋大兴的规划，须从选址说起：“隋氏设都，虽不能尽循先王之法，然畦分棊布，闾巷皆中绳墨，坊有墉，墉有门，逋亡奸伪，无所容足，而朝廷宫、市民居，不复相参，亦一代之精制也，唐人蒙之以为治。”（宋吕大防《长安图题记》）隋都选在“山川秀丽，卉物滋阜，卜食相土”的龙首原高地，位于汉长安东南，在开皇二年（582）开工，命太子左庶子宇文恺制定规划。据《隋书·宇文恺传》记载，他不仅主持规划了长安和洛阳，还从事过水利、长城、桥梁等方面的工程，也亲自设计过一些建筑。新城建设历时 9 个月，动员民工数万人，定名大兴城（这是因为隋文帝在后周时被封为大兴公）。

隋都大兴的规模，据宋敏求的《长安志》记载：“外廓城东西十八里一百一十五步，南北十五里一百七十五步，周围六十七里。”据 20 世纪 50 年代探查，此城址东西长 9721m，南北长 8651m，周长约 36km，不包括后来所建的大明宫，城内用地约 8300hm^2。这不仅是我国历史上最大的城市，而且是全球历史上最大的城市（是东罗马的君士坦丁堡的 7 倍）。

四

北宋都城汴梁，即今之开封，此城的规划，须从其选址说起。开国初年，北宋君臣对建都地点有争论。由于北方契丹族占领幽燕十六州，深入长城以内。而开封以北地势平坦，无高山隔阻，除黄河横亘于双方之间略作缓冲外，无险可守。因此，当时不少人主张建都于洛阳。但辩论结果终以汴河漕运便利、洛阳残破等理由，继续建都于开封。为此，就在城的建设上做文章。

汴梁（开封）以三层环套的城墙筑成。最中心为皇城，是帝王生活、执政和中央机构的所在地。城墙用砖包砌，周长五里，其正南门叫宣德楼，十分华丽。皇城之外有城垣一道，名叫“内城”，又叫“旧城”。“外城”在宋真宗、宋神宗、宋徽宗时都进行过加固、修葺。城高达四丈，上面有女墙，高约七尺，共设十三座城门，三道城墙均有外壕。外城壕宽达二十五丈，深一丈五尺。外城的城门除东、南、西、北四门为四条御路通道外，其余城门都有瓮门三层，屈曲开门，以备城防之需。外城水门，据考证达九座。

五

元大都（今北京）虽为蒙古人统治的都城，但元人也努力汉化，故元大都的规划思想，亦按照《周礼·冬官考工记》的做法，“左祖右社，面朝后市”。图 7-3 就是元大都的布局。城分三套：外城、皇城、宫城，外城东西宽 6635m，南北长 7400m，共设 11 个城门。城内街道经纬分明，布局十分规整，这些都是学习汉文明之做法。但蒙古人免不了有自己的风俗习性和生活方式，因此反映在都城形态上就与汉地不同。蒙古乃游牧民族，自幼培养骑射，无论民间、皇家，无不如此。所以在元大都城的北部，有仿北方草原形态的一块地方，供帝王及皇家子弟练习骑射之用。

元大都的兴建，也开创了请外国专家来共同策划城市规划建设的先例。当时由汉人刘秉忠任设计总管，大批匠师从外地调京，一般的夫役从就近地区征发，并调元大都侍卫参加修筑工程。除此之外，还邀请尼泊尔人阿尼哥、阿拉伯匠师也黑迭尔等来参与规划建设。

六

明代初年，朱元璋建都南京，后来其子朱棣（燕王）发动“靖难之役”后夺得帝位，迁都北京。北京原为北平，明成祖朱棣定都后改称北京，于 1406 年下诏进行大规模建设。作为都城，其规划思想都在城的形态上反映了出来。明代的北京城，分外城、内城、皇城和紫禁城四重城。北京外城建在城之南，但此城是后来加建的。明嘉靖二十九年（1550），蒙古骑兵攻到北京城下，形势很危急。所以后来决定要强加城防，提出“城必有郭，城以卫民”，于嘉靖三十二年（1553）增建外城。本打算将内城四面围起来，但因财力不足，只修了内城以南的一部分。外城共七个城门：东便门、广渠门、左安门、永定门、右安门、广宁门（清代改为广安门）、西便门。外城工程于嘉靖四十三年（1564）竣工。由此，北京便成了一个“凸”字形平面。

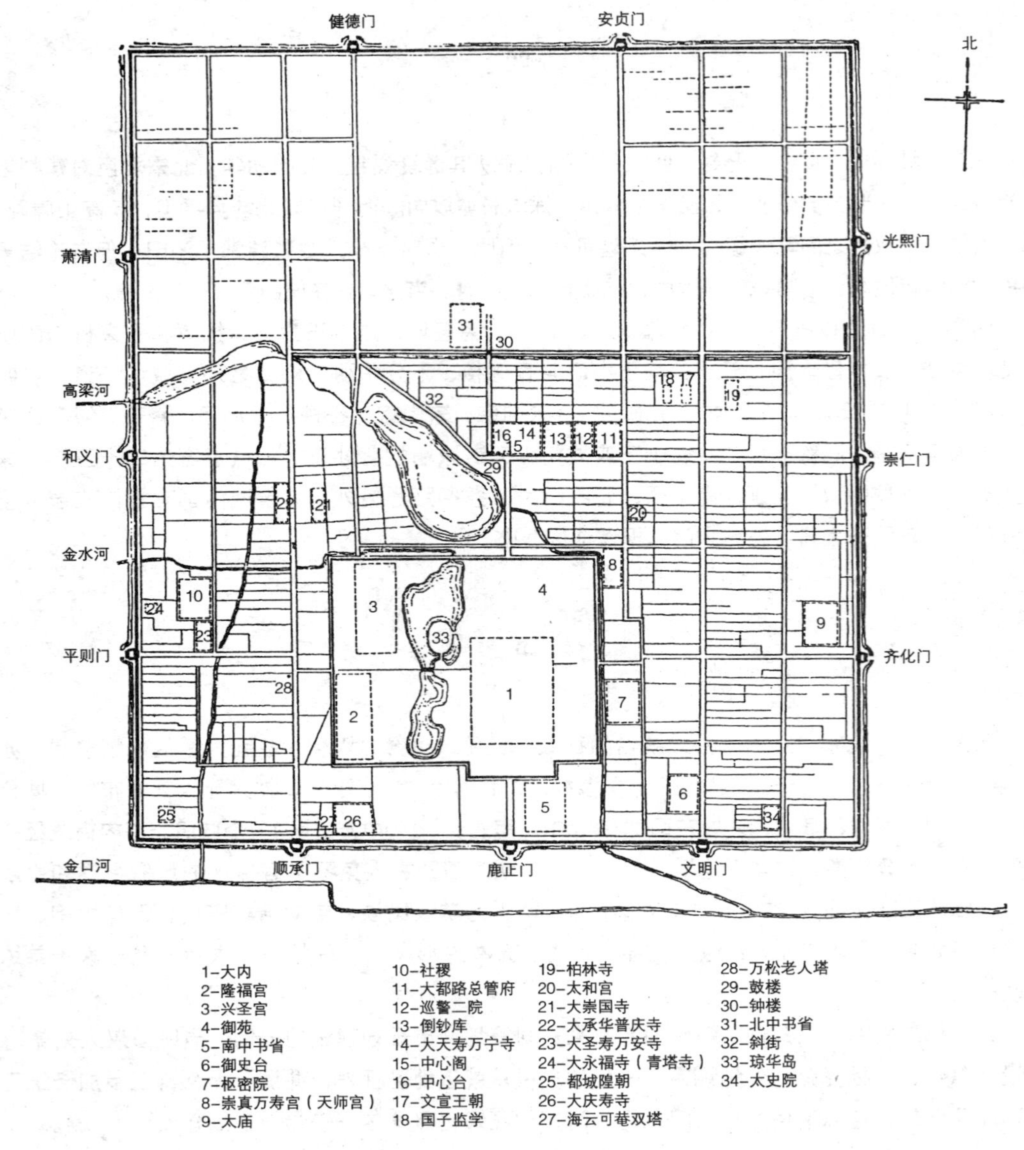

图7-3 元大都

明代的北京为中轴线布局，从外城最南端的永定门开始，到内城南端的正阳门，然后再自南向北为承天门，入皇城，继续向北至午门入紫禁城，里面中轴线上有“前三殿、后三殿至玄武门出紫禁城，后面有景山，还有钟、鼓楼直至北城墙。在皇城的东南侧是太庙，西南侧是社稷坛”。这种布局，出自《周礼·冬官考工记》中的“左祖左社”的布局。这可见我国古代的城市建设思想三千年不变，从先秦直到明清。

到了清代，满清虽为异族统治，但他们却崇尚汉文化，无论礼仪还是规章，均用汉制。所以他们将明都北京几乎原封不动地保留了下来，只是改了几个建筑的名字。如承天门改为天安门，“前三殿”由皇极殿、中极殿和建极殿（明初叫奉天殿、华盖殿、谨身殿，火灾后重建而改为这三个名）改为太和殿、中和殿和保和殿，并将太庙中的明代先帝牌位移至阜成门内的历代帝王庙，这里的太庙置清代先帝的牌位。这也可见我国古代文化之大一统思想。

北京外城中轴线东侧有天坛，城北有地坛，城东有日坛，城西有月坛。天地日月，位于城之四周，也分明是我国古代的文化思想之所为。天坛在南，天南地北，同时也应了我国汉代以来天子赴南郊祭天之礼。皇帝“谨于事天，凡郊祀靡不亲行”，每年都要定期到天坛举行祭天祀谷之典礼。

7.2 外国古代城市的规划理念

一

维特鲁威的《建筑十书》，也许是记录外国城市规划建设理念最早、最完整的一部著作了。与我国相比，可以与成书于战国的《周礼·冬官考工记》相媲美。这本《建筑十书》总结了古希腊、伊特鲁里亚和罗马的城市规划和建设的经验，在城市建设上，对城址选择、城市形态、城市布局等提出了精辟的见解。如对城址的选择，他指出，应当占用高爽的地方，不占沼泽地、病疫滋生地，必须有利于避浓雾、强风和酷热，要有良好的水源供应，有丰富的农产资源，以及有便捷的公路或河道通向城市。关于建筑物选址，他探讨了建筑物的性质，同城市的关系，地段四周的现状、道路、地形、朝向、风向、日照、水质及污染等。关于街道的布置，他研究了街道与常风向的关系，与公共建筑位置的关系。对广场的设计，他提出了建设性意见，他还研究用当地动物内脏试验的方法进行饮用水的试验等。

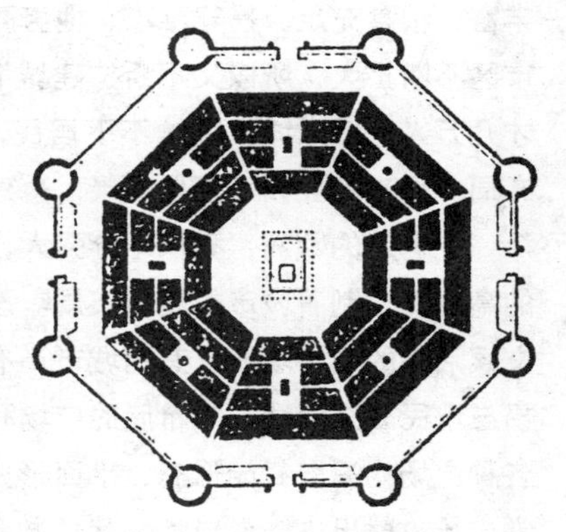

图 7-4 维特鲁威的理想城市方案

维特鲁威继承了古希腊希波克拉底、柏拉图和亚里士多德的哲学思想和有关城市规划的理论，提出了理想城市的模式。图 7-4 是他所绘制的理想城市方案。其平面为八角形，城墙塔楼间距不大于箭射距离，使防守者易于从各个方面阻击攻城者。城市路网为放射环形系统。市中心广场有神庙居中。为避强风，放射形道路可不直接对向城门。

二

先说古罗马城的规划建设思想。相传，古罗马城的建城奠基日是公元前 753 年。但古罗马城是在很长的年代中渐渐地、自发地形成的，它没有一个统一而合理的规划。到了共和时期，罗马城仍然是自然地发展着，布局比较紊乱。这座城内有 7 座山，其中帕拉丢姆为“七丘之心”，面积约 300m ×300m，向西北倾斜。山顶有蓄水设施，其蓄水供全城应用。古罗马城在公元前 4 世纪筑起了城墙，城市保留有空地，作为被敌包围时的粮食供应地。城市中心广场在帕拉丢姆以北，后来在这里逐步形成广场群，即共和广场（建成于公元前 27 年）和帝国广场（直至 5 世纪才建成）。罗马广场由广场群组成，是城市社会、政治、经济之中心，周围的房屋较杂乱。广场为市民聚欢的公共活动性质比较强烈，很像希腊化时期的城市广场。共和时期的广场建筑物彼此在形式上与整体不甚协调，其建筑群体现了政治、军事权力的逐步增长。每一建筑群都比以前的规模更大。这些建筑群组成了古罗马的城市空间。

三

西方中古时期城市的产生与发展，大体可以分为三种类型：一是要塞型。城市最早是军事要塞，是罗马帝国遗留下来的前哨居民点，以后发展成为新社会的核心和适合居住的城镇。二是城堡型。城市是在封建主的城堡周围发展起来的。城堡周围有教堂或修道院。在教堂附近形成广场成为城市生活的中心。三是商业交通型。这类城市是由于其地理位置的优越，而在商业、交通活动的基础上发展起来的，因此要道、关隘、渡口等通常是进行商品交换的手工业者和商人的聚居区。

西方中世纪城市的位置，由于各封建主、各城市共和国之间常有战争，一般都选址于水源丰富、粮食充足、易守难攻、地势高爽的地区，四周以坚固的城墙包围起来。随着经济的发展，市区不断扩大，所以又不断扩建城墙。由于受城墙的约束，所以城市的规模多很小，人口最多才几万人。后来城市容纳不下居民，便向郊区发展。这时的城市多以环状与放射环状（街道）布局。后来商业和手工业发展，也建造了一些方格网状城市。

中世纪的欧洲，教权十分强大，教堂常占据城市的中心位置。教堂庞大的体积和超出一切的高度，控制着城市的整体布局。教堂广场是城市的主要中心，是市民集会、狂欢和从事各种文娱活动的中心场所。有的城市尚有市政厅广场与市场广场。其中，市场广场主要从事商业贸易与市民公众活动，与希腊的广场和罗马的广场很相似。这里是城市中公众活动最活跃的地方。各种广场均采取封闭形态，平面形式不甚规整，建筑群及道路等各具特色。道路系统往往由教堂广场放射出去，形成蛛网状的放射环状道路系统。这些特征反映了西方中世纪城市的规划思想。

四

德国在中世纪，城市不甚发达，这是由于德国在中世纪经济不景气，国家四分五裂，常常发生战争的缘故。但也正是由于这种情形，所以德国中世纪的城市也就成为了典型。我们在此只说纽伦堡，此城位于德国中南部，始建于11世纪中叶，这里的地形有河流也有山丘，城之北有教堂和市场，南部后来又建新区教堂，城墙为堡垒形，比较坚固，其规划思想也就在此：坚固的城墙堡垒，以教堂为中心，形成此城市的两大特征。

意大利文艺复兴时期的城市，其规划和建设思想主要表现在人文主义主题上。这一时期的哲学、文化思想很活跃，表现在城市规划建设的理念上，当时费拉锐特著有《理想的城市》一书，他认为应该有理想的国家、理想的人、理想的城市。1464年，他做了一个理想城市方案，如图7-5所示。后来欧洲各国设计的许多城堡，有众多受这种形态的影响。较完整地照费拉锐特设想建造的是威尼斯王国的帕尔曼—诺伐城，如图7-6所示。此城建于1593年，是为防御而设的边境城市。其中心为六角形广场，辐射道路用三组环路联结起来。在城市的中心设棱堡状的防御性构筑物。

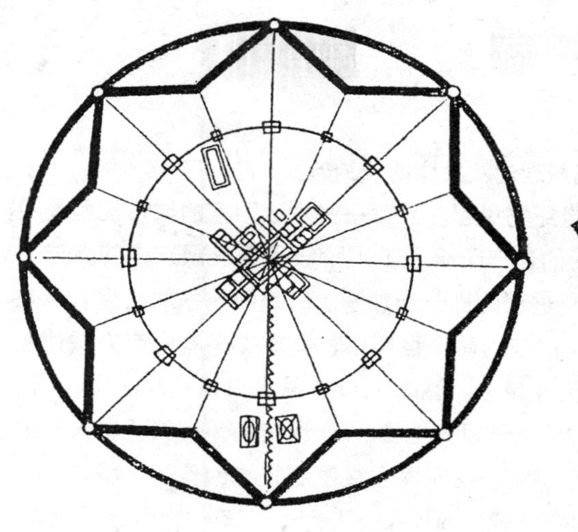

图 7–5 费拉锐特的理想城市

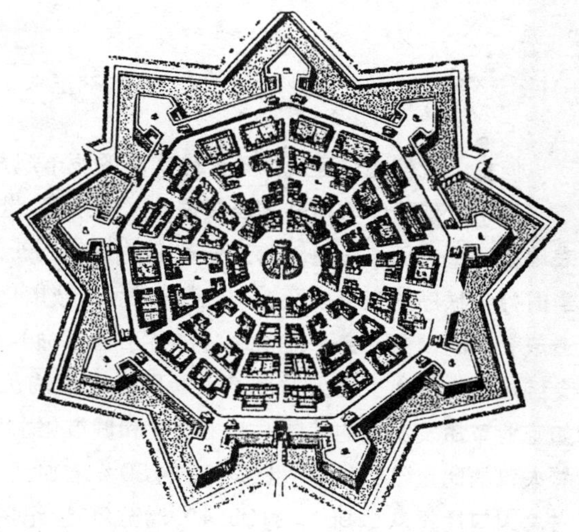

图 7–6 帕尔曼一诺伐城

文艺复兴的“大本营”，意大利的佛罗伦萨这座城市，早在中世纪以前就已是一座较完整的城市了，所以到了文艺复兴时期，已不是新建、规划，而是改建、扩建了。早期的佛罗伦萨，也是一座典型的意大利中世纪城市，其特征是以主教堂为中心，放射出去，依地形而发展，不求中轴线对称构图，只求坚固、实用。当时已是中世纪后期，所以手工业、商业、贸易等开始发达，但还没有意识到进行城市的统一规划。因此，也可以说这一段历史是由古代转向近现代的城市的转型时期，也是近现代城市规划思想的萌芽阶段。至于近现代（也属古代晚期）的城市规划建设，我们将在后面的章节里去论述。

7.3 近现代城市规划

一

真正的城市规划的出现是在近现代。但说起来有些有趣，近代城市规划及其理念是从空想开始的。19 世纪初，当时的社会生产力开始突飞猛进地发展。新的生产方法产生，交通和通信也迅速发展，工厂取代了手工作坊。城市只能在旧的结构中来应付这一切。因此，如何适应这种形势，成了城市的焦点。也正是在这个时候，一些文人和社会活动家在焦虑之余，就提出了一套套对社会和城市的设想。但这种设想往往是在没有实践经验的基础上得出的。换言之，这些都是空想。某些统治者和社会的热心人士，就提出了多种理念。当时著名的空想社会主义者有英国的欧文（1771~1858），法国的圣西门（1760~1825）和法国的傅立叶（1772~1837）等。在城市规划上，当时有空想社会主义城市、田园城市、工业城市、带形城市等。前面已说过英国著名空想主义者托马斯·莫尔提出“乌托邦”（Utopia），他相当具体地规划了城市和居民点（见第 1 章第 1.6 节）。

二

但是，我们在这里说的是比较实际的城市规划理念及具体的规划方式。

关于近现代的城市规划及其理念，需从 20 世纪初说起。当时一些发达国家的城市问题集中表现在两个方面：一是随着工业革命的进行，新的资产阶级和工人阶级迅速发展，这就促成了当时社会秩序的变革以及继 19 世纪之后的城市化进程的进一步加速。二是新技术的出现，也是造成变革的因素。自产业革命（亦称工业革命）以来的两个世纪中，资本主义的生产方式使社会经济结构发生了巨大的变革，涌现了大量的工业城市。城市人口占总人口的比重大幅上升，如工业革命发源地的英国，其工业化和城市化水平处于领先地位。20 世纪初，英国城市人口占总人口的比重已经从 19 世纪中叶的 50% 增加至 75%。在资本主义发展较早的美国，城市人口占总人口比重从 1890 年的 35. 1% 增至 20 世纪 20 年代的 50%。据统计，在第一次世界大战前，拥有 10 万人口的城市就算大城市，而这些城市也不过仅占世界总人口的 10%。

20 世纪初，俄国地理学家彼得・克鲁泡特金（1842~1921）提出，电的利用可使城市有可能在任何地点建设。他主张依靠电力开发分散布局的、自给自足的城市。交通工具的进步，对城市规划产生了最有力影响。世界上第一条单轨铁路系统是 19 世纪末 20 世纪初在德国的伍珀塔尔城建成的。汽车也是 20 世纪初发明的。后来美国的凯姆勒斯设想了在屋顶上运行的车辆交通系统。法国发明家赫纳德又设想将城市的建筑物立在高支柱上，交通系统是环状的，飞机则在屋顶上降落。另外意大利建筑师伊利亚则设想了以垂直与水平交通为基础的大都市，这就是架设在地面以上的人行道和车行道系统。还有人提出将摩天楼连起来，这就更大胆了。

三

近现代的城市规划，在一次大战（1914~1918）后又进入了一个新阶段。从世界范围来说，现代，一般是指从一次大战结束开始，直至 20 世纪 80 年代（20 世纪 90 年代至今称当代）。这一时期的西方城市及其规划，它的理论在前面第 1 章已提到，著名建筑师勒・柯布西耶（1887~1965）在《明日城市》和《光明城》这两部著作中，不但对整个城市的规划提出了理念和操作方法，而且也对居住组群和街坊建设等提出了一套完整的规划。

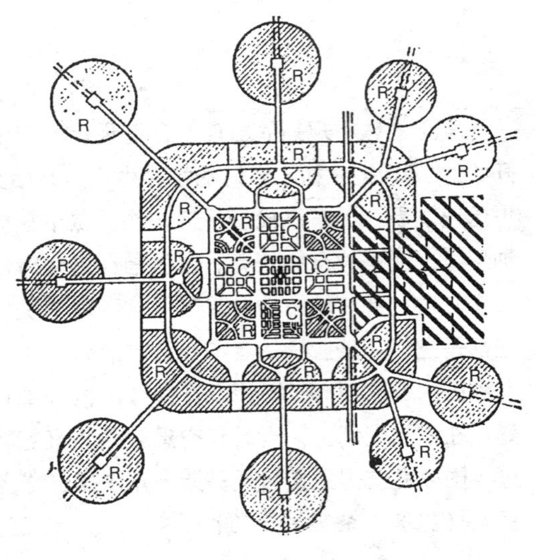

图 7-7　卫星城市示意图

德国在这一时期也有新的方案，如 1927 年德意志制造联盟在斯图加特举办了住宅展览会，展出了街坊设计。当时展出了 5 个国家、16 位建筑师设计的发挥新材料新结构性能的住宅。这些住宅，具有清新、简洁的形态，建筑风格很统一。

英国在这一时期提出了另外一种规划理念和具体的规划方案，即卫星城。当时著名的规划理论家雷蒙·昂温于1922年出版了一部专著《卫星城市的建设》（The Building of Satellite Towns）。图7-7就是他的卫星城市示意图。书中提出卫星城市是位于大城市附近，并在生产、经济和文化等方面受中心城市的吸引而发展起来的城市或“工人镇”。它往往是城市集聚区或城市群的外围组成部分。1927年，昂温主持大伦敦区域规划委员会的技术工作，建议用一圈绿带把现有的地方圈住，不让再向外扩展，把多余的人口和就业岗位疏散到一连串“卫星”城镇中。

四

美国在这一时期的城市规划理论和实践，着重在邻里单位。20世纪20年代末，美国建筑师佩里在编制纽约区域规划方案时，针对纽约等大城市人口密集、房屋拥挤、居住环境恶劣和交通事故严重的现实，发展了邻里单位的思想，以此作为组成居住区的“细胞”。它不仅是一种创新的设计理念，而且成为一种社会工程。它将帮助居民对所在社区和地方产生一种乡土观念。他建议一个邻里应该按一个小学所服务的面积来组成。从任何方向的距离都不超过0.8~1.2km，包括大约1000个住户，相当于5000名居民左右。它的四界为主要交通道路，不使儿童穿越。邻里单位内设置日常生活所必需的商业服务设施，并保持原有地形地貌和自然景色，以及充足的绿地。建筑自由布置，各类住宅都须有充分的日照通风和庭园。这种规划思想，直到如今仍被好多国家所接受，它真正体现出以人为本的精神。

7.4 城市设计

一

什么是城市设计？据不列颠百科全书指出：“城市设计是指为达到人类的社会、经济、审美或者技术等目标而在形体方面所作的构思，……它涉及城市环境可能采取的形体。就其对象而言，城市设计包括3个层次的内容：一是工程项目的设计，是指在某一特定地段上的形体创造，有确定的委托业主，有具体的设计任务及预定的完成日期，城市设计对这种形体相关的主要方面完全可以做到有效控制，例如公建住房、商业服务中心和公园等。二是系统设计，即考虑一系列在功能上有联系的项目的形体，……但它们并不构成一个完整的环境，如公路网、照明系统、标准化的路标系统等。三是城市或区域设计，这包括了多重业主，设计任务有时并不明确，如区域土地利用政策、新城的建设及旧区的更新改造保护等设计。”（转引自：王建国. 城市设计. 南京：东南大学出版社，2004）这个定义基本上包括形态环境设计。

另外，美国城市规划学家林奇在20世纪80年代初曾指出：“城市设计的关键在于如何从空间安排上保证城市各种活动的交织。”（同上书）一语中的。

城市设计是一个新的门类，它既不同于城市规划，也不同于建筑设计；但我们也不能简单地说它是建筑设计范围的扩大，或者说是城市规划的细化；更不能认为是城市的具体的改建。

城市设计有自己独立的性质特征。从深层讲，它是自20世纪下半叶开始，人们对空间环境新的需求之产物。

二

有人认为，城市规划往往不够现实，所以城市设计是设计（Design）而不是规划（Planning）。也有人说，美好的城市应当是市民共有的城市，城市的形象是经由市民无数的决定所形成的，而不是偶然的。城市设计的目的就是满足市民感官可以感知的“城市体验”。埃德蒙·培根强调很多美学上的观察，特别是建筑物与天空的关系、建筑物与地面的关系和建筑物相互之间的关系，并提出评价、表达和实现这三个城市设计的基本环节。

有人认为，城市设计不仅仅与所谓的城市美容设计相联系，而且是城市规划的主要任务之一。“现行的城市设计领域发展可以视为一种用新途径在广泛的城市政策文脉中，灌输传统的形体或土地使用规划的尝试。”（转引自：王建国. 城市设计. 南京：东南大学出版社，2004）

《中国大百科全书》中这样解释城市设计：“城市设计是对城市形体环境所进行的设计。一般指在城市总体规划指导下，为近期开发地段的建设项目进行的详细规划和具体设计。城市设计的任务是为人们各种活动创造出具有一定空间形式的物质环境，内容包括各种建筑、市政设施、园林绿化等方面，必须综合体现社会、经济、城市功能、审美等各方面的要求，因此也称为综合环境设计。”（中国大百科全书. 北京：中国大百科全书出版社，1988）

三

著名城市规划学家王建国提出，城市设计的教学也应当重视，他指出：

第一，城市设计的专业概念方向可由“理论”和“应用”两部分内容构成。理论形态常是一般的、理想化的、整体的，其表达方式则是理性的、自律的、规范的；而应用形态则常偏重方法和技术，因而常是现实的、相对易于操作的，其表达方式则常是经验的、实证的。

第二，城市设计理论方法与城市设计应用实践的方法和技能并不等同，尽管它们之间常有交叉。一名城市设计理论家和评论家未必就是一名能以实践作品实现自己理论的设计师。反之，城市设计者也未必一定熟谙理论。一种理论或模型从提出、检验直到能够较完整地实现，常常需要经历一段很长的时间，有时甚至只能停留在假说层面。

第三，只能借鉴，而不能从国外整套引进某种“先进的”城市设计理论。剖析当代各种城市设计理论，我们可以发现，它们无一不存在相应的对立面，都有其自身的优缺点。

第四，因所解决问题的性质、程度、内容不同，世界各国研究者对城市设计研究所运用的概念、适用范围的区别也有所不同。如林奇的意象分析比较适用于小城市，雅各布斯的分析主要是针对大城市，柯布西耶的“现代城市”理论又只适于建设新城。

“城市设计是与其他城镇环境建设学科密切相关的，关于城市建设活动的一个综合性学科方向和专业。它以阐明城镇建筑环境中日趋复杂的空间组织和优化为目的，运用跨学科的途径，对包括人和社会因素在内的城市形体空间对象进行设计研究工作。”（王建国. 城市设计. 南京：东南大学出版社，2004）

四

城市设计与建筑设计的异同须分清楚。如上所说，城市设计从性质上说，不是建筑设计在空间上的放大；也不是没有细部设计的建筑设计。从表面上看，确实会被人们这样理解，它在“总体”上远远大于一个单体建筑，它在“细节”上没有或很少做构造设计，很少像建筑设计那样有详图、大样等。但这些不同只是表面上的不同。城市设计最重要的性质可以这么说：为城市设计建筑。有人说城市设计与建筑设计在城市的层面来说是一种“整体设计”，它对城市良好的空间环境能创造出更多的贡献。

我们是社会主义国家，城市设计正体现出这种国家体制的优越性。城市设计总是在强调城市整体的前提下完成建筑的设计。反过来说，城市设计应当更多地涉及政治、法规诸要素。“城市建设是一项综合性极强的社会系统工程，因而城市设计必然会受到与城市社会背景相关的各种要素，如社会、经济、政治、法律和文化等的影响。”（同上书）

五

既然城市设计有别于城市规划，也不同于建筑设计，那么城市设计必然有一套自己独特的操作过程。此书是城市论，所以我们不打算在这里详述城市设计的具体操作，只提出城市设计框图。图7-8是王建国的《城市设计》一书中的两个图（第234页），从图中可以看出，这里表现出城市设计着重研究社会科学，特别强调关系学、管理科学，对于科学技术方面的研究含量还不如建筑设计，但它的作用却比城市规划更有现实性。可以这么说，城市规划是由空想到现实，那么城市设计比城市规划更贴近落实。

六

乔纳森·巴奈特是一位美国很有影响的城市设计专家，他有广博的建筑和规划方面的知识以及丰富的城市设计实践经验。他对现实存在的问题及对传统城市设计思想进行了批判，提出了新的城市设计观念。我们可以将这种观念列出下面几方面：

（1）城市设计的综合性。首先，城市本身总是受着多种“力”的影响，其产生和发展是所有“力”综合作用的结果。因此，在城市设计中应考虑社会、经济、政治、技术、文化等多种因素，不能只考虑艺术、形式、空间等问题。有些设计师自以为是历史文化和继承者及社会的“先知”，不屑于介入日常的政治、经营和房地产开发，只是将理想或夸大的设计图交给决策者而已。但在具体实施时却会发现，这些设计图过于理想化，无法解决实际问题。因此巴奈特提出城市设计要综合多学科的知识，协调各种利益团体的关系，并且设计者自身要有明确的判断力，在各项决策中能提出自己的看法，才能完成一个好的城市设计。

（2）城市设计的过程性与弹性设计。城市的产生和发展是一个历时性的过程，城市设计也是一连串每天都在进行的决策制定过程所产生的。“真实的城市设计，应注意城市是一个连续的

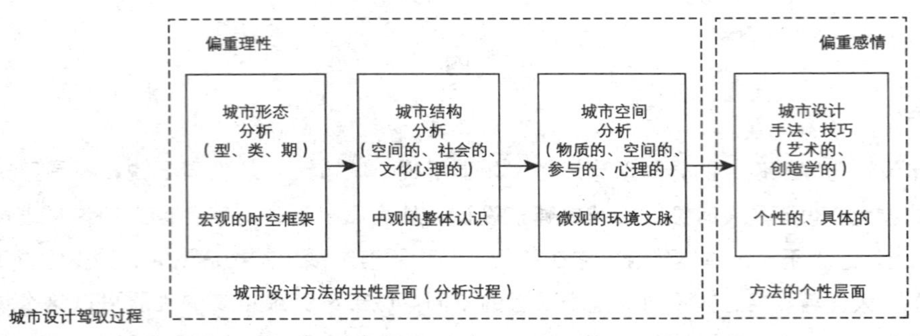

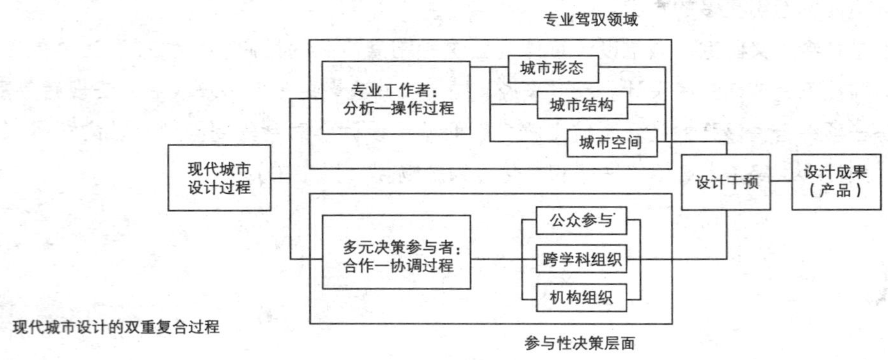

图 7-8　城市设计的过程框图

变化过程，应当使设计具有更大的自由度和弹性，而不是建立完美的终极环境，提供一个理想蓝图。”就是说，城市设计最终并不是以描绘一种城市未来的终极形态，将城市看成是一个产品的创造，而忽视城市的发展变化。如果说传统城市更多地注重“目标取向”的话，那么现代城市设计则应是“目标取向”和“过程取向”的综合，后者更为重要。同时，城市设计要考虑到未来变化的适应性，增加设计的弹性。

（3）参与性设计。没有使用者参与的设计，要想很好地满足使用者的要求是不可能的。巴奈特认为，参与设计把人与周围环境联系在一起，使之与环境建立了感情，满足了人们的创造性需求，从而使城市具有了归属感、领域感。这是现代城市设计对人性关注的重要体现。公众参与设计是社会发展、文明进步的必然趋势，现在已成为许多国家城市规划与设计过程的法定程序或行政制度，但现在我们城市设计者所要做的应当是如何引导和促进公众对城市设计过程的参与，这在我们国家尤为重要。同时，前面提到城市设计应具有弹性，并且通过公众参与将信息反馈给决策者、设计者，那么，就能够使设计更好地适应变化，从而增加设计的可实施性。

（4）城市设计是整体的设计。这是巴奈特关于城市设计最为重要的一个观点，也是对城市设计很好的界定。城市设计关键是要塑造一个整体的城市，有秩序的城市。我们一开始就陷入到个体的建筑及其细部之中，是不可能获得整体的城市的。因此，巴奈特认为城市设计没有必要在主要计划阶段就去设计所有建筑物，那样只会忽略城市的结构与整体风格。“当建筑个体作为更高层次的城市整体中的组成因素时，它们才是真正存在的，建筑个体必须接受更高层次的城市秩序，并服从于这个秩序。”所以说，城市的整体性是靠设计城市来实现的，而不是设计个别的建筑物。城市设计的结果应该是“提供好的场所，而不是仅仅堆放一组美丽的建筑物”。在具体的实践中，巴奈特也反复强调并运用这一观点来指导实践。如他在纽约市第 5 街特定区和格林威街中运用分区管制特定区的方法，解决了大尺度规划及设计的基本问题，那就是如何设计城市而不需要设计建筑物。这种方法取得了较好的效果，如创造了特定区（如中心商业区）的整体感，增加了街道的连续性，使建筑与环境更好地结合。

The Running City
运行着的城市

第 8 章 运行着的城市

EIGHT

8.1 对城市时空的认识

一

有人提出，城市规划不是对城市发展终极状态的描述，而只是一个过程。这种说法颇有见地。如今国内外好些人（包括行政领导人和专业人员）都持这样一种观点：要把城市建设成“十年先进，二十年不落后”，他们要做的是十年甚至二十年后的事，但对眼前的种种需求却不以为然。其实，对城市的认识，应当视城市为一个不断变化（运行）着的对象。

城市是运行着的，如前面所说，如果你到某个城市，隔了五年再去，必然会有许多变化；若隔十年后再去，则变化更大。上海在 20 世纪末建造起高架道路、内环线，后来又建造南北高架、延安路（东西向）高架。这么一来，城市形象和交通系统都变了。近来又将延安东路外滩的高架下坡道拆去，则又是一变。变化更大的是浦东陆家嘴地区，几十座高层建筑拔地而起，短短十余年功夫，面貌大变样了！1994 年建成的东方明珠电视塔（高 468m），是当时上海最高的建筑。但几年后，现在这个“纪录”已被这里的新建筑环球金融中心（高 492m）打破，据说在这里还将建造更高的建筑。由此可知，城市是个时空复变对象。我们进行城市规划应当有此认识，特别是现当代，城市时空的变化越来越迅猛。

有产生必然就有消失。例如上海有些重要的建筑，由于城市建设的需要，现在已消失了。位于延安东路外滩的上海医药公司大楼（原称方西马大楼，1924 年建），于 20 世纪末被拆去；位于延安中路成都南路的浦东大厦（1933 年建）也在 20 世纪末消失了；位于南京西路青海路的原上海电视塔（1974 年建），也被浦东陆家嘴的东方明珠电视塔所取代，拆掉了。有消失就有产生。如北京的“十大建筑”（1959）、奥运会建筑（2008），还有新的中央电视台大楼等，都是北京的现当代著名建筑，使我们看到了北京这座城市在“运行”。

二

城市在运行，不但建筑在不停地更迭，而且许多“非物质文化”也在变更着。如交通，从前大城市中的有轨电车大部分消失了，公共汽车的式样也一变再变；近年来，好多城市都在发展地铁。交通在变，城市里人们的衣食住行也在变，城市里的娱乐活动也在变。再以上海为例，从近代到现代，上海的电影院数量之多，堪称世界级，但如今上海的电影院不多了。

现在，不但是上海，可以说全国大大小小的城市，晨练之风日盛，公园、绿地、路旁，凡是城市中稍大一点的空地，每天早上总是人满为患，那种场景莫说半个世纪前，就是十几年前也是少见的。每天如此，只要不下雨。但它的另一个特点是：时间过了，它也就消失了，次日清晨又出现了。这也就是它的“运行”特征。

城市在运行，对中国的城市来说，更有自己的特征。这个特征可以概括为8个字：“改朝换代，结构不变”。我国数千年的历史，称得上是全球之首：“唐虞夏商周，秦汉三国晋，宋齐梁陈隋，唐宋元明清。”历代都城，可谓变而不变，既有它们的共性，又有它们的个性。西汉都城叫长安，唐代都城也叫长安，但不在同一个地方。城中的结构有同，也有不同。这就是时空的变迁，但变中又有不变。

明清北京这座都城，有许多做法与《周礼·冬官考工记》有相合之处，但更应当说明清北京是按照书中的凡例来做的。特别是“左祖右社”这种做法，左（东）设太庙，右（西）设社稷坛。南设天坛，则是根据“南郊祭天”之说。

从历史来看，北京这座城市也是“运行”着的。从北京城市历史来说，早在春秋战国时期就已建成一座城市了。周武王克商，在此建燕国都邑。但据考古学家考证，那时的燕国都城在今之蓟县附近。燕亡后，这里为北方一重镇。西晋亡后，我国北方出现了诸小国分治的局面，史称“十六国”①，今北京一带为前燕，建都蓟城。隋统一中国后，这里称幽州城。唐代安禄山造反，建立大燕，建都范阳。后来史思明改名燕京。战乱平息后，中晚唐时这里又称幽州。

北京在辽代时称燕京（又称南京），后来金代又将它改名为中都。这时的中都即今北京之西南侧。到了元代，建都于今北京，名元大都。明成祖朱棣建都于此，改名北京，也在元大都旧址上。到了清代，不但建都于此，而且宫殿庙宇等一律用明代之物，只是改动了一些细部，改变了建筑的名字（如承天门改为天安门，玄武门改为神武门等）。这在我国都城历史上已不是首次，唐代都城长安也是如此，将隋都大兴城原封不动地接受下来，只改了几个名字，并将大兴城改为长安城。以上这些实例，说明我国古代城市的时空特征。

三

外国古代城市的时空特征，在此对几个实例作一分析。

先说古代西亚。这里大约从公元前3000年起，先后建立古巴比伦、亚述、新巴比伦、波斯诸国，其都城先后建有巴比伦城、沙罗金城（又译都尔·沙鲁金城）、新巴比伦城等。这些城市的形态既有共性，又有各自的特征。所谓共性，首先一般都有观象台，这说明当时对于天文、天象的变化都很重视。其次对于城市空间结构，多为内向院子形式，如亚述帝国的萨艮二世王宫（图8-1），其内院形式特别典型。其三是因为这一带缺少石材和木材，但有的是泥土，所以其建筑多用土坯墙、砖墙、砖拱顶等，形成了这里的城市形态特征。

---

① 十六国，我国4世纪初至5世纪中叶在北方和巴蜀间建立的政权，有前赵、后赵、前燕、后燕、后凉、南凉、北凉、前秦、后秦、西秦、夏、成汉、前凉、西凉、北燕。

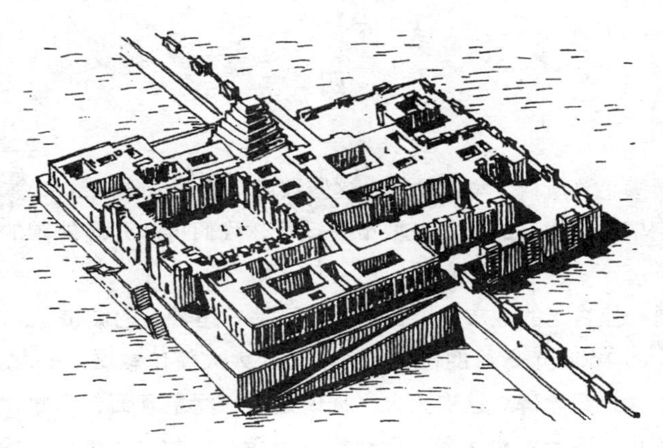

图8-1 萨艮二世王宫

古代西亚都城各自的特征，表现在这些城市人文方面的差异。如新巴比伦城，城中建有“空中花园”，据说是为女王塞弥拉尔斯所造，故又称“塞弥拉尔斯空中花园”。但实际上是新巴比伦国王尼布甲尼撒二世（公元前605~前561在位）为取悦娇妻米太公主阿密蒂斯而建造的。米太王国位于伊朗高原西北部，那里山清水秀、风景宜人，但位于幼发拉底河和底格里斯河冲积平原的巴比伦，却是一片不毛之地，甚至连座小山丘都难以寻觅。阿密蒂斯留恋家乡的自然景色，常常愁眉不展、郁郁寡欢。尼布甲尼撒为解娇妻愁思，决定为她营造一座豪华的宫殿和景色异常的人造花园。此花园实际上并不是什么“空中花园”，而是建造在山顶上的一座皇家花园。此园后来在公元前2世纪时被列为“古代世界七大奇迹”之一。

又如沙罗金城的萨艮二世王宫的大门（图8-2），两边一对塔楼，中间一个大券门。宫墙满贴彩色玻璃面砖，上部有雉堞，下部有高约3m的石板贴面，其上雕刻着从正、侧面看起来均形象完整，具有五条腿的人头翼牛像，高达3.8m，位于大门前。这像守护着宫门，也象征智慧和力量。

图8-2 萨艮二世王宫大门

四

北京、伦敦、巴黎、莫斯科、华盛顿等，这些数百年的老城发展到如今，变得那么的现代，那么的新潮，但它们毕竟是古老的城市。城市在运行，我们再从几座外国的大城市来看看它们是如何运行的。

先说伦敦。这是一座古老的城市，早在中世纪已是一座著名的城市了。17 世纪，伦敦发生了一件特别的事件，即 1666 年 9 月的伦敦大火。这次大火使伦敦城几乎化为灰烬。1677 年在伦敦建造起一座伦敦大火纪念碑。这次大火，据说是由一间皇家面包房焙烘面包而引起的。后来议会通过法律，禁止再建造木构房屋，新建筑改用砖石结构。大火后，伦敦重新规划，由著名建筑师 C・雷恩提出规划方案。图 8－3 是大火前的伦敦形象，图 8－4 是大火后 C・雷恩规划的形象。如果将这两幅图叠合起来，就形成一幅典型的城市时空图。

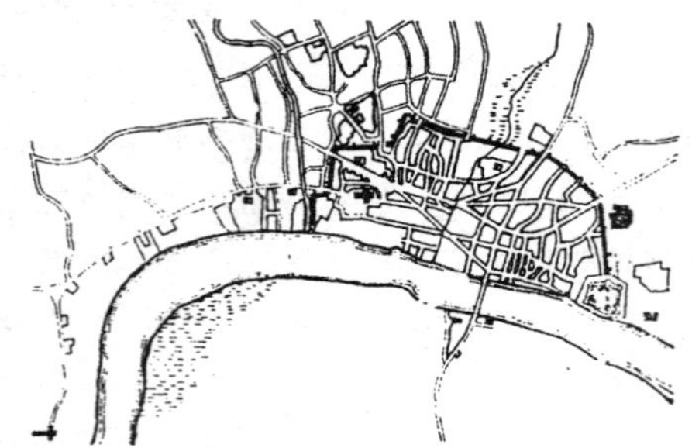

图 8－3　大火前的伦敦

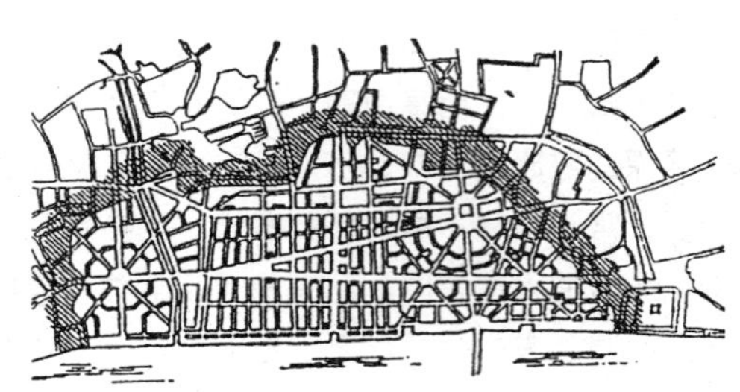

图 8－4　1666 年伦敦规划图

再说巴黎，这也是一座古老的城市，早在法兰克王国时期就已是一座名城。这座城市后来建造起高大的哥特式建筑，如巴黎圣母院，以及高大的古典式建筑，如恩瓦立德教堂及许多宫殿，如卢佛尔宫等。巴黎这座城市，随着历史的发展而变化着。到了近现代，最显著的变化就是建成埃菲尔铁塔，其高达 328m，成为当时世界第一高的建筑物，更使巴黎城市形象为之一大变。

现代巴黎，其变化更大。1989 年是法国大革命 200 周年，从 20 世纪初至 1989 年，巴黎又有许多建筑问世，如巴黎圣心教堂（1914）、联合国教科文组织总部（1958）、法国国家工业与技术中心陈列馆（1959）、蓬皮杜艺术文化中心（1977）、巴士底歌剧院（1989）以及德方斯巨门（1989）等，整个巴黎的城市形象渐渐由古代走向现代，它还将继续更新其形象。这正是城市的时空变化。

8.2　城市的完整性理念

一

北京这座城市，在 15 世纪初由明成祖朱棣一手策划，命匠人建设起来，包括城墙、街衢，特别是宫殿、坛庙等。虽然这里过去是元大都，但明代北京的建设，从整体上说是重建的。这种建设也可以说是一下子（十余年）建成的。另外，美国的芝加哥、英国的伦敦等，都是在特大火灾几乎把整个城市烧光后重建的。城市建设更加迅速的是我国的唐山，1976 年 7 月 28 日大地震，把唐山这座城市震成了一堆废墟，其惨象难以言表。今日的唐山市，完全是一座新城。然而这些例子都应当说是特例，在正常的情况下，城市总是一点一点地建设、改造的。上海，从 20 世纪 20 年代开始，其建设也应当说是渐渐地进行的，也就是说是在运行中建设、改建的。

另外一个概念，城市的建筑决不是一劳永逸的。不能说是按照规划图纸建成后就什么都不必动了，整座城市就完整了。这其实就是“乌托邦”。我们要说：城市在建设中。例如上海的南京路，现在我们可以看到许多高大的建筑，但它们不是一下子建成的，如“四大公司”。先是先施公司（1917），后是永安公司（1918），后来又有新新公司（1926）和大新公司（1936）。1933 年，永安公司又在其东侧建造新楼，高达 20 层，可谓鹤立鸡群，给城市轮廓线添上了高而新的形象。如果再往西，则还有国际饭店（1933）。后来又有上海商城（1992）、国际贵都大饭店（1991）、上海博物馆（1995）、上海市政大厦（1995）、上海大剧院（1997）、东方明珠电视塔（1994）、金茂大厦（1998）等。如今又有了上海环球金融中心（2008）等。上海这座城市，正在轰轰烈烈地变化着、运行着。

其他国内外城市也同样如此。这其实不足为奇，没有变化倒是奇了。如上海，从 20 世纪50~70 年代，长长的二十余年，除了工业建筑之外，几乎没有什么大变，在人们的心目中，上海似乎仍像 20 世纪 30 年代那样，仍是弄堂、国际饭店、中百一店（大新公司）等。新建的重大建筑，只有中苏友好大厦（1955），以及如今的上海展览中心、上海体育馆（1975）等几个。这是不正常的。

平地而起的城市也是不正常的，正常的城市是渐变的。“与时俱进”，这是最佳的城市发展理念。上海曾经历两次建设高潮（20 世纪 20~30 年代和 20 世纪 80 年代至今），也经历两次停滞不前（20 世纪 40~50 年代和 20 世纪 50~70 年代）。现在正在渐渐走向正常了。一座城市，正常的时空特征总是渐变着的，或者可以说它始终是完整的。城市在建设中，城市在建设过程中应当是完整的、和谐的。这就是城市的两个重要理念。

二

城市的建设始终是和谐的，这是自然的、无意识的；只有在某种强权或者其他人为的或自然灾难的情况下会变得不和谐。在这里，我们以罗马城为例来看看城市的完整性（理念）。

罗马这座城市，要从公元前 8 世纪说起，当时是由艾特拉斯奇王国统治，整整 300 年。至公元前 5 世纪，罗马人推翻艾特拉斯奇人的统治，采纳古希腊的政治制度，建立罗马共和国。起初由贵族组成的元老院和每年在公民大会上选出的两名“执政官”共同掌权，直到公元前 494 年成立维护平民权益的“保民官”，后来又设置了平民会议，颁行“十二铜表法”及通过执政官必须有一人是平民等一系列的改革措施，罗马才开始迈入民主共和时代。

在贵族与平民的共同监督下，罗马积极向外扩张，横扫整个地中海地区，但共和体制的组织与规模已无力负荷日益庞大的疆域，加上军队将领的地位逐渐压倒元老院的贵族，导致了公元前 133~前 30 年间长达百年的内乱。这时凯撒脱颖而出，成为平民领袖，凯撒率大军向北占领了大片土地，直逼英格兰，并又横扫小亚细亚。但共和体制名存实亡，在公元前 44 年的一次元老院议会中，凯撒遇刺身亡。后由其侄子屋大维即位，此时罗马版图扩展到西起伊比利安半岛，东至幼发拉底河，北达英格兰，南及北非，成为跨欧亚非三大洲的超大型帝国。

早期的罗马城内，多为砖木结构房屋，直到罗马共和时期末，凯旋而归的军队自希腊与小亚细亚带回大量的雕像和大理石柱，并引进了希腊列柱神殿的古典形式。宫殿、豪宅大量兴建，雕刻和大理石的需求量大大提高，罗马工匠们开始从仿制渐渐过渡到自己创作。

到了罗马帝国时期，罗马人发明了混凝土，便不再用立柱来支撑屋顶，变为圆拱和穹隆顶形式。有固定标准的、可大量生产的方石块、混凝土和大理石等成了当时流行的建材。好大喜功的皇帝喜欢在大广场上造神殿、会堂、元老院、凯旋门等宏伟建筑，还在附近建造表彰战绩的大广场和市集，展现罗马建筑的多样风格。

其实到了罗马帝国后期，罗马这座城市（形态）已注入了许多不和谐的因素，这种因素一方面来自统治者和被统治者的矛盾，集中表现在宗教上的矛盾，另一方面来自罗马与外族之间的矛盾。当时的罗马，从城市反映出统治者孤家寡人的现实。当然城市形态与城市诸阶层的人之间不能简单地构成因果关系，而是至少由城市形态映射出这一事实。不和谐导致城市的衰落和罗马帝国的衰落，罗马城最终成为一堆废墟，罗马帝国龟缩到拉文纳这座小城去了。

中世纪以后，罗马这座城市慢慢苏醒过来，直到文艺复兴时代，罗马又出现了繁华景象。这种繁华，也同样在城市上表现出来。具体地说，是由建筑表现出来。15 世纪 20 年代，个性强悍的教皇马丁五世权力在握，他下令全城动工，大造华美的建筑，一夜之间竟成了欧洲的大工地。16 世纪是罗马城建设的黄金时期，教皇指定的巴洛克建筑大师贝尼尼与波洛米尼在天主教会雄厚财力的支持下，大造巴洛克风格的教堂、喷泉和纪念碑。今天人们在此所见到的城市和建筑形象，多来自那个年代。

如今，在罗马古城区，随处可见数百乃至数千的古迹，如一座巨大的露天博物馆。联合国教科文组织于 1980 年将罗马列入世界人文遗产。罗马市政府始终在积极进行大规模的城区维修，以使这座城市拥有魅力。

8.3 对城市的评价

一

对城市来说，应当分为两种评价：一种是非时间的、即时的评价，另一种是对城市发展的评价。这两种评价往往不一致，甚至相逆。这种特征有点像量子物理学家海森堡提出的“测不准原理”。也就是说，当要把握量子的特性时，就失去了它的轨迹；当捕获到量子的轨迹时，我们便无法把握它的特性。对城市的评价也有些类似。

对城市即时的评价，还可以分两种：一种是对当今城市当代价值的评价；另一种是对历史上的城市某一时段即时的评价。例如对以上说的古罗马时代的罗马城，对它的即时的评价，我们择其中的一个时段，即它最壮丽的罗马帝国时代的公元 1~2 世纪时的罗马城。这个时期的罗马城，我们择其中的广场建筑群来进行评价。如上所说，对这座城市，以及这个广场群优劣的评价，须把它置于一个社会历史坐标来评定。当时罗马是奴隶社会盛期，它的城市建设成就都是建立在奴隶主统治者剥削奴隶劳动力的基础上实现的。然而，从历史唯物论的观点来说，这是成就。这正如恩格斯所说：“没有奴隶制，就没有希腊国家，就没有希腊的艺术和科学；没有奴隶制，就没有罗马帝国；没有希腊文化和罗马帝国所奠定的基础，也就没有现代的欧洲……

在这个意义上，我们有理由说：没有古代的奴隶制，就没有现代的社会主义。”（《马克思恩格斯选集》第三卷：“反杜林论”，北京：人民出版社，1972）

对罗马城发展的评价也同样。辩证法告诉我们：不打碎那个好端端的古罗马城，变成一堆废墟，就不可能瓦解欧洲的奴隶制，使社会向前发展，不经过300年的黑暗时代，欧洲就不会进步，也不可能有文艺复兴。古代罗马城越是完美，越是舍不得去砸烂它，历史就越是不可能前进。有没有两全齐美的方式，既能保留这好端端的城市和其他之物，又能使社会进步，向前发展？这至少对当时来说是完全不可能的。这是“集体无意识”①，任何个人都无能为力。

二

我国古代的城市，最为关键的不是汉长安，不是唐长安，也不是明清北京，笔者认为最关键的是北宋的开封（汴梁）。这是我国城市发展中的一个转折点。何以见得？我们着重要注意的是北宋开封的城市制度。这里有几点值得注意：第一，城内居住区虽仍为街坊制，《北道刊误志》中列举了太平、义和、安业等120个坊（转引自：董鉴泓主编. 中国城市建设史. 北京：中国建筑工业出版社，1989）。但这种街坊的形式其实与唐长安城内的街坊已不大相同，由封闭式变为开放式。北宋都城东京（即开封）在城市管理上有了一种创新：“开封府的城市管理有很多新的创造，如废除坊门、沿街设店，还有防火设施也很周到，街巷三百步左右设军巡捕屋一所、铺兵五人，夜间巡逻，还有望火瞭望楼，河岸停有消防船舶，遇有火警则知府须亲临现场指挥扑救。”（阎崇年. 中国历代都城宫苑. 北京：紫禁城出版社，1987）这就是我国古代城市的一大变革。

其次，都城商业之发达也与过去不同，我国古代城市的商业空间是被限制的，所谓“面朝后市”之制。北朝民歌《木兰诗》中说：“东市买骏马，西市买鞍鞯，南市买辔头，北市买长鞭。”但北宋的开封，则取消这种限制，据《中国历代都城宫苑》中说：“……宋代开封则商业区分布较广，沿街均可设店，还有肩挑手提的商贩，串街走巷，买卖都很方便。”据《东京梦华录》中说，开封城内还有一些定期的集市，如相国寺每月朔望和逢三、八日共开放八天。还有一些集市是在黎明时刻交易，天明即散，名叫“鬼市子”，最热闹的是夜市，三更尽收歇，五更又开张，与城门的开闭紧密相联系。在夜市中负有盛名的是州桥，从州桥到龙津桥一路之上尽是小吃，冷、热、甜、咸，无所不包。马行街的夜市通宵达旦，夏天油烛烟焰气冲天，蚊蚋都无法停留。

另外，北宋画家张择端（生卒未详）绘制的《清明上河图》，以画的形式显现出当时东京城内的繁华景象。此画以各个阶层人物的各种活动为中心，深刻地把这一历史时期的社会形态和人们的生活活动展现出来。在画中，有仕、农、商、医、卜、僧、道、官吏等，有情节，有动态；还画出大街小巷、百肆杂陈，又有河港池沼，船只往来，还有官府宅第、茅篷村舍等。这幅画对于城市、建筑诸方面的研究都很有价值。在这种热闹场面的背后，深层地表述了城市历史的发展、社会的进步，或可称之为中国式人文主义思想的发展。

① 瑞士心理学家荣格（1875~1961）把心理分为主观意识、个人无意识和客观无意识三个层次。客观无意识即集体无意识。

三

天津是我国北方沿海的一座近代新兴城市，19世纪60年代开为通商口岸。当时天津就像上海一样，西方列强在此开设租界。那时，英、法、美三国在天津城东南紫竹林沿河一带划出租界地，后来继续扩大范围。随着租界的开辟，沿海河一线岸边建立了码头、仓库。到20世纪初，俄、奥、意、比诸国又在天津划出租界地。与此同时，英、法、日等国租界继续扩张（后来美国宣布其租界让给英国）。当时天津这座城市租界地的形势是：英、法、德、日在海河以西，奥、意、俄、比在海河以东，天津老城则在海河西北一小块地方。

从总体看（图8-5），近代天津的城市发展是很不正常的，不平等、不和谐，这就是对近代天津城市的基本评价。

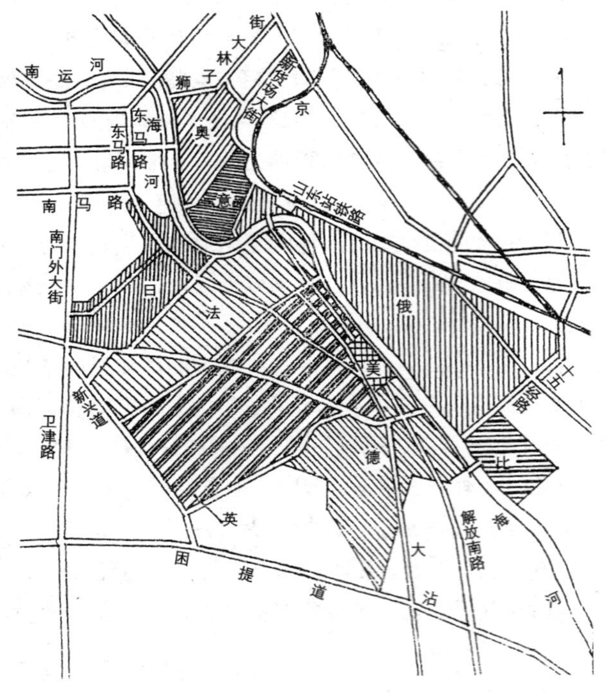

图8-5　近代天津租界地

但是，由这种不平等、不和谐的城市形态，我们反过来探究天津当时形成这种状态的原因是什么？显然，这是西方列强对当时中国的掠夺和压榨。但如果更深一层说，当时西方列强为什么看中天津？这就是天津这座城市的实质问题了。作为紧邻北京的沿海城市天津，自有它的地理优势。渤海口有塘沽，并有海河与天津相通，水运十分方便，正如上海的黄浦江和广州的珠江。另外，天津离北京不远，他们与当时的清政府联系也方便。因此，天津在中国近代城市中迅速崛起。这就是说，对天津这座城的评价，应当说在客观上是很有优势的，近代西方列强之所以对它情有独钟，其原因也就在这里。现当代的天津再次发展，成为一个直辖市，并且成为当今我国环渤海经济圈的“领头羊”，这才真正使天津的优势发挥出来。

四

建筑与城市规划学家张钦楠著有《阅读城市》一书（北京：生活·读书·新知三联书店，2004），书中对全球15个著名城市作了“一句话”评价：

张扬个性，取人所长——巴塞罗那

巨人的尺度——巴西利亚

山水之中的都市——堪培拉

从结婚蛋糕变成皮鞋盒子——莫斯科

仙人掌与麦古艾草的故事——墨西哥城

形散而神不散——洛杉矶

历史的见证——芝加哥

浪漫诗韵——圣彼得堡

多面的“石林”——香港

儒雅的花园——新加坡

什锦大拼盘——曼哈顿

宰相肚里能撑船——巴黎

有序与“无序”——开罗

冲突与交融——伊斯坦布尔

极大与极小——东京

我们在这里只对莫斯科和东京这两座城市作一些具体的评价。

莫斯科是俄罗斯的首都（十月革命后），这里的传统建筑有两类，一类是所谓的洋葱头式屋顶的建筑，其屋顶是东正教堂的主要符号，代表作是红场边上的华西里·伯拉仁内教堂；另一类是帐篷式屋顶的建筑，高高的尖屋顶，很有个性。如红场边上克里姆林宫城墙的许多塔楼，以及莫斯科郊外科洛敏斯基的伏兹尼亚尼教堂等，都采用的是这种尖顶形式。这种符号后来被继承下来，特别是后者，成了典型的俄罗斯民族形式。莫斯科在二战后建造的高层建筑，几乎都采用的是这种形式。这就是所谓的“结婚蛋糕”。这种建筑就形式来说不能一概而论说它好还是不好。从形式美法则来分析，其优劣是很明显的。无论比例、尺度、轮廓等方面，最典型的是莫斯科大学主楼，这就是做得比较好的一座。

20世纪60年代以后，包括莫斯科在内，当时苏联许多地方所建造的房屋，都是“皮鞋盒子”（张钦楠语）。一个个巨大的“六面体”充斥着莫斯科及苏联其他城市。其实与上面的一样，这种形式也不能一概而论，其优劣（就造型而言）的关键，仍是建筑的形式美法则。如果建筑物实实的，比例也不妥，则真像一只只巨大的皮鞋盒子了。这种形式出自现代主义的方盒子主题（后来后现代主义斥之为“冷冰冰的方盒子”），可惜它来得晚了，如果出现在20世纪20~30年代，那还是比较时髦的呢。

我们把视角放宽，转到城市形象来进行分析。莫斯科这座城市，自它形成至今已达千余年。如果从纵向来看，它所走的路基本上是和谐的，它在每一个历史时期，都保持着历史文化上的完整性。只是到了20世纪60年代后，便有不和谐性了。古代的、近现代的、20世纪60年代以后的，在这个历史时段，在城市形态上出现了某些不协调性。这就是我们对莫斯科这座城市的基本评价。

日本首都东京，此城原来叫江户，建城时间大约在 15 世纪，当时在日本历史上称江户时代。日本江户幕府创建者德川家康（1542~1616）建江户城，算是日本首都东京之始。

东京作为日本的首都，其特点是最典型地表现日本这个国家。日本有什么特征？一是地方小、人多，所以现在的东京，据说有一半是在地面，有一半是在地下。这么一来，就等于将东京扩展了一倍。这也是我们对东京这座城市的第一个评价。其次，前面说到，张钦楠提出东京的主题是“极大与极小”，所谓“极大”，是使人感到东京之大，我们似乎无法知道它究竟有多大；另外，东京又有许多高楼大厦，大得似乎令人有望而生畏之感。不只是体量大，更是尺度大。这种大尺度会使人感觉到自我的渺小。但另一方面，有的建筑却是小尺度的，例如住宅之类，特别是传统民居。这也正是日本的特点：单个人是渺小的，集合起来才巨大。城市和建筑，都反映着人及其文化。

8.4 城市的竞争力

一

城市的竞争力，首先在于要有竞争的机制。城市的竞争机制大体可以分为三方面：一是城市的地理、环境条件；二是城市的技术、经济条件；三是城市中人的素质。在此着重分析前两个条件。

地理、环境条件，是指自然地理方面，自然资源、气候特征，还有交通条件等。从前的交通运输多靠水运，所以大多数的城市都在海滨、江河、湖泊边上发展起来。城市须有河、海，上海有黄浦江，南京有长江，天津有海河；巴黎有塞纳河，伦敦有泰晤士河，布达佩斯和维也纳有多瑙河；纽约、新奥尔良、旧金山、东京、圣彼得堡、阿姆斯特丹、哥本哈根、斯德哥尔摩、赫尔辛基、悉尼等，都是靠海的。我们现在要发展三个经济圈：环渤海湾、长江三角洲、珠江三角洲，也都是看中这些地方的水。有水就活。

竞争机制还建立在比较的基础上。某个城市与别的城市进行比较，首先须确定比什么？如今我们提出，比城市的综合实力，谁排第一，谁第二，谁第三……？但这“综合”之中的最实质性的是比竞争机制。美国在芝加哥大火（1873）以后，是否要重建芝加哥？如何建设新的芝加哥？这两个问题当时在美国国会作为一个大的议题进行讨论。讨论的结果认为要重建。为什么？这就是芝加哥在舆地上有优势，美国在中北部地区要设立一个中心城市、枢纽城市，非芝加哥莫属。如何建设新的芝加哥？当时美国的哲学社会科学思潮盛行实用主义哲学，以此为基础进行重建。于是建筑和城市规划中就出现了以沙利文为首的芝加哥学派，他们提出的口号是“形式服从功能”，他们主张建造高层建筑。这些都是本着芝加哥具有潜力而来的。

二

对于城市的竞争力和竞争机制，应当有一个正确的认识。所谓竞争，就是比，比先进性，比价值。我们反对阿 Q 式地比。如有人说，我国的什么都要比西方早几百年；南宋的杭州，当时人口已超过百万，是当时世界第一大城，并为之骄傲；我国的唐长安城是当时全世界最大的城市，是当时东罗马君士坦丁堡的7倍等。

关键的是城市的竞争力和竞争机制。城市的竞争机制基本上是客观的，如上所说，芝加哥就是由于它有得天独厚的地理位置，所以大火后值得重建（其实伦敦大火后重建的道理也一样）。除了地理、环境条件外，城市本身的优势也同样值得重视。

上海这座城市在20世纪20~30年代发展很快，除了它自身工业和商业的实力外，更重要的是金融业。从全国来看，当时的银行几乎有一半在上海，有的大银行虽不在上海，但却要在上海开设分行，如金城银行、浙江第一商业银行、浙江兴业银行、大陆银行、盐业银行、中南银行等，都在上海开设分行。香港的渣打银行（又称麦加利银行）和汇丰银行（英商）也都在上海有分行。上海外滩几十座建筑，几乎一半是银行。金融业的崛起，才使上海这座城市的实力雄厚、牢固。上海在当代的实力之雄厚，同样也以金融为核心，而且外资银行的介入不比20世纪20~30年代少。当代上海的城市实力，仍是以这许多国内外大银行为中坚。

三

城市实力就是城市所具有的竞争能力。这种能力对于现代城市来说主要是指它的经济。然而在具体的运行过程中，还表现在城市的活力。“活力”一词，英文应当为Dynamics，也可以译成动力、力学、动力学等。城市的活力指什么？我们也不能说是“生命力”（Vitality）或实力（Strength）。城市的活力，犹如人在青壮年时期所具有的那种活生生的气质。我们看一个人，他红光满面，我们说他气色很好。城市也同样，一座城市，如果你在这里生活、工作一段时间，就会觉得它有活力，有朝气。何以见得？从表层来看，可以从两个事实中看出：一是城市街道上来往的车辆，若是多而又畅、井然有序，则就显示出这座城市是有活力的。街道上车辆少，说明这座城市清淡，空闲有余，活力不足；街道上车辆多，但总是拥堵，说明这座城市混乱，有许多难解之结，需改造。这种状况说明活力未能得到实现。二是城市商业发达，供需两旺。一些大型商场总是人山人海，天天像过节一样。上海南京东路西藏中路，东西两边两家大型百货商店：东边是市第一百货商店，西边是新世界商厦，这两家商店就是如此。人们不是去观看的，而是去购物的，从商店里出来的人，总是面带笑容，提着大包小包。这种场景连在旁观看的人也会产生跃跃欲试的心态。

城市活力，可以判定这个城市的成功与否，或者也可以说是和谐与否。但在这里，我们只说到了城市活力及其作用，至于怎样才能使城市具有活力，就不在此书中展开了。

The Conservation of City
城市保护

第 9 章 城市保护

NINE

9.1 城市保护理念

一

城市要发展，但城市也要保护。这不是悖论，因为这两个提法，其对象不同。对城市的保护是从城市文化层面上展开的。人类历史发展，必然会沉淀许多文化痕迹。这种痕迹是有积极意义的。那些遗迹才真正是人类的"历史"。意大利著名的历史学家克罗齐说，人写出来的《历史》都是现代史（克罗齐，《历史学的理论与实际》)。这话初听起来似乎有些言过其实，但若仔细想想，则不无道理，因为《历史》里必然带有许多写者的观点，除非他沿用了史实。所以文化遗产和"历史"应当是两回事，不过这两回事却一个都不能少！特别是我们中国古代，这许多浩繁的文献资料本身就是文物，而从这些文献中我们才确认了许多文物。从城市和建筑来说，特别是我国，古代建筑多为木结构，不易久存（与石构比较而言），现存最古老的木结构建筑是山西五台山的南禅寺大殿，距今也仅 1226 年（公元 782 年所建之原构)。更古老的建筑，则见于文献，例如"四阿重屋"（即庑殿顶）就是在《周礼·冬官考工记》中记述的。

然而这不是说古建筑可以随便拆除，只留下文献就可以了。恰恰相反，如今我们更要强调保护文物，千方百计要保护好古迹。例如山西应县木塔，现在情况严峻，有岌岌可危之势。考古学家正在思考对策，如何保护好这座仅存的千年木塔（建于辽清宁二年，1056)。

城市的保护也同样，我国有许多古城至今仍然留存着，如山西的平遥、辽宁的兴城等。在外国，也有许多保护得较好的古城，如威尼斯、佛罗伦萨、雅典、威廉斯堡、奈良、布拉格等。

二

我们在这里引用中国建筑学会建筑史学分会编写的《建筑历史与理论》第六、七合辑（中国科学技术出版社，2000）中阮仪三的"世界及中国历史文化遗产保护的历程"一文中的一段（摘录)：

（1）历史文化遗产保护的历程

在历史上，人们对建筑物等并非都注意爱护，有时还把它作为过去统治的象征加以摧毁。

在我国古代就有项羽烧毁秦咸阳城等。我国古代常把前朝建造的建筑和城市加以毁灭性破坏，曰“革故鼎新”。如12世纪金兵攻入北宋首都汴梁后，就把宏伟的“大内”和“艮岳”（即皇宫和苑囿）全部拆毁，并把拆下的木梁柱和假山石全部运到北京，修筑金中都城，以后元代又将其全部摧毁。在西方，也有罗马帝国摧毁希腊的城市和宫殿，中世纪十字军东征时，沿途掠烧破坏，所过之处全成废墟。

直到近代，产业革命后相当长的一段时间，人们忙于发展生产，对古建筑和历史环境的保护既缺乏认识也无力顾及，因此，一批古建筑及其环境在产业革命的浪潮中遭到毁灭。今天，当人们在英国考察时不难发现，许多作为产业革命发源地的城市，如谢菲尔德，历史建筑已所剩无几，古城风貌也荡然无存。在德国和奥地利，19世纪末有许多具有历史意义的世俗建筑被拆除。很多情况下仅仅是为了满足日益增长的交通道路的要求。

现代主义建筑思潮崛起时，作为对古典复兴和折中主义的反对，对历史建筑采取了排斥的态度。这也在一定程度上对文物建筑的破坏起到了推波助澜的作用。

1925年在巴黎国际装饰艺术博览会上，著名建筑师勒·柯布西耶曾提出一个巴黎中心改建规划，按照这一方案，巴黎塞纳河北岸的古都城内的老区全部拆除，取而代之以一些现代的高楼和立体交通。他的这个方案虽未实现，但却说明了在这位近代建筑先驱者的头脑里，直到这时，文物保护的观念还是相当淡薄的。

日本千叶大学教授木原启吉在他的《历史的环境》一书中说到日本近代文物古迹所遭到的4次大的劫难：一是明治维新以后，大量佛寺被毁；二是明治及大正初期开放贸易，大量古代文物外流；三是第二次世界大战，文物古迹毁于战火；第四是20世纪50年代后经济高速增长时，不但毁了文物，更破坏了历史环境。其中第四次破坏是最为严重的一次，它远远超过了第二次世界大战的战争破坏。

在经过了许多的教训和挫折之后，人们才逐渐认识到了历史建筑具有的种种不可替代的价值和作用。历史建筑的保护和修复工作于18世纪末开始受到重视。至于这项工作的科学化，它的一些基本概念、理论和原则的形成，则是从19世纪中叶起近100多年来发展和演变的结果。

英国1877年由威廉·莫里斯创建了“古建筑保护协会”。1882年颁布古迹保护法，保护21项古迹，其中主要是遗址。1900年颁布第二个古迹保护法，保护的内容扩大到宅邸、庄园、农舍、桥梁等与历史事件有关或有历史意义的建（构）筑物。1953年制定了保护历史性建筑物的法令。

第二次世界大战后，欧洲许多被战争摧毁的城市的重建引起了人们的思考，如波兰华沙当时就有两种模式的争论：一是完全建一座新城；二是按历史面貌恢复古城。绝大多数居民赞成后者。当恢复老华沙城的消息传开后，流浪在外的华沙人一下子归来了30万人，整个国家掀起了爱国建设热潮，这就是战后著名的“华沙速度”，华沙人为自己的古城能重现而引以自豪，华沙城后来作为特例被列入《世界历史文化遗产名录》。

《威尼斯宪章》是1964年5月31日通过的，宪章共有6节16条。它的正式名称叫《保护文物建筑及历史地段的国际宪章》。文件在提出了文物保护的基本概念理论和基本原则的同时，进一步扩大了历史文物建筑的概念：除个别建筑外，还包括“能够见证某种文明、某种有意义的发展或某种历史事件的城市或乡村环境”；不仅包括伟大的艺术品，也包括“由于时光流逝而获得文化意义的在过去比较不重要的作品”。文件还说：“保护和修复文物建筑，既要当作历史见证物，也要当作艺术品来保护。”文件还规定要保护文物建筑的全部，从平面、立面到室内的装饰、雕刻、绘画，强调保护全部历史的信息，保存各个时代的叠加物，修复时添加的部分必须保持整体的和谐一致，但又必须和原来的部分有明显的区别。要禁止任何重建。

(2) 当今世界保护历史文化遗产的状况

(3) 世界文化遗产保护的内容与名录

以上两部分，由于本书属“城市论”，故从略。读者若要了解，可参见《建筑历史与理论》第六、七合辑（中国科学技术出版社，2000）“世界及中国历史文化遗产保护的历程”一文。

(4) 我国保护历史文化遗产的历程（摘录）

新中国成立后，1950 年颁布了《关于古文化遗址及古墓葬调查、发掘暂行办法》、《禁止珍贵文物、图书出口暂行办法》和《关于古文物建筑保护的指示》，基本上制止了 1840 年以来中国大量珍贵文物外流的现象。其次在文物保护管理的专门行政机构，在中国科学院设置了考古研究所，从此，开始了中国历史上从未有过的由国家领导进行的大规模文物保护管理工作，并发布了一系列的管理办法与规定。

1961 年 3 月 4 日国务院颁布了《文物保护管理暂行条例》，这是建国后关于文物保护的概括性的法规，同时公布了 180 个第一批全国重点文物保护单位，建立了重点文物保护单位制度。1966 年“文化大革命”，使国家的法规制度遭到严重破坏，文物保护事业蒙受了巨大损失。1978 年以后，文物保护和城市规划管理工作开始逐渐恢复。

1982 年，国务院批准公布了第二批全国重点文物保护单位，1982 年 11 月 19 日颁布了《中华人民共和国文物保护法》，1982 年 2 月 8 日国务院公布了首批 24 个国家级历史文化名城。1983 年，原城乡建设环境保护部发布了《关于强化历史文化名城规划的通知》和《关于在建设中认真保护文物古迹和风景名胜的通知》。国务院于 1982 年 12 月 8 日还批准了原国家基本建设委员会和文物局、城市建设局“关于审查指定第一批国家级重点风景名胜地区的请示报告”，并同时指定了 44 处国家重点风景名胜区。1984 年还制定了《风景名胜地区管理暂行条例》。1986 年又公布了第二批 38 个国家级历史文化名城。与此同时，国务院的文件中规定了要保护文物古迹比较集中，或能较完整的体现出某历史时期传统风貌的街区、建筑群、小镇、村落等历史地段，要求各地依据它们的价值公布为地方各级“历史文化保护区”。还规定除国家级历史文化名城外，各省（自治区、直辖市）可以审批公布本地的省级历史文化名城。

9.2 中国名城保护实例

一

先说杭州。这是一座历史文化名城，它历史悠久，而且是我国七大古都之一，在历史上最辉煌的是南宋时期，作为都城，当时称临安，意思是临时安顿一下，总有一天要打回汴梁（开封）去。

杭州有多处著名的文化古迹，如六和塔、闸口白塔、灵隐寺、凤凰寺、岳飞庙、碑林、龙井、胡庆余堂等。

这里重点说南宋时期的杭州（临安）。据南宋吴自牧著的《梦粱录》所记：临安城墙高达三丈，上厚丈余，下厚二丈余。定都前的旧城墙是夯土版筑泥墙，日晒雨淋，时坍时修。为了加固城墙，增强防御，南宋时逐步在泥墙内外夹筑砖石。城郭四周开十三个城门，东边有便门、候潮门、保安门、新门、崇新门、东青门、艮山门等七门，西边有钱湖门、丰豫门（涌金门）、清波门、钱塘门，南面为嘉会门，北面为余杭门（武林门）。

城南凤凰山一带是全城的政治中心，其东麓是皇宫，其北是三省六部、枢密院等官府大院，屋宇巍峨轩昂，气象森严肃穆。云锦桥和三省六部的官府大院相对，故此桥又称六部桥。稍北清河坊，是最高司法机关——御史台。从望仙桥东到万松岭一带，环绕皇宫，是王公贵戚及显官达宦府第会聚之地，如秦桧的府第就在桥东，经过五年多的兴造才竣工。新府第落成时高宗亲笔题“一德格天阁”匾。七宝山上建有五个御史台官员宅第。从皇宫和宁门外向北，直至武林门中正桥，是一条纵贯府城南北，专供皇帝通行的御街，也称杭城天街。天街正中为御道，两边有砖石砌成的沟渠，人只能在沟渠之外行走。这种分道通行的做法，显示出封建皇帝至高无上的尊严与权威。

临安有全国著名的名胜西湖，“西湖十景”自南宋始，即：苏堤春晓、平湖秋月、花港观鱼、柳浪闻莺、双峰插云、三潭印月、雷峰夕照、南屏晚钟、曲院风荷、断桥残雪。

除了“西湖十景”外，南宋临安还有大小园林数十座，如聚景园、延祥园、庆乐园、集芳园、秀邸园、水月园、谢太后府园、玉壶园等。

杭州是一座很美的城市，历来为骚人墨客所描绘。北宋词人柳永（1004~1054）有《望海潮》：

东南形胜，三吴都会，钱塘自古繁华。
烟柳画桥，风帘翠幕，参差十万人家。
云树绕堤沙，怒涛卷霜雪，天堑无涯。
市列珠玑，户盈罗绮，竞豪奢。
重湖叠巘清嘉。有三秋桂子，十里荷花。
羌管弄晴，菱歌泛夜，嬉嬉钓叟莲娃。
千骑拥高牙，乘醉听箫鼓，吟赏烟霞。
异日图将好景，归向凤池夸。

这首词对江南文化的影响甚大。南宋文人罗大经著有《鹤林玉露》，其中“十里荷花”一篇，说的是对西湖美景的歆羡，他引用柳永的这首词，描述杭州西湖之美景。但接着说：“此词流播，金主亮（即废帝完颜亮）闻歌，欣然有慕于‘三秋桂子，十里荷花’，遂起投鞭渡江之志……”意思是宋被金人所侵是因为西湖之美，金主已垂涎，所以决定渡江南侵。美景反而成了祸根。这种反意之笔，可谓良工心苦、手法独到。

杭州作为历史文化名城，应以南宋临安作为保护的主题。

二

元初文人奥敦周卿曾作元曲《双调·蟾宫曲》二首，其中之一为：

西湖烟水茫茫。百顷风潭，十里荷香。
宜雨宜晴，宜西施淡抹浓妆。
尾尾相衔画舫，尽欢声无日不笙簧。
春暖花香，岁稔时康。
真乃上有天堂，下有苏杭。

苏州，在两宋时也是个繁华秀丽的江南城市。此城早在公元前6世纪就已建成，始建时按“营国”（城市规划）建城，城址至今没有变动过。此城以水为中心进行规划和建设，自然和人工开凿的方格网河道系统与方格形道路网密切结合，形成水陆配合，路、河平行且相靠的双棋盘式的城市格局，这个独特的格局至今基本尚存。苏州的城市规划与建设既代表了我国古代封建城市的基本规划思想，也反映了水网地区规划的独特手法和成就。

苏州从开始建城时，就按规划形成“水、陆平行”、“河街相邻”、“前街后河”的双棋盘式城市格局。城河围绕城垣，城内河道纵横，桥梁众多，街道依河而建，民居临水而造，形成“小桥流水人家”的城市特色。还有精美无比的江南私家园林。

苏州城内有佛塔、庙宇、官署及民居、市肆等。淡雅朴素的苏州建筑风格，以及幽深的小街小巷，形成古朴、宁静的人居环境。

苏州，称得上是个巨大的文化艺术宝库。苏州是著名的江南水乡城市，这里的文化脍炙人口，特别是通过诗画描述，更使这座方城美不胜收。在绘画上，有“明四家”（沈周、文征明、唐寅、仇英），在唐宋诗词上更是名作无数。晚唐诗人杜荀鹤有诗《送人游吴》，可谓百读不厌：

君到姑苏见，人家尽枕河。
古宫闲地少，水港小桥多。
夜市卖菱藕，春船载绮罗。
遥知未眠月，相思在渔歌。

苏州作为历史文化名城，其保护主题与杭州不同，苏州城市保护的主题有三：一是自春秋战国的吴国都城；二是南宋平江府治；三是明清时期的苏州。

三

绍兴也是一座很古老的城市，相传早在夏朝时就已建城，名曰会稽。据史书记载，城始建于公元前490年，为越国都城。越王命范蠡筑城立国，故称“蠡城”。东汉时这里为会稽郡治。东晋时出现了“今之会稽，昔之关中”的兴盛景象。唐改置越州。五代及南宋，曾为临时首都和陪都，成为南宋的政治和经济中心。南宋建炎四年（1130），宋高宗赵构驻越州，为了纪念他在越州立稳脚跟，题“绍祚中兴”四字，升越州为绍兴府。绍兴之名沿用至今。

绍兴这座城市原来的中轴线北起卧龙山越王台，南至拜王桥，如今称府山直街。五代十国时吴越国王钱镠（852~932）讨叛臣董昌有功，郡人拜谒钱镠于子城（在越王台下），故此桥名拜王桥。

绍兴山明水秀，自然环境极佳。自从明代太守汤绍恩率众修建了三江闸后，无论干旱或水涝之年，绍兴均无灾难。绍兴是个丰衣足食的水乡。

绍兴不但名胜古迹甚多（有禹陵、东湖、兰亭、吼山、会稽山等），而且名人辈出，自夏禹开始，几乎历代都有名人，近代的秋瑾、徐锡麟、陶成章、蔡元培、鲁迅，以及周恩来等，数不胜数。所谓钟灵毓秀，环境塑造人，但反过来人又塑造环境。

四

保定位于今河北省中部，也是一座历史文化名城。据考古学家认定，保定在距今3000年已有人居住（聚落）。春秋战国时期为燕、赵辖地。到了秦代，这里属上谷郡。西汉设邑，称乐乡。北宋建隆元年（960）为保州，到淳化三年（992），移至今城。后来在战乱中屡有兴衰，至元太祖二十二年（1227），由满城移驻保州，重建城池，兴土木，成为燕南一大城市，改名保定路，保定之名也从此开始。明代洪武元年（1368）改为保定府。清康熙八年（1669）为直隶省省府所在地。

这里细说保定的古莲花池。此园建于元太祖二十二年（1227），汝南王张柔镇守保定，建造此园，初名雪香园，但因园内荷花特盛，所以人们叫它莲花池，后来此园一直叫莲花池了。

莲花池内林木茂盛，池山映带，亭榭楼阁，斋轩厅堂甚多，而且均围绕荷池而建，构图紧凑得体。池分南北二塘，北大南小；北塘中间有桥堤，分隔为东西二塘，堤上建有水心亭，景观甚美。园中建筑以藻咏厅、水东楼、寒绿轩、水心亭、濯锦亭、观澜亭等为主。如今有好多建筑今已无存，如万卷楼、奎画楼、莲池书院、绎堂、含浪亭等。

水心亭初建时叫临漪亭，1249 年，园主人乔维忠之子乔德玉在此亭中举行宴会，并由郝经写下《临漪亭记略》一文。据文中所述，亭西有宛虹桥，可达藻咏厅；西北有五孔桥，可通北岸之高芬轩、响芹榭；东有石阶可入池水边。

古莲花池到了明代万历年间作了一次大规模的修建，恢复了昔日之辉煌。到了清代雍正年间，又对它进行了修建、扩建，成为皇帝的行宫苑囿。如今已改为人民公园，但古风尚存。

五

平遥古城，如今保护得很好，称得上是我国文化名城保护的典范。此城位于山西省中部。平遥历史已很久远，相传早在尧舜时期已有聚落，“帝尧初封于陶”。秦始皇统一中国后，这里为平陶，属太原郡。北魏初年改平陶为平遥，是平遥之始。现存之城为明洪武三年（1370）所建。嘉靖、万历年间筑砖砌城垣。清代唐熙年间屡有修葺，形成完整的城垣及城防设施。后来，道光、咸丰、同治、光绪年间又多次整修。

城内东西、南北大街十字相交。十字街口有市楼跨街而立。街道两帝店铺毗邻。二层木构房屋，木雕店面，饰以彩画，十分精美。清中叶，平遥曾是全国票号集中地之一，商贾巨富云集于此。富豪们的宅第多为高墙深院的华丽宅第，十分讲究，具有明清时代山西地方建筑风格。从城墙到城内街坊、住宅、庙宇、市肆，古城形态基本上保存完整。

平遥作为历史文化名城，保存完好，总体来说，这座城市之所以能如此完整地得到保护，主要是保护规划的指导思想起到了作用。归纳起来有下述几点：一是全面保护，突出特色；二是保护与改造相结合；三是古城保护与新区建设相结合；四是名城保护与旅游开发相结合。

六

银川，今为宁夏回族自治区的首府。大约一千多年以前，在今宁夏一带，以党项族为主建立大夏王朝，与宋、辽并立，史称西夏，前后延续达二百余年，后为元所灭。

在今银川市东郊，黄河西岸，汉延渠东侧，当时有一座管理屯田事务的小城，称“典农城”，为汉朝北地郡（今甘肃陇东至宁夏一带）上河农都尉驻地之一，也是屯储粮食的“仓城”。后来汉人俗称“吕城”，附近的黄河渡口叫吕渡。北周时（6世纪下半叶）在此设怀远郡、怀远县，并由江左迁来南方人，形成富饶之地，被称之为“塞北江南”。

北宋初年，党项族首领李继迁起兵反宋，于咸平五年（1002）攻取灵州城（今灵武），改为西平府，由夏州（今陕西靖边）迁都于此。

宋天禧四年（1020），李继迁之子德明鉴于灵州地处黄河东岸平原，易攻难守，而贺兰山下的怀远镇，“西北有贺兰之固，黄河绕其东南，西平为其屏障，形势利便”（吴广成《西夏书事》，转引自阎崇年《中国历代都城宫苑》），特别是处于控扼贺兰山各隘口通道要害和东麓南北向大道中枢的重要位置，便决定再次迁都于怀远，扩建城池，构门阙宫殿及宗社籍田，名为兴州。

西夏显道二年（1033），德明子嵬名元昊升兴州为兴庆府，又大兴土木，扩建宫城殿宇。天授礼法延祚元年（1038），元昊自立为大夏皇帝，以兴庆府为国都，俗称东京，而以西平府为西京。兴庆府由一边塞蕞尔小城，一跃而为地跨今宁、陕、甘、青、内蒙古辽阔地域的西夏王朝之军事政治中心，成为当时祖国西北地区的最大城市之一。西夏天庆十二年（1205），蒙古攻掠西夏境内人民畜产，退兵后，夏桓宗纯右又将兴庆府改名为中兴府。

兴庆府城为长方形，据说是“以为人形”：城郭为躯干，头部是黄河西岸的高台寺，双足直抵贺兰山。令人称奇的是，西夏帝陵也与方形的唐宋陵园不同，其园墙长宽比为1.6:1，正好与兴庆府城池外郭的长宽比一致。所谓“人形”，是指成人躯干的平均高宽比为1.6:1。这种比例的长方形是人们在长期实践中总结出来的建筑上方便、构图上匀称、艺术上美观的长方形，它与圆形、正方形等几何图案一起为古今各国各类建筑所广泛采用。

“人形”的另一层意思，还包含着建筑的平面布置与人体一样具有对称特点之意，即整个城市有明显的纵轴线和横轴线，城门、道路、河渠、宫殿、坊里及各类构筑均呈左右对称、前后有别、上下迥异的规则布局。兴庆府城池的内部结构就是这样安排的。

另外，“人形城”也是城池本身与郊区具有不可分割的紧密联系。在西夏统治集团心目中，以兴庆府城为核心，西抵贺兰山，东达黄河，包括山河之间东西延长40余公里的整个地区，都是作为完整人体“大兴庆府”的组成部分。而作为“双足”的贺兰山正居于都城立足基点的重要地位。

9.3 正确对待历史文化名城

一

城市保护，着重在建筑的保护。在历史性环境保护方面，建立法制是很重要的，但更须重视我国传统建筑的特点，即多为土木结构，而且我国地域辽阔，各地的政治、经济形态、文化特征等都不甚相同。因此，历史性环境保护的方法和侧重点应当有所不同。在这里，我们引用阮仪三的《历史环境保护的理论与实践》（上海科学技术出版社，2000）中的一些论点：

关于历史性环境保护领域的法，在全国人大制定的根本大法，即《宪法》中，应有原则性条文规定。应从保护传统文化的高度提出历史性环境保护的重要性，建议由全国人大制定一部专门的《历史性环境保护法》，作为规定和调整历史性环境保护方面各种关系的基本法律。在此基础上，由全国人大常委会分别制定《文物保护法》、《历史文化保护区保护法》、《历史文化名城保护法》等单行法律；由国务院，国务院各部委制定《文物保护法实施细则》等行政法规、部门规章；由各省、自治区、直辖市的国家机关及其常设机关制定《文物单位管理规定》、《保护区管理规定》、《名城整体空间环境保护管理规定》等地方法规；由各省、市人民政府等逐级制定和颁布保护、修缮、消防专项管理办法等地方行政规章，逐级细化具体明确的历史性环境保护的法律规章和保护条例。

二

在确定统一的保护原则的基础上，应加强地方性法规建设，突出地方特色，适应我国幅员辽阔、各地差异较大的特点。一些基层城镇制定的行之有效的保护办法和条例，也可由上级政府批准推广，提高这些保护文件的法律效力。

阮仪三在《历史环境保护的理论与实践》中指出："一些行之有效的保护措施都是依据本地特点提出的。以周庄古镇为例，镇政府规定，重点保护区内的建、翻、扩、改房屋，其门面、外部装饰必须与古镇风貌相协调；与毗邻房屋相匹配；与整体格局相适应；与总体规划相符合，必须遵循古民居的蓝本，做到"粉墙黛瓦"、"椽悬出檐"、"花边滴水"及"修旧如旧"的原则要求。严格禁止装防盗门、卷帘门、铝合金门窗。若翻建房屋，地基基础与沿街房屋层高都有明确的规定。由于十多年来严格执行，使周庄一直保持了古镇风貌。在此基础上，镇政府又于1995 年颁布了《古镇保护暂行规定》和《房屋拆迁管理暂行办法》，使措施进一步法律制度化，有效地保护了保护古镇工作的延续性。各地在实际工作中都有一些成功的经验，是完善我国历史性环境保护法制建设的基础，有待于进一步将它们列入历史性环境保护的法律体系。

如今好多城镇的建设，由于国家提出严格控制城市用地，一般不准使用农田，因此对旧城的改建与更新正在掀起一个新的高潮，但历史性环境主要存在于旧城之中，若没有正确的保护措施和完善的法制，用不了几年，我国的历史城市将面目全非，也就很难说能为后人留下多少城市历史文化遗产了。因此，建立起我国包括文物环境、保护地段、保护区、历史城镇、历史文化名城五个层次的历史性环境保护体系是刻不容缓的大事。

三

最后须说历史文化名城中的文物建筑保护的一些误区。阮仪三在《历史环境保护的理论与实践》中指出："福州市拥有一个著名的三坊七巷历史街区，里面有多幢列为文保单位的名宅古屋，还有整片的明清住宅，坊巷完整，风情俱存。为了开发房地产，改造旧城，开发商请了境外著名的建筑师做了规划，规划方案中把这些列为文保单位的建筑都圈出了，而把其周围的传统民居都拆掉了，规划成绿地和高层建筑。该市的领导包括文物管理部门都认为是高水平的规划，要尽快付诸实施。而我们名城保护专家们（有郑孝燮、罗哲文、王景慧、阮仪三等）认为这是一个错误的规划，从表面上看文物单位都保住了，但整个街区破坏了，失去了文物所依存的环境，而整个街区是个事实上的大文物，更应该完整地保护。这个道理后来连做这个方案的境外建筑师也明白了。但在房地产利益的驱动下，市政府还将按此方案进行改造，这个著名的街区不久就消亡了。这里造成的失误就是对保护的曲解。

书中指出，文物古迹的修复，目的在于维持它本来的价值，而不能改变它原来的形态。建筑可以比作人，要让它“延年益寿”，决不能“返老还童”（书中的论点）。有的文物部门有了经费，便来个“整旧如新”，这就破坏了古物，毁了文物。书中指出：江苏的角直本是唐代遗迹，古树、古桥等都是原物。“原有环境是千年古树、废墟水池、坟茔荒草，一派古朴原生景观，而文物部门都恢复上部建筑，石桥栏杆整修一新，把原本的唐代文物降格为20世纪80年代的假古董，也吸引不了游客去发古之幽情了”。

书中还列举了许多实例，如广东肇庆、广西桂林、浙江龙游等地，对古城、古建等保护的失误，须进行深刻的反思。仍如上面所说，对于这个问题，确实应当引起有关部门的重视，刻不容缓。

Urban Consciousness
城市意识

第 10 章 城市意识

TEN

10.1 意识与城市意识

一

意识，通常的意思是指人对客观事物的反映，是一种高级心理活动。所谓城市意识，在这里应当有两层意思：其一，人对城市的一种心理上的认同感；其二，城市会产生一种由于城市中人的集合而生成的意识性，并反馈给人。任何城市，只要是有数百上千年的历史，都会产生这种拟人性的意识。

北京这座城市，与北京人的关系就是如此。但据考证，北京在元朝以前的“意识”与后来的“意识”有许多不同。北京在元朝时为元大都，历经几十年的时间，渐渐产生了大国都城的特征和蒙古民族特征。到了明朝，明成祖朱棣放弃南京，于 15 世纪上半叶建设北京，并将其定为首都。当时由于北京居民在数量上不足以作为一个大国的都城，所以从江南一带迁来数十万人。这样，北京这座城市在人口结构上就与其他的城市有所不同。北京显得比较杂。你只要注意一下现代北京人的形象，是否与河北、东北、山东诸地不尽相同? 他们虽然在言语、举止上表现出与南方人有许多不同之处，但在形象上你会发现他们长得比较秀气，有许多南方人的特征。

北京和北京人，在城市意识上也具有这种南北相合的特征。从人的品质来说，人们常说北方（人文）雄健豪爽，南方则挺秀聪颖，而北京却两者兼而有之。另外，北京从金中都、元大都到明清北京，都作为都城，人们常说北京有八百年的历史，这就是指它作为都城而言的。在漫长的岁月中，北京人的气质渐渐地形成了，总的说来，大气、重礼仪，但也有强烈的等级观念。从言谈举止中表现出来，这种性格作为集合，正是北京人的性格。细究起来，北京这座城市的布局，正与北京人的风格相合，规规矩矩，中轴线布局，处处四平八稳，似乎已无可挑剔，但又具有极强烈的等级观念。人造就的城市，反过来影响人自己。

二

城市意识是客观的，不以任何个人的意志为转移。城市意识一旦形成，首先生成的（也是基本的）就是语言。语言（Language）是个综合体，它的表现形式可以有多种，例如人说话，我们称言语（Speech），还有书面的文字，以及许许多多的我们能感受的对象物。瑞士语言学家索绪尔（1857~1913）认为，最关键的是符号。他在《普通语言学教程》中说，符号系统包括“所指”和“能指”，概念和声音——映像。这样，人们所说的“树”，就与“树”这个概念相联系着，而不是与“树”这个概念名下的现实世界中的“树”的实体相联系着。他说：“可以把语言和一张纸相比，思想在前，声音在后，人们不能切断前面的而在同时不切断后面的。同样，在语言中，人们也不能把声音和思想分开，或把思想和声音分开”，所以，“语言中的意指作用过程，包含了从声音——映像——概念的运动，以及回过来，从“能指”到“所指”的前进和后退的运动。”城市意识可以这么来理解：人把城市作为对象物，作为符号，存在于他的记忆之中，形成一个系统。人在这个符号系统里存在着，意味着人对这个城市的认同。前面已说到，不会看地图的人，只要他以为他已经存在于这一符号系统中，他的头脑里便能清晰地显现出这个城市。例如某个人在杭州生活了较长一段时间，对杭州这座城市基本上可以说了如指掌，他知道延安路在什么地方，平海路在什么地方，庆春路在什么地方等。不仅如此，他还能知道一些杭州历史上的地方，如弼教坊、旗下、十五奎巷等。

但要说是对杭州了如指掌，只知道一些地方还不够，真正要对杭州这座城市建立“城市意识”，还是不充分的，或者说只是表，尚未及里。真正对城市建立城市意识，有两个关键的问题：一是语言（言语、方言），二是性格。方言是文化，我们不能一概而论说提倡普通话，不说方言。方言作为文化，有其积极的一面，从城市来说，就在于对城市的认同，建立“城市意识”。

以上海话为例，有人说上海话好听。这就意味着对上海的一种认同感、好感，但他不完全能听懂上海话。若再进一步，他到上海生活、工作一段时间，已能听懂上海话，并大体了解上海这座城市的主要方位，如外滩在什么位置，南京路在什么位置，静安寺、徐家汇、提篮桥在什么位置等。再进一步，他不但能听懂上海话，而且能说上海话。与此同时，他还知道许多上海城市文化，如上海近代字数最多的马路是哪条马路（即马当路，从前叫白来尼蒙马浪路），如今的淮海中路以前叫什么路（最早叫宝昌路，后来叫霞飞路，敌伪时代叫泰山路，抗战胜利后改为林森中路，解放后才改为今路名）等。

近代上海也有许多城市文化，也属城市意识的符号，如南京路上的四大公司，即先施公司、永安公司、新新公司、大新公司。这四大公司知道的人比较多，但近代上海这四大公司却又称“后四大公司”。上海近代还有“前四大公司”，对于今天的上海人来说，知道的人就不太多了。“前四大公司”即惠罗公司、福利公司、泰兴公司及汇司公司。老上海人才晓得这四家公司及其特点。在此以惠罗公司为例，来说说这家公司与上海这座城市的特点。惠罗公司位于南京东路四川中路的东北角，这是一家专卖英式商品的公司。有人说，20 世纪 30 年代前后的上海男士，多追求英国绅士风度，这种格式有一身流行的“行头”，包括帽子、三件套西服、内衣、衬衫、领带、鞋子、袜子，当然也包括其他小件，如皮带、袖扣、领带扣、烟盒、打火机、钱包等，这些东西一律要英国正宗款式，于是就有人提出，帽子要英国的 Hatman，西装衣料要英国花呢的，皮鞋要 Freemen 的，衬衣要箭牌（Arrow）的……。这一身正宗英国绅士行头，人们不必跑遍上海各大洋货店去购买。有一家商店能够做到一下子配齐这些洋装束，这就是惠罗公司。这是一家英国人开的商店，专卖各种英国男士衣着用品，当然你须带上足够的钱，这里的商品是相当昂贵的。

惠罗公司大楼是一座五层的钢筋混凝土建筑，其空间特点是底层往内收，人行道为柱廊，并利用南京东路四川中路转角，做成圆弧形，为招徕顾客之用，或者说充分利用“市口好”的有利条件来处理建筑。

对城市意识来说，着重在城市文化。如上海方言，什么叫“老虎窗”，即屋顶上的窗，英文叫 roof（屋顶），取其音“老虎”。又如什么叫水门汀（cement，即水泥）；什么叫“阿木林”（a melon，傻瓜）；什么叫“混腔势”（one chance）；什么叫“混堂”（即公共浴室）；什么叫“卖野人头”（即骗人）等。

10.2 城市心理学

一

城市心理学是一种集合的心理学，属整个城市的心理学，亦称城市社会心理学。市民的综合心理构成了城市心理（拟人的），这种心理又投射到每个市民上。上一节我们已经讨论了这一问题。在这里，我们开始建构城市心理学。

城市心理学的结构，大体可以包括这几方面：市民心态的基本特征，城市空间形成城市心理的结构，城市心理与城市文化，市民个性，城市情态等。这也是城市心理学的凡例。

首先说市民心态的基本特征。有的社会心理学家认为，城市对市民来说，形成一种“压力”。美国学者格罗斯于 20 世纪 70 年代提出：“压力是用来对付威胁的常规方法的失败。”（转引自：黄承元，周振明. 城市社会心理学. 上海：同济大学出版社，1988）有的译作也将“压力”译为“应激”、“紧张状态”等。有的城市规划学家认为，当市民面临外界压力时，会在心态上产生紧迫感，所以迫使自己去加倍努力来解脱这种压力。例如时间，农民的时间观念要比市民放松，他们只有到农忙时（夏收夏种、秋收秋种）紧张一阵子，不像市民那样，为生计而几乎天天奔波。这也反映在对待时间的态度上。市民们对时间的遵守相当严格，特别是上班，非到紧要关头才去上班，轧公共汽车，几乎是跑步上车，跑步到单位上班，他们不愿意提前一刻钟，也许他们认为那是“浪费”，“时间就是金钱”。不但如此，下班也很紧张，总是急匆匆赶回家。有时，若能提前一小时下班，那简直是喜出望外。这种快节奏、紧张感，都是城市（生活）所给予的。

但是，有压力才有进步，城市是文明进步的先行者。没有城市，就没有文明和进步。特别是到了工业时代，这种现实更为明显。

二

其次说城市空间形成城市心理的结构。研究城市心理学，一方面要研究市民心理学（个人的、集合的都要研究），另一方面也要研究城市的空间形态。城市空间形态是形成城市心理特征最主要的因素。城市心理学之所以与农村心理学有区别，主要原因是两者的空间环境不同。法国城市地理学家潘什梅尔曾说：“城市既是一个景观、一片经济空间、一种人口密度，也是一个生活中心和劳动中心；更具体点说，也可能是一种气氛、一种特征或者一个灵魂。”（转引自：黄承元，周振明. 城市社会心理学. 上海：同济大学出版社，1988）

更需指出的是城市空间密度。一方面，市民长期生活在这种空间中，具有紧迫感；另一方面，这种高密度空间还产生更多的人际交往（与农村比），产生浓厚的人文色彩。美国著名学者罗金认为："农村环境是大自然环境超越人的环境，人为环境超越自然环境。"（同上书）

村庄（自然村）里的居民，几十户人家，人与人几乎都是熟悉的，虽然不是都有交往，但他们基本上都知道某人是谁家的。若有一天村里忽然来了个陌生人，就会大惊小怪起来。若是知道这人是来找哪家的，于是便议论开来，说是这家来客人了。城市里则相反，就连住在同一幢楼里、同一个楼梯上下的十几户人家也不完全认识。这就形成城市心态，人们习惯于在许多不认识的人中间生活、办事、购物等。农村里的人就不是这样，他们不敢单独存在于不认识的人的场合中。因此，城市空间造就了市民的一种心态。意大利著名建筑师布鲁诺·赛维说："尽管我们可能忽视空间，空间却影响着我们，并控制着我们的精神活动；我们从建筑中所获得的美感，……这种美感大部分是从空间产生出来的。"（布鲁诺·赛维《建筑空间论》）建筑和城市空间自然而然地（或者说是潜移默化地）形成城市心态、市民心态。由于城市空间，使得市民的心态产生人的安全感、归属感、舒适感、创造欲，或它们的相反一面：不安全感、孤独感、无依靠感、疲劳感、被排挤感等。这就要看城市空间形态的优劣了。日本著名建筑理论家芦原义信在《外部空间的设计》一书中分析了日本住宅中的和室，这个空间很小，只能容纳四席半（图 10－1），所以日本文学中有"四席半文学"，写的是富有浓厚情态的物语。其实，日本的许多城市，其空间特征也同样有这种性质。

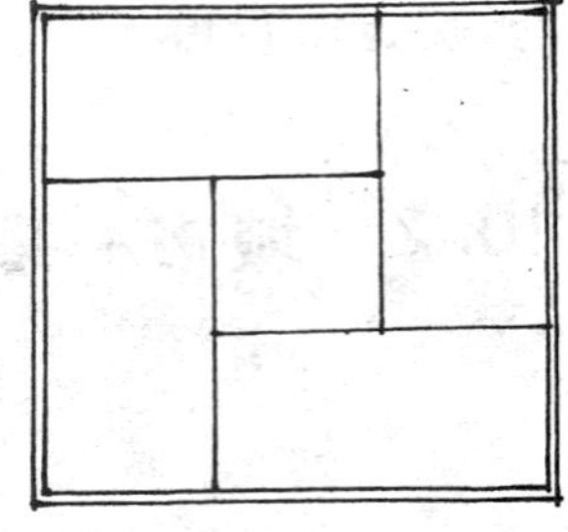

图 10－1　四席半空间

三

第三说城市心理与城市文化。如果我们笼统地谈城市心理，则它的对应面应当属农村心理，以此建立城市心理，并联系到城市文化。可是城市文化也不是千篇一律的，如北京文化与上海文化就很不相同，与广州文化、成都文化、西安文化、武汉文化、太原文化等也都不同；当然，其与外国诸城市的文化更不同。但这种城市与城市之间的文化差异，暂不在此说，我们在这里主要建立城市文化概念。

市民对城市中某一事物的观念达到比较一致时，这一观念便成为一种城市文化，或者说成为市民的心理原则，同时对他们的行为与人格变化起着下列几方面的作用。

（1）文化评价标准：城市文化乃是人们衡量与评价各类事物的标准与共同规范。如果个别居民的行为举止不符合这种标准，或者违背共同规范，城市中的其他居民就会对他作出带有情绪色彩的评价反应，这就是"舆论"。反之，倘若某一居民的言行举止表现新颖，而又与潜伏于人的意识中正在变化着的文化观念相适应，就会顺利地被人们接受，并且能迅速地传播开来。

（2）集体的作用：与评价标准有联系的是集体的作用。集体的舆论对于违背规范的市民来说，具有"压力"的作用。集体的"压力"与行政权力有区别。行政权力源于组织机构中的位置权力，它以某主管人员掌握着人们需要的资源为前提。人们服从于行政权力，有时是为避免受到惩罚，或为谋取奖励。可是团体压力则是源于存在着的共同规范，在压力情境下，个人顺从于大多数人的意见，是为害怕自己在人群中孤立，避免丧失个人的社会适应能力。

（3）沟通信息的作用：从符号学的概念来说，城市文化乃是市民们共同把握的一种符号（性质）。从信息交往来说，有三种概念需把握：编码、译码、诠释。编码是将信息符号化，即把自己的意念用一定的符号进行表述；译码则是相反的动作，把符号中所包含的意义还原为信息形态；诠释就是人们对某一信息的理解，要运用过去的经验，才能理解某一信息。人们在进行信息交往时，要运用一定的符号形式。交往中适用的符号形式又必须是人们共同掌握的，如果双方对某一符号所运用的规则不一致，这一符号就不能发挥交际工具的作用。所谓对某个符号的运用法则，就属于文化的范畴。

（4）引发行为的作用：从心理学来说，人的行为并不是直接由环境刺激所引起的，环境只是产生行为的条件之一，是只有当个人对某一环境，即某一事物的内含意义有所了解，并作出自己的判断后，才能产生相应的行为。个人的文化观念，使个人头脑中已有的意义体系赋予某一事物具体的含义，从而导致个人的行为。

反过来说，个人（市民）对城市文化也起作用。城市文化（环境）不但具有统一性的特点，还具有相互对立的特点，如传统与革新、本地与外来、高雅与俚俗等。城市文化就在这些对立面的冲突与交融中前行。例如上海文化，最初的外来文化来自两方面：一是外地文化，如浙江、江苏、广东、山东、安徽、四川等地；二是外国文化，随着“五口通商”、“门户开放”，外国文化随之登陆上海滩，当时上海的外国文化有“万国文化”之称，包括英、法、德、日、意、俄、美、荷、比、葡、印、西等，不胜枚举。从建筑到交通，从服饰到饮食，还有教堂、学校、医院等，这一切（文化）与上海文化又是一种冲突。

上海人其实是外来的移民，多数是宁波人和苏州人，还有来自绍兴、嘉兴、无锡、常州等地，即如今称之为“长三角”诸地的。他们到上海来做生意，居住在上海，成为“上海人”。他们的文化与上海本地文化有许多不同之处。其他不说，只说言语，如今我们说的“上海闲话”其实是从宁波话与苏州话综合而来的。方言的背后就是文化，所以我们现在称之为“上海话”，其实是近现代上海话，已不是传统的上海话了。传统的上海话却是上海“本地话”，现在上海郊区还可以听到这种话语。

10.3 完形心理学与城市意识

一

研究城市意识，还需说一说完形心理学理论。什么叫完形心理学？完形心理学又叫格式塔心理学（Gestalt Psychology），属西方现代心理学的一个重要流派，1912 年产生于德国，后来传到美国，得到进一步发展。这种心理学的哲学基础与胡塞尔（1859~1938）的现象学（Phenomenology）有关，主张通过心理学研究现象的经验，也就是非心非物的中立经验。同时，格式塔心理学在观察现象的经验时，要保持这种现象的本来面目，不允许将它分析为感觉元素，认为现象的经验是整体或“格式塔”，所以称格式塔心理学。

格式塔心理学有一条基本原则，即组织。这个原则首先是图形与背景。在一个视野内，有些形象比较突出、鲜明，构成了图形；有些形象对图形起了烘托作用，构成了背景，例如我们说“烘云托月”或“万绿丛中一点红”等。在一个知觉野或知觉场中，邻接的单元和大小、形状或颜色相似的单元便连在一起。反之，距离较大，或大小、形状、颜色各不相同的单元，则各自分离，不相隶属，主观上如果硬把它们拉在一起，也难造成稳定的组合。

图 10-2 格式塔心理学示意图

对于格式塔心理学，图 10-2 似乎成了这种心理学的图解。图中黑的部分似是一只高脚酒杯，白的部分则是两个相对的人脸（侧面）。这就是说黑白两者是互补的，白以黑为形，黑也以白为形。有人研究我国的江南园林，如苏州的网师园，其中建筑与建筑外面的空间也同样是这种关系，如图 10-3 所示。著名园林学家冯钟平认为，我国的艺术都讲究虚实处理。如中国画，很重视图中的空白，画面上留出的空白并不填实，是天空，是云海，并不感到空，而更有一种虚灵的意味。中国画家用心之所在，正是在无笔墨处，涂“黑”的同时考虑到“白”。写汉字（书法）、治印，不仅重视“实”，同时也重视笔画间的空白。书法家邓石如（1743~1805）提出：“字画疏可以走马，密不使透风，常计白以当黑，奇趣乃出。”其实这就是格式塔的空间原理。中国的建筑布局和中国的绘画、书法也有一定的联系，当然建筑有其实用功能，需要一定的技术条件，不能像书画那样自由地任人摆布。同时，绘画与戏剧中的“虚”是为了突出“实”，是艺术的省略，精简次要的，从而反衬出主题，使艺术更集中、更有表现力；而建筑空间是确实可以感觉到的。建筑中的空间与形体是互相联系、互相依存的两个方面，都是很重要的艺术表现，不能顾此失彼。中国建筑传统的布局方法也总是把建筑与庭院空间放在一起同时考虑。一幢或若干幢建筑带着一个庭院，室内空间与室外空间相互结合成为生活链环中的一个整体，在建造建筑“实”的部分的同时也应考虑到了建筑所围绕起来的“虚”的空间。在中国一些典型的住宅建筑平面中，如果我们把建筑当作“黑”，把院落当作“白”，它们所构成的平面图案正类似汉字的结构，黑与白是相生的、互补的，有了“黑”才产生“白”，有了“白”才衬出“黑”（引自：冯钟平. 中国园林建筑. 北京：清华大学出版社，1988）。

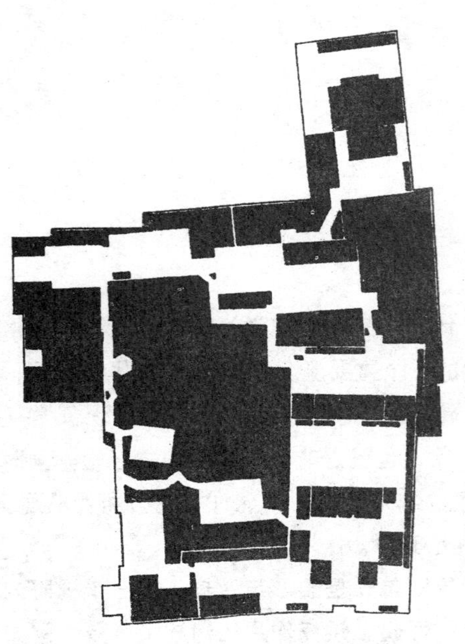

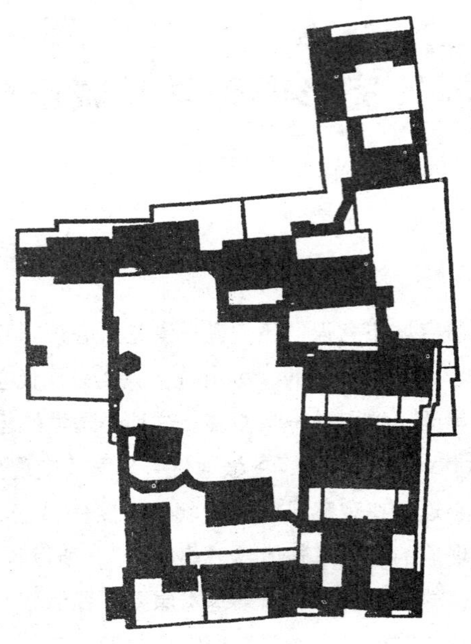

图 10-3 网师园建筑与空间的形与底

二

回到城市形象。在本书第 3 章第 3 节已提到，日本著名建筑师芦原义信在《街道的美学》一书中指出，意大利某城市的空间与建筑的关系也同样如此（图 3-11）。这种城市形象有什么好处呢？我们不能为“格式塔”而格式塔。书法和绘画中的“以白计黑”，其目的很明确，就是追求形式美，使黑白关系达到视觉上的均衡。但城市的这种关系既不是视觉的（看不全，除非坐在飞机上俯视），也不是功能上的要求。我们研究城市的这种格式塔关系，其实正是这一章的主题：城市意识。也就是说，追求这种格式塔的目的，就是追求在城市意识（非单个人的）层次上的完美性。

前面提到，格式塔心理学与胡塞尔的现象学有关。从城市形态“形”和“空间”的关系来说，它的完美性还需回到胡塞尔的理论。胡塞尔认为，我们的生活目标有两种：一种是永久性的，是为了使我们自己及同代人生活得完美，另一种目标则为了造福子孙万代。科学是代表一种绝对的、无时间性的价值的称号（胡塞尔《作为严格科学的哲学》，转引自：赵修义，戚文藻，邓遇芳. 现代西方哲学纲要. 上海：华东师范大学出版社，1986）。

胡塞尔的哲学中还提出“意向”（Intentionality）概念，他认为一切心理活动的共同特征，就在于它总是指向某个对象，意识就是一种指向活动，正是这种活动使意识同对象发生关系，并使意识与对象相适应。他认为，“意向”有四个要素：主体（意向者）、活动、意向的对象、对意向对象的关系（肯定、否定等）。说到这里，我们似乎还不怎么理解它与城市意识的关系。但如果我们回到格式塔理论，把城市的空间和实体（建筑等）与人联系起来，我们就会发现城市那种虚实互补（不是指两者面积相同）的情况与市民在心灵上所接受的那种和谐的原因，但这种感受就其关系来说是隐含着的，或者说是潜在的。

10.4 人本主义心理学与城市意识

一

现代心理学到 20 世纪 60 年代，派生出以美国心理学家 A·H·马斯洛为代表的人本主义心理学（Humanistic Psychology）。这个学派的理论既站在弗洛伊德的精神分析学说的对应面，又反对行为主义心理学。马斯洛认为研究高层次的心理学，不应当以病态的（精神上的）人的心理作为研究对象，而应以人的高级的心理作为研究对象；他还认为人的高级的心理活动的研究，不应当把人视为一种物理的对象、生理的对象或感知的对象，仅仅以此作为人的行为反应出发点，因此，马斯洛的人本主义心理学，又称为心理学的“第三思潮”。

人本主义心理学主张心理学的研究应当关心人的价值与尊严，应当研究对人类进步富有意义的问题，反对贬低人性的生物还原论和机械决定论。20 世纪 60 年代初，在美国还成立了人本主义心理学会，但这是一个松散性的学术性组织。

人本主义心理学，从文化意义上来说首先应当与哲学联系起来。这个学派的思想渊源和哲学基础是传统的人道主义和现代的存在主义（Existentialism）的结合。他们主张个性解放，强调人的意识的选择和自由，宣扬人性论。无疑，这种思潮是一种后结构主义哲学观，涉及文学艺术，也可以与后现代主义联系起来，构成第二次世界大战后的思潮主流。

人本主义心理学认为，凡是有机体都有一种内在的倾向：以有助于维持和增强机体的方式，发展自身的潜能。人与一般有机体的不同在于人的机体除一般生物潜能外，还有人所特有的心理潜能。心理潜能也是人体的遗传构成，也有求得发展的内在倾向。机体潜能说和自我实现论是戈尔德斯坦首先提出的概念。马斯洛把戈尔德斯坦的学说和他自己的动机理论结合起来，提出以自我实现为最高目标的动机层级说。他把人的动机比为金字塔的层级，基础层是生理动机或生理需要，依次向上为安全保障、归属、尊重、认识、审美，直到最高层的自由创造或自我实现。最高层的自我实现动机又称为超越性动机。

二

人本主义心理学与城市和建筑的关系，大体可以分为下列几个层次：

首先是安全的需求。举例说，建筑大门前的雨篷悬挑得过大，给人有不安全之感，说不定什么时候会掉下来，所以出入大门时总是急匆匆通过。

其次是私密性。如果卧室没有做门或者房门没有门锁，卧室里的人就会睡不安宁。一个家庭也有家的私密性，俗话说“家丑不可外扬”。美国芝加哥城郊有一座别墅，范思沃斯住宅，建筑用钢和玻璃制成，由美国著名建筑师密斯·凡·德·罗（1886~1969）设计，1950 年建成，其面积虽仅数百平方米，但因其构思独特而成为世界现代建筑史上的著名作品。

该住宅因屋主人范思沃斯（女医生）而得名。此屋建在临河的一片平坦的草地上，由于河水周期性泛滥，所以用架空地板的方式。此住宅由 8 根高约 6.7m 的纤细的工字钢柱夹持一片地板和一片屋面板，地板与屋面板均很轻且薄。四面以玻璃幕墙围护，室内、室外之间视线通透无阻。从室内可将户外林木花草景观尽收眼底，从室外则可将室内陈设、主人生活起居活动一览无余，室内中间的厨房、浴厕为住宅中唯一的封闭空间。

这座建筑追求纯净的美学形式，却给居住使用上带来了许多不便，加之其昂贵的造价，使密斯与范思沃斯医生之间发生纠纷，医生愤怒之下竟诉诸法院，最终在法庭外获得解决。这就是私密性问题。

第三是交往的需求。人除了有私密性要求外，还有交往的需求。这就是人的二重本能。建筑和城市如何满足人交往的需求？从建筑来说，我们以住宅为例。住宅中卧室以私密性为主，客厅则以交往性为主。再如旅馆、饭店的客房以私密性为主，而接待厅则以交往性为主。随着时代的发展，人们对交往的需求越来越突出，所以在旅馆、饭店中的交往空间也就设计得越来越考究了。20 世纪 60 年代后，一些新建的旅馆、饭店都设置了中庭（Atrium）。美国著名建筑师波特曼对此提出新的理论——共享空间，人看人。美国洛杉矶波拿文彻旅馆（1975）的中庭造得相当豪华。此旅馆入口有意设计得很平淡，气派不大，但一进门后，出乎人们的意料，是一个巨大的室内庭园。顶上有玻璃顶棚，阳光从那里照射进来，里面有树木、花草、雕塑、水池等，四周的层层挑廊上是各种商店。人们在这里休息、进餐、交谊、消遣，人来人往，十分热闹。中庭有大片绿化和水面，使环境更生动，阳光透过花草树木，在地面上投下斑驳的影子，挂在树上的鸟笼，鸟儿不时地鸣叫，这一切又都增添了生活情趣和大自然的气息。为了制造

"运动"的活跃气氛，中庭内布置了几部电梯。电梯是透明的。在中庭里消遣的旅客可以看到电梯从水池底钻出来，冉冉升起，直冲玻璃屋顶。电梯里的乘客则可以鸟瞰中庭里喧杂、热闹的场面，当穿过玻璃屋顶以后，透过透明的轿厢，可以望见远处的城市景色；入夜，可以见到城市灯光和天上的繁星，有些像置身于太空一般。这一切能激起人们的兴奋心情，神奇无比，令人流连，因此旅馆吸引了大量的观光者，生意极其兴隆。

第四是招徕和展示的需求。招徕和展示是指空间某种吸引人的效果。商业建筑、展览馆、陈列馆等，这种需求比较明显。

展览馆要求空间有参观、品评、洽谈、交易等要求，所以其空间形象做得醒目、突出。如布鲁塞尔世界博览会的苏联馆（1958），以巨大的体量、新颖的结构和材料、奇特的造型，达到招徕和展示的作用。此建筑曾轰动一时，如图 10-4 所示。如今上海世博会开幕在即，这届世博会上的许多展馆，形态更丰富，可谓琳琅满目、异彩纷呈。

第五是纪念性。纪念性从形象和空间来说，着重在尊敬和怀念。这种心理需求其实古代就有，如纪念碑、方尖碑等。古罗马的图拉真纪功柱（图 10-5），是为纪念罗马安敦尼王朝的图拉真皇帝（53~117）东征西亚有功而立。此柱圆形，空心，内设螺旋形楼梯，人可到达柱的顶部，柱顶上有一个巨大的图拉真雕像。这个纪功柱总高 35. 27m，柱身高 29m，底径为 3. 7m，全部用大理石砌成，形式采用罗马陶立克柱式。在柱身上螺旋形地盘刻着浮雕，绕柱 23 圈。如果把它展开，全长达 200m。在这上面，记录着图拉真两次向达奇远征的丰功伟绩。

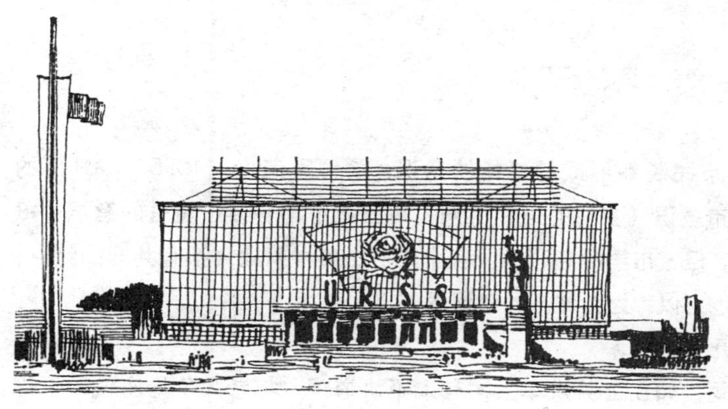

图 10-4　布鲁塞尔世界博览会苏联馆

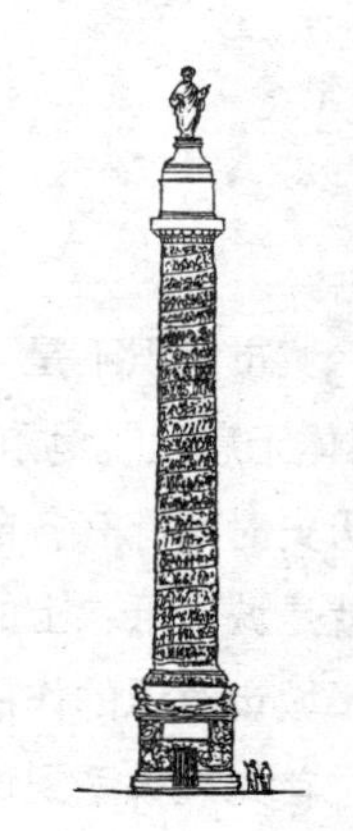

图 10-5　图拉真纪功柱

一般来说，这种纪念性形态多为高直形的，如方尖碑、人民英雄纪念碑、义慈惠石柱等；不过也有做得比较低平的，如日本滕泽市鹄召的聂耳纪念碑，这一形象看起来平易近人，但却又令人沉思，它面对着西边的大海，遥念着自己的祖国——中国。如果我们身临此境，与聂耳心灵与共，极目远望，也许会在我们的心头激起聂耳的歌曲之旋律，垂下顒念之泪……。这就是情态性的纪念性，它的外形与高直的崇高形象不同，如图 10-6 所示。

第六是心理需求的最高层次——陶冶心灵。其对应人本主义心理学中的最高层次——自我实现。就建筑和城市形象来说，就是对形式美的追求，就是建筑艺术，是非功能的和非经济的。这种需求不是招徕和展示需求，也不是纪念性需求，而是审美需求，纯粹给人以美的享受。美的建筑形象和城市形象，就属这一层次。若从形象来说，园林或城市绿地，它们的造型目的更接近于这种需求。

图 10-6 聂耳纪念碑

10.5 城市意识对城市的影响

一

城市意识不是下意识，而是市民长期形成的集体的意识，类似于荣格（1875～1961）的"集体无意识"。城市意识与非城市意识（乡村的等）不同，每座城市都有自己特有的意识，每个历史时期都有各自的意识特征。但城市里的各种人、各个阶层、各种职业，都有共同的特点，这就是城市层次上的意识。我们也可以称之为城市的意识形态。

城市意识的作用，不外有这几方面：

首先是关系到道德准则的问题，如在公共汽车上，有人不讲道理，与老人争抢座位，于是便受到许多乘客的谴责。又如排队购物或上车，有人不守规矩，插队，也会受到众人的谴责。"道理"二字，就是道上的规矩。约定俗成，以人为本，就是城市意识。

其次是关系到城市保护的问题。市民们往往有某种共同的意识和见解，如城市中某座建筑物是否可以拆掉，会有相对一致的公众舆论。这就涉及城市的保护问题。

第三是城市意识以时间为流变，这种流变带有进步意义。城市意识不是一成不变的，而是随着时代的迁移而变更的。变更的本质就是进步，这就叫与时俱进。例如北京这座城市，从古代都城变为近代大城市，又变为现代大城市，这数百年来北京市民意识形态的流变是非常明显的。

二

城市的保护和建设，应当重视城市意识，如上海现代城市建设，为了要解决当代的交通问题，建造高架环线，这种做法深得人心，但也影响到一些重要建筑的保护问题，如延安路高架到了外滩附近要建造下匝道，为此便拆掉了一些重要的建筑（如延安东路近外滩处的方西马大楼等）；过了近10年，这个下匝道却拆除了，外滩改为步行道。其实外滩的改造市民们早有呼吁，这里不要有这么多的车辆，外滩西侧人行道上的行人与外滩沿黄浦江观光路被车流隔开了，人们只好通过地道到江边观景，因此人们（特别是外地的游客）多有怨言。现在的改造是得人心的。回过来想想，城市意识对于城市的保护和建设是多么的重要。

三

城市意识也可以视为城市心理学。这种心理学的特征近乎拓扑心理学（Topological Psychology）。德国心理学家K·勒温根据动力场理论，采用拓扑学图形陈述人及其行为，来研究心理学及其变形。K·勒温认为行为等于人和环境的“函数”，即 $B=f(PE)$，B 是行为，P 是人，E 是环境。行为是随人和环境的变化而变化的。这个环境不是纯客观的环境，其应当视为意识中的环境，或称之为“准环境”（Quasi-environment）。准环境有三种，即准实在的环境、准社会的环境和准概念的环境。K·勒温说：“比如一个儿童，知道他的母亲在家或不在家，他在花园中的游玩行为便可随之而不同，可是我们不能假定这个母亲在家或不在家的事实常存在于儿童的意识之内。”

K·勒温认为，一个人有所需要，便产生了一种心理的紧张系统，念兹在兹，坐立不安，必待达到目的，占有目的物，满足了需要，然后紧张系统才可解除，心理的均衡才可恢复。

其实，城市意识的拓扑性更多地表现在大的，即城市（心理）层次上。城市的发展和变迁，必然会造成城市意识的变迁，但这种变迁又不失城市的原形意识。罗马人的城市意识总还余留着古罗马时代的意识，他们的行为举止仍不失古罗马时代的城市意识，那种大帝国的观念形态。这种意识，一半是无意识的，另一半则是有意识的，如今许多罗马人还以他们是罗马人而自豪。

城市论
The Theory of City

Urban Vitality
城市活力

第 11 章 城市活力

ELEVEN

11.1 活力论与城市活力

一

活力与生命力有区别，活力（Dynamics）也可以说是动力（此词又译为动力学）。活力对于城市来说也可以指城市的活气、活动能力、可发展性等。我们先以中国古代城市洛阳为例来作一分析。古代的洛阳，有“九朝古都”之称。东周、东汉，后来的曹魏、西晋、北魏均建都于此；武则天称帝后，改国号周，迁都洛阳，改称神都；后来到了五代，后梁、后唐亦建都于此，再加上史书记载中的禹都阳城、桀都斟鄩和汤都西亳，所以还不只九朝。从有史记载[①]的周王城洛邑到后唐，洛阳建都时间约有 1706 年，这在世界古代都城历史上是罕见的。为什么有那么多朝代，延续如此长久，将洛阳作为都城呢？这正是我国古代洛阳城的活力所在。

洛阳这座城市的活力，首先在于它的自然条件和地理位置。洛阳位于今河南西部，黄河中游南岸，北有邙山。黄河，南有洛河、伊河，西屏秦岭、潼关，东靠虎牢、黑石。这里群山环抱，地势平坦，土地肥沃，气候温和，河流纵横，涧河、瀍河纵贯市区。这就是它的自然和地理条件。洛阳还有丰富的人文条件，这里的文化自古发达，早在东汉时代，这里的社会文化、科学技术就已相当发达。例如张衡（78~139），他是一位文学家，他的《归田赋》相当有名：“游都邑以永久，无明略以佐时。徒临川以羡鱼，俟河清乎未期。感蔡子之慷慨，从唐生以决疑。谅天道之微昧，追渔父以同嬉。超埃尘以遐逝，与世事乎长辞。……”而且他还是一位科学家，他所发明的地动仪和浑天仪，直到如今仍为世人惊叹。洛阳，历来为骚人墨客所向往。“洛阳亲友如相问，一片冰心在玉壶。”（唐・王昌龄《芙蓉楼送辛渐》）“谁家玉笛暗飞声，散入春风满洛城。”（唐・李白《春夜洛城闻笛》）古代洛阳园林也很有名，北宋李格非所著《洛阳名园记》记述了当时的园林盛况。

① 《史记》等史书说的禹都阳城等，均是后来之记载，因为那时还没有文字。

二

古代城市活力，再以四川成都为例。成都有“天府之国”之称。这座城市的活力，也同样出自它的天时、地利、人和。这座城市已有2400多年的历史了，从它的地理来说，有“田畴偎依，岷沱襟带”之美誉。它北控剑门之险，东扼夔门之雄，西及西南青城之幽，峨眉之秀。得天独厚的气候温和、土地肥沃、雨量充足、河渠交错等有利条件，使它物产丰饶，风光秀丽，人文荟萃，久盛不衰。这就是古代成都这座城市之活力所在，先后有十几个政权建都于此。“晓看红湿处，花重锦官城。”（唐·杜甫《春夜喜雨》）

早在公元前4世纪，蜀王开明氏的后世从郫县迁都至今之成都：“一年成邑，二年成都，因名之曰成都。”（《太平寰宇记》）成都之名沿用至今。公元前316年，秦灭蜀国，设蜀郡。派张仪、司马错、张若筑成都“以象咸阳”，分大城、少城，又谓龟城。周长12里，筑谯门射楼，开十八门。隋代蜀王杨秀，修少城向西南扩展，取土于城中，筑新城，辟摩诃地，周围10里。唐末剑南西川节度使高骈，扩建罗城，周围25里，有街坊一百二十条。后蜀孟知祥于罗城外，又增筑羊马城，成为重城，周围42里。明洪武年间筑砖石城墙，在城中建蜀王宫府，规模宏大，富丽堂皇，俗称皇城。明末毁于兵火。清重修后改为贡院。清康熙初年四川巡抚张德地重修城垣，高10m，周长22里，东西9.3里，南北7.7里。可见成都这座城市因它的“天时、地利、人和”而数千年经久不衰，曾九次建都于此。

三

广州这座城市，古称越秀。有人形容这座城市的发展模式为“以树髓为圆心，半径逐年加大的同心圆年轮，形成一幅极富生命力的树干横断面图”（见《城市发展研究》2002年第5期：“古城商都今越秀”）。那一座座层层相套、周长不断变大的任嚣古城、南越都城、隋唐港城、南汉都城、宋代府城、明清的越秀区，如图11-1所示。

从城市活力来说，广州这座城市至今仍兴旺发达，特别是到了20世纪80年代后，更是老当益壮，在我国当代的城市中名列前茅。

广州在先秦时就已形成城市，到了秦代，实行郡县制，这里就是任嚣县（番禺），后来到了两汉，这里更为发达，为货物集散之地，就是利用珠江三角洲的地理优势而保持其发达。三国、魏晋、南北朝时期，北方和江浙一带战乱，岭南一带相当安定，加上大批汉族人南迁，使广州和附近地区日益繁荣，海上贸易也随造船业的发达而更加发展。“海上丝绸之路”就是从广州等地出发的。隋统一中国后，广州和国内外的联系加强了，贸易有很大发展。唐代的繁荣昌盛，通过广州与海外贸易，使广州和泉州、扬州一起成为当时国内最大的通商口岸和贸易城市。唐代在此设市舶司，专管外贸和对外交往。唐中叶后，“陆上丝绸之路”受阻，“海上丝绸之路”更加发达。宋元时期，由于手工业和商业有较大发展，所以广州这座城市更为繁荣。广州之活力来自水，来自商业和贸易，后来到了明清时期，继续如此。到了近现代，广州更显示出它的活力，这种活力一半来自城市的地理条件，另一半来自人文条件。开放型的观念促使广州这座城市迅速从古代走向近现代。这种人文特征也许更可贵，更具有能动性。

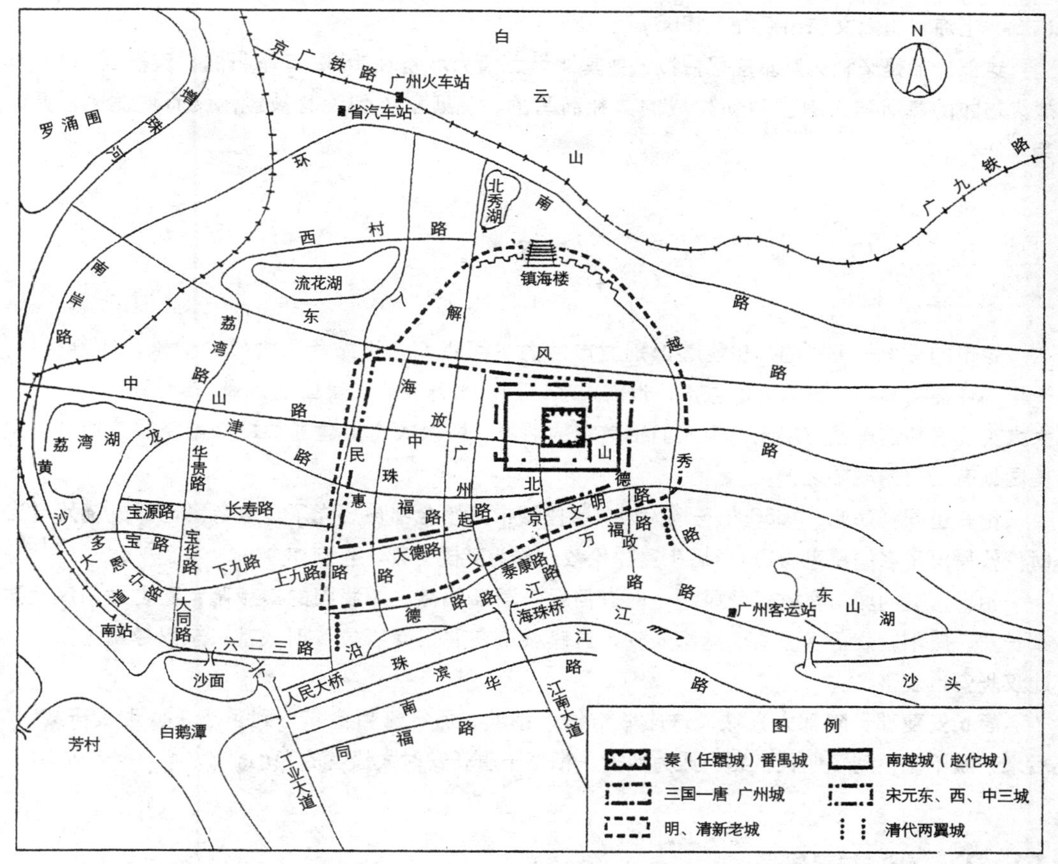

图 11-1　古代广州城的变迁

四

再说莫斯科，它虽不是一座沿海城市，但它也是一座很具活力的城市。这座城市创建于 12 世纪中叶，它的发展得益于最重要的商业要道。大凡城市，位在优越的地理位置上，它的活力就会显示出来，这种活力甚至在城市面临被毁灭的情况之下，也会发轫而迅速崛起。俄罗斯在 19 世纪初受到拿破仑军队的入侵，1812 年 6 月，拿破仑率领由许多欧洲国家的士兵拼凑而成的 60 万军队入侵俄国，企图用一个总会战在短时间内歼灭俄军，占领莫斯科并迫使俄国投降。战争开始时，在敌军数量占优势的兵力压迫之下，俄军不得不逐步撤退；8 月间库图佐夫元帅选定在波罗金诺进行积极防御的大会战，为彻底消灭敌人的力量准备了条件，9 月初，又率军暂时撤离莫斯科；10 月初，俄军开始反攻，被围困在莫斯科的法国侵略军，在遭受猛烈打击之后，立即放弃只占领了一个月的莫斯科，入侵俄国时多达 60 万的侵略军最后只剩几千名官兵逃出俄国国境。俄罗斯音乐家柴科夫斯基（1840~1893）的著名作品《1812 序曲》（交响序曲）就是用这一庄严主题创作的。俄国文豪高尔基在 1896 年的一次音乐会上听到这首作品的演出后，写过一段有趣的感想，他说："这首序曲的深具人民性的音乐，像平稳的波涛那样庄严有力地在大厅回荡，它以一种新的东西攫住你，把你高举于时代之上，它的声音表达出这一庄严的历史时刻，极其成功地描绘了人民奋起保卫祖国的威力及其雄伟气魄。"（转引自：杨民望. 世界名曲欣赏

(二). 上海：上海文艺出版社，1986)

这部作品是柴科夫斯基应尼古拉·鲁宾斯坦之请为准备在1882年举行的，庆祝因1812年战火被毁的莫斯科大教堂重新建成的典礼而写的。莫斯科不但没有被毁，反而更发达，更繁荣了。

五

城市的活力是可贵的，但能够识别城市活力更可贵，这正如我国古代的伯乐，他善相马，千里马还需相马人。有活力的城市，也需人来识别、来开发。如美国芝加哥市，1873年一场特大火灾几乎将这座城市烧光，但人们相信它的活力，所以决定重建芝加哥。如今的芝加哥已是美国最有活力的城市之一。

伦敦也同样如此，1666年一场大火，整座城市几乎全部被烧光了，连老鼠也都被烧死（当时伦敦是出了名的鼠患城市）。后来重建伦敦，作为英国首都，直到如今。

相反，有的城市在古代曾显赫一时，但后来渐渐式微。如我国的秦咸阳，秦亡后，汉代建都长安，咸阳就衰落了。西汉建都长安，这座城市在“王莽篡位”时大乱；东汉建都洛阳，从此汉长安也衰落了。

唐长安建都于隋都大兴城，这座城市作为都城，历经三百余年，到了唐末，也毁于战火，后来一蹶不振，到了明代，缩小成为西安，相当于唐长安时太极宫的大小。

11.2 城市兴衰

一

上一节已说到，有的城市兴衰无常，有的城市由小变大，有的城市由兴到衰。这种兴衰的分析，对于城市的建设和保护是很有裨益的。

今伊拉克首都巴格达，这座城市在历史上类似于走马灯式地改朝换代，城市兴衰不断。这里最初的人类文明初始于苏美尔人在此建聚落，后来发展成为城市。公元前1894年，这里建立起奴隶社会早期的国家——古巴比伦王国。大约在公元前8世纪，这里为亚述人所占，成为亚述帝国的首都。不久，巴比伦人卷土重来，赶走了亚述人，于公元前7世纪末，在此建立了新巴比伦王国，但到公元前539年，这里被波斯人所占。后来希腊人打败波斯人，将这里纳入希腊版图。公元前146年，罗马征服希腊，这里便属罗马帝国的版图。

巴格达这座城市，是伊斯兰教产生后才正式形成的。巴格达，公元762年由阿拔斯王朝哈里发曼苏尔在底格里斯河西岸始建，定为阿拉伯帝国的都城。当时的城市呈圆形，所以称它为“圆城”。相传这是“太阳”的象征，如图11-2所示。此城面积约30.44km^2，有4个城门。宫殿的建造，受波斯的影响较大，宫殿中布局甚为复杂，规模也相当大。当时所建的清真寺院代表着城中建筑最优秀的成就。城内有住宅、商店、旅馆、市场、公共浴室等，还设专门购物的商业街。巴格达城的主轴线与南北子午线成45°，这也是他们早期城市布局的方法。

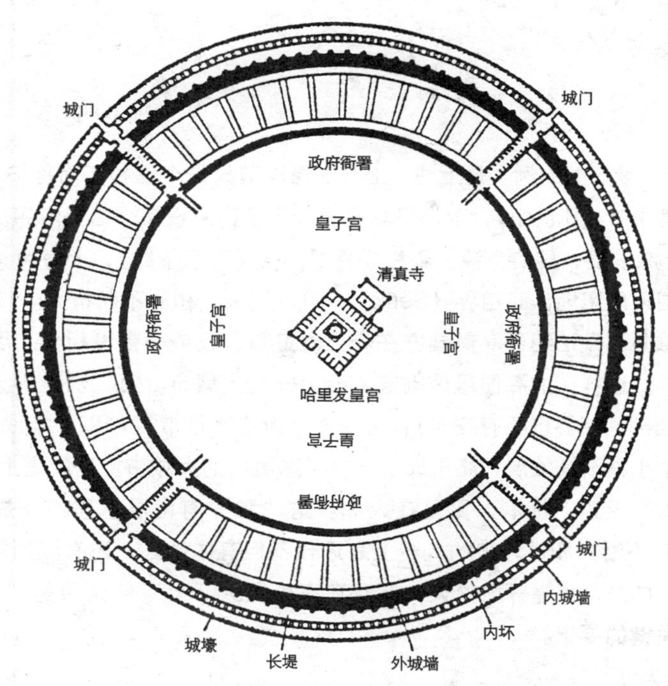

图 11-2　古代的巴格达平面

二

今南京这座城市，也许是我国城市历史上最典型的兴衰城市了。南京之名，明初始定。这里最早为三国东吴的都城。东吴最早是在武昌，后来迁都建业（南京）。相传东吴时有这么一首民谣："宁饮建业水，不食武昌鱼；宁就建业死，不就武昌居。"但其实孙权迁都并不是听人劝说或闻民谣，主要是出于自强争雄的考虑。赤壁之战前，孙权为了防范曹操南下取荆州，因此据武昌，保江东；战后，曹操败逃北去，威胁解除，孙权与蜀汉结成联盟，三个割据势力谁也吞不了谁，处于相对平衡、稳定的状态。孙权从长计议，迁都江东较为有利于立足和发展。再从政治上看，东吴当权者大多出身于吴郡、会稽山的名门望族，他们在江东拥有大量土地和部曲，是其立足的基地。若从军事上看，它在攻与守方面都优于其他地方。

到了东晋（317~420），建业改为建康。后来宋、齐、梁、陈诸朝均建都于建康，所以南京古称"六朝"（东吴、东晋、宋、齐、梁、陈）。唐代以后，这里又是"五代十国"之南唐的都城，改名金陵。明初朱元璋定都于此，改名南京。当时全国一统，这里乃是大国都城，所以进行了大规模的城市建设。相传朱元璋定都南京（元时这里为集庆路），儒生朱升向朱元璋献策：都城建设"九字方针"——"高筑墙，广积粮，缓称王"。此策得到朱元璋的首肯。据《明太祖实录》中记载："初，上召诸老臣问以建都之地。或言关中险固金城天府之国；或言洛阳天地之中，四方朝贡道路适均，汴梁亦宋之旧京；又或言北平元之宫室完备，就之可省民力者。上曰：所言皆善，惟时有不同耳。长安、洛阳、汴京，实周、秦、魏、唐、宋所建国，但平定之初，民未苏息；若建都于彼，供给力役悉资江南，重劳其民；若就北平，要之宫室，不能无更作，亦未易化。今建业长江大堑，龙盘虎踞，江南形胜之地，真足以立国。"这也就是南京作为都城的分析比较。

三

城市之“兴”，最典型的例子是上海。上海在唐以前只是个渔村，简称沪。“沪”是捕鱼的一种工具，到了唐中叶（8 世纪），上海属华亭县。到了南宋设镇，名上海镇。到元代至元二十九年（1292），上海设县，县治为镇。鸦片战争后，据《南京条约》，上海为“五口通商”城市之一，在此设外国人居留地，即租界（Settlement）。后来，租界不断扩大。1849 年后，法国又在今金陵东路外滩向西设法租界。美国亦在今上海虹口、杨浦一带设租界。后来美国与英国合起来建立公共租界。这样，上海便迅速崛起，成为一座大城市。第二次世界大战结束后，租界消失（其实在沦陷期间租界已不存在了），上海被定为“直辖市”（1927 年被定为“特别市”）。因此，上海从一个小镇渐渐发展，终于成了一座全球著名的大城市。这就是上海的活力之所致。上海的优势，不仅在天时、地利，更是在人和。这“和”有两层意思：一是城市的人的作用（能动的）；二是它不断掺和进外来的人。上海近代不但有本地人，还有江浙等地的人，以及山东、安徽、湖南、广东、福建等地的人，而且还有外国人。上海被认为是“五方杂处”之地，这是城市活力最关键的要素。

四

城市之“衰”，说两座古城：古希腊的雅典和古罗马的罗马城。尽管这两座城市至今仍属著名的世界历史文化名城，但在古代，它们都曾一度式微，甚至成为一堆废墟。

先说古希腊的雅典。这座城在公元前 5 世纪到达全盛时期。雅典作为城邦之主，使这座城市的地位十分显赫。特别是作为圣地的雅典卫城，好多建筑至今尚存（原物），从它们可以看出当时雅典之气派。但后来北方马其顿人取代了雅典人，希腊进入了普化时期，亦称亚历山大时代。这时希腊的政治、经济和文化重心都移到亚历山大。这是一座港口城市，其规模大大超过雅典。亚历山大在政治、经济和文化上超过了古希腊任何城邦。

再说古罗马的罗马城。这座城市的全盛时期是在公元 1~2 世纪。后来由于罗马分裂为东、西两半，随之而来的是许多民族国家又纷纷独立，并用军事的手段使整个国家四分五裂（这时东罗马却仍是一个坚实强大的东方大帝国）。公元 5 世纪上半叶，西罗马帝国实际上几乎都被这些小国家所控制，罗马帝国已徒有虚名。410 年，西哥特人攻陷罗马城，奴隶、隶农们起来响应，罗马城被毁。西罗马统治者逃到小城拉文纳。与此同时，高卢全境烽火连天。巴高达运动① 高涨，奴隶、隶农、贫农都参加了战斗。进入高卢的勃艮第人、法兰克人和西哥特人利用这一形势，加速摧毁罗马在高卢的统治。437 年和 451 年，巴高达运动两度受到罗马统治者的镇压。但日耳曼各族的力量却已无法压服，他们已经站稳了脚，各自建立王国。5 世纪中叶，匈奴人又来进攻，罗马帝国在高卢的统治完全被瓦解了。这时所留下的罗马废墟至今犹存。

巴高达运动在这时扩展到西班牙。日耳曼的斯维夫族、阿伦族和汪达尔族等也蜂拥闯入。

---

① 罗马帝国时期的奴隶、隶农和贫民的革命运动。3 世纪下半叶发生于高卢，后来扩展到西班牙。参战者称 Bagaudae（战士）。此运动后遭罗马统治者镇压。5 世纪再度兴起，加速了罗马帝国的灭亡。

罗马在西班牙的统治和在高卢一样，在内外夹攻下崩溃了。当西哥特人侵入西班牙时，先来的汪达尔族和阿伦族就转到北非。5世纪初，北非阿哥尼斯特运动又燃烧起来。它表面上是基督教异端运动，实际上是劳苦群众争取自由的斗争。起义者要求恢复早期朴素的基督教，要求社会平等和财产公有。努米底亚是大规模起义的中心，阿非利加省的其他地区也都卷入了起义。418~420年间，运动受到残酷镇压，但其根株不绝。当汪达尔人进入北非时，反抗罗马统治的人民就和他们相结合。430年，起义者打死了代表罗马正宗基督教的主教奥格斯丁，罗马在北非的统治随之结束。汪达尔人在北非建立起独立的国家。

罗马这座城市直到9世纪才渐渐恢复它的元气，成为意大利首都，后来到了文艺复兴时期，又成了一座具有一定活力的城市。

11.3 现代城市的活力

一

洛杉矶这座城市，如今是美国仅次于纽约和芝加哥的第三大城。这里一年四季风光明媚，气候宜人。洛杉矶是西班牙语译音，意为“天使之城”。这里原为印第安人住地，1781年西班牙殖民者到此时，这里还只是一个仅有300人的牧牛区。1821年归属墨西哥，后来美墨战争，使其被割让给美国。1848年大批移民来到这里，于1850年建立加利福尼亚州，成为美国的第31个州。20世纪初铁路通车，由于石油的发现和好莱坞影业的发展，使洛杉矶迅速发展。这里市区较大，但布局很散。其实它是若干中等城镇联合起来的，相互之间用高速公路连起来，城市街道纵横交错、密如蛛网，路面宽阔，道路交通面积占全市面积的30%。大量的移民使洛杉矶成为一座拥有各色人种的国际化城市，有美国黑人和白人，也有墨西哥人、犹太人、欧洲的葡萄牙人、意大利人，亚洲的中国人、日本人等。中国人多居住在中国城，有一新一老两条“唐人街”。新唐人街建于20世纪中叶，位于北百老汇区的闹市和高山区之间。日本城则坐落在市中心区。附近的迪斯尼乐园是一个把科学技术和丰富想像紧密结合的娱乐场所。西北郊的好莱坞也是著名的游览胜地，有“世界影都”之称。洛杉矶如今是一座以工商业为主的城市，也是一座设备先进的深水港城市。

洛杉矶的城市活力，看起来似乎源自它的地理条件（地理位置、资源、交通、港口等），但实际上它的活力更在于人文，这一点作为研究城市来说需重视。洛杉矶的人文活力，首先在于它的移民性。如上所说，19世纪中叶，有大批移民来此“淘金”，各种各样的人都有：欧洲好多国家的人，亚洲的中国人、日本人等。移民的特征就是不依赖“基业”，要依靠自己的拼搏才能生存，生根发芽，开花结果。人富即城市富，城市富反过来又使人富。

另外，这个城市除了自然地理条件外，还人为地建立了一些城市内容，也是它活力的重要因素。如“好莱坞”，这不仅是个影城，同时也是个“金窝”，世界各地的人心甘情愿地到这里来，投入大量的资财。这就是城市活力之所在。“世界影都”不能只是文化艺术，它必然与经济联系在一起。当然，这里的“迪斯尼乐园”也是如此。

二

大阪是日本的第二大城市，但论活力，可以说是日本城市之首。大阪是日本的重要工商业城市和水陆交通中心，位于本州西南，面临大阪湾。城内多河流，水域面积占大阪面积的1/10以上，有“水都”之称。河上多桥，有“大阪桥梁八百八”之称。古代大阪叫浪速，又叫难波，19世纪后始称大阪。历史上有几代日本天皇在此建都。由于濒临濑户内海，自古以来为古都奈良和京都的门户，是日本商业和贸易发展最早的地区。大阪还有“天下厨房”的美誉。如今，大阪的车站广场前的梅田一带，南区的巴顿层以及以通天阁为中心的新世界，是大阪的三大闹市中心。北滨、今桥一带是金融中心。大阪还有5处地下街，有的地下街还分上、中、下三层。

按照上文的理论，大阪的人文条件当然也十分丰富，如今旅游业发达，这又是活力优势之所在。

大阪的优势还在1970年大阪世博会中表现出来。这是一个举办得非常成功的世博会。它吸引了世界各地的经济和文化实业来到这里，不只是展览，更是经商、贸易。这次世博会投资1500亿日元，不仅很快收回成本，而且还赚了许多钱。博览会位于大阪市郊千里山，中心区域宽150m，长达1km，博览会的主题是人类的进步与协调。展览分为地下、地上、空中三个层次，分别展示人类的过去、今天和未来。整个会场共有展馆数十座。

大阪博览会由日本著名建筑师丹下健三负责总体规划，博览会建筑以技术表现主义思潮居主导，许多展馆和设施均借鉴了英国阿基格拉姆的新未来主义幻想。日本新陈代谢派的成员也在这次博览会上大显身手。

世博会中心设施是由丹下健三与神谷宏治、上田笃共同设计的带屋顶的节日广场。巨大的空间网架构成的屋顶覆盖着主题空间，它是作为未来“空中城市”基本结构的模型，同时又可用于悬吊各种表演所需的装置。大屋顶下面的节日广场，面积约1500m^2，空间净高约30m，容纳观众人数最多时，包括地面及周围坐席，可达3万人，观众可通过带空调的交通管来到节日广场。广场可举行单项活动，也可同时进行多项活动。广场中设有活动观众席、活动舞台以及被称为“机器人”的起重塔似的装置，里面藏有扩音器、照明灯光等舞台设施。

大阪世博会结束后，这里辟为纪念公园，博览会的标志物“太阳之塔”及节日广场大屋顶的支架与一些网架均保留下来作为纪念物，这种做法值得重视。

三

德国著名大城市法兰克福虽说是一座古代著名的城市（公元876年为东法兰克王国首都），但这座城市在第二次世界大战时遭到严重破坏，战后重建，成为一座国际性的现代化大城市，它也是一座最富活力的现代城市。我们来看一看重建后的法兰克福的情形：从市区中心豪普特瓦契向东不远，有著名的蔡尔购物区，多层玻璃水泥高楼穿插市区中间。

法兰克福市中心是德国重要的商业与经济中心，这里有联邦国家银行、股票交易所以及其他许多银行，可以说是德国主要的金融中心之一。

这个城市的另一个特点是经常举办各种展览会，包括皮毛展、国际书展、国际汽车展、国际纺织品展等。展览会不仅在表面上显现出城市的繁荣，而且在这繁荣的背后，也增添着城市的实力，它像聚宝盆一样使城市累积资金，不断充实其实力，活力即在其中。

四

悉尼是澳大利亚第一大城市和港口。这座城市建于1788年，为英国在澳洲建立的最早流放囚犯之地，现为全国重要的经济、文化和金融贸易中心，著名的羊毛出口港有“南半球的纽约”之称。这里的杰克逊港水深港宽，是个天然良港。横跨港口的单拱海港大桥将市区南北两部分连成一体。大桥下的罗克斯岬是早期移民登陆之地，有古教堂等建筑。这里的现代著名建筑悉尼歌剧院（图11–3），形态十分动人，有人形容它“像散落在海滨的奇异珍贝，又像扬帆启航的俊美舳舻”，甚至将它作为悉尼市的标志。这座建筑在现代建筑史中占有重要地位。

图11–3　悉尼歌剧院

悉尼是一座很有活力的城市，除了它经济、工商业等的发达外，这座歌剧院建筑的作用也不能低估，这就是它所带动的旅游事业。人们到悉尼来旅游，不来看看这座美丽的建筑乃是一大遗憾。

五

迪拜是阿拉伯联合酋长国的一座大城市，也是重要的港口城市。这里有长达10km的胡尔海湾，穿过市中心，将市区一分为二，两半都有天桥联系，上可通汽车，下面还有水底通道。海湾两岸有渡船，以运送乘客和货物。

几个世纪以来，阿拉伯商人乘单桅帆船，利用季候风往来于红海、波斯湾，甚至远达非洲好望角和中国。市内有石油纪念碑，建于20世纪60年代。1972年建成现代化深水码头，输出石油、椰枣、珍珠和鱼类等。

号称阿拉伯半岛大拇指的阿拉伯联合酋长国，被认为是目前阿拉伯世界中最富饶的地方之一。这里的富，主要源于它的地理位置，它位于波斯湾的咽喉部位，而这里是当今世界上的主要石油输出国之所在，所以运输事业可谓得天独厚。所以迪拜这座城市的活力所在，就是石油。如果没有了油，迪拜和这里的其他城市也就衰落了。如今，迪拜为之骄傲的还有世界上最高的建筑，高达160层的“伯吉迪拜”，高度达701m。这座建筑不能视其为孤立的建筑，而是与整座城市有密切的关系，是迪拜的亮点，也是迪拜的活力所在之一。这也正如我国古代的佛塔，由于它高高耸立，不仅使这座城市有了标志物，更由于这座塔的形象，使这座城市活力大增。

六

上海这座城市，在南宋以前只是一个渔村。南宋咸淳三年（1267）设上海镇，隶属当时的华亭县。此后由于贸易的进一步发展，手工业特别是棉纺织业的兴起，使上海初步显示出其经济潜力。元代至元二十九年（1292）便升级为县，隶属当时的松江府。明代，上海县和松江府成为全国最大的棉纺织手工业中心，有“衣被天下”之美誉。明嘉靖三十二年（1553），为了抵御倭寇骚扰，上海县始筑城墙。清代海禁取消后，上海的经济地理优势得到更大的发挥，城市建设也日益活跃，文教事业空前兴盛，上海县成为江南最繁荣富庶的县份之一，被誉为“江南通津”、“东南都会”。

上海作为现代大都市，还需从1840年的鸦片战争说起。1842年，当时的英国政府强迫清政府签订不平等条约《南京条约》，其中规定开放广州、福州、厦门、宁波、上海为通商口岸，即“五口通商”。从这时起，上海便成了一座开放的城市。1843年10月，中英又订立《五口通商附粘善后条款》（即《虎门条约》）。其中第七款规定：在五个通商口岸中，“中华地方官必须与英国管事官就各地方民情，议定于何地方，用何房屋或基地，系准英人租赁；其租价必照五港口之现在所值高低为准，务求平允。华民不许勒索，英商不许强租。英国管事官每年以英人或建屋若干间，或租屋若干所，通报地方官，转报立案。……”（转引自：伍江. 上海百年建筑史（1840~1949）. 上海：同济大学出版社，1997）1843年11月，英国首任驻上海领事巴富尔发出通告，宣布上海于11月17日正式开埠。1844年7月，中美签订《中美五口贸易章程》（即《望厦条约》），1844年10月，中法签订《中法五口贸易条约》（即《黄埔条约》）。美、法等国步英国的后尘，获得了与英国相似的在华特权。在这些“法律”的保证下，各国冒险家纷纷来到上海居住、经商等。1845年11月，上海道台宫慕久与英国领事巴富尔“依约商妥”，并将已陆续实行的有关租地方法汇总成《上海土地章程》公布出来，正式确定了第一块租界地计830亩。

上海开埠后，设定租界，这之后曾发生过许多丧权辱国的事；但上海的开埠，也给上海这座城市走出古代，走向现代带来机遇，上海后来便成为全国第一大都市。近代的上海，可谓洋洋大观，这种城市面貌在19世纪末就已形成了。清末李伯元在《海天鸿雪纪》中这样描述：“上海一埠，自从通商以来，世界繁华，日新月盛。北自杨树浦，南至十六铺，沿着黄浦江，岸上的煤气灯、电灯，夜间望去，竟是一条火龙一般……”可见当时上海的城市规模已相当可观了。

上海近代，“十里洋场”，做生意，学本领，又有各种娱乐，令人眼花缭乱。这块地方，可以说是中国从古代走向近代的“钥匙”。上海的“花花世界”固然使人纸醉金迷、荣华享乐、浑浑噩噩，乃至使人堕落；但上海毕竟是新兴的城市，它有活力，有革新、进取，它敢于冒险，有竞争意识，从而使人奋发，跟上时代，走向进步。对于近代上海城市文化，应当作两方面的辩证认识，这才有利于上海的今天和明天。

如今的上海，随着改革开放的进程，正在一步步地成为国际上名列前茅的大城市。从城市活力来说，既要看到这个城市的活力所在，又要着手处理好各种不利因素和干扰。用现在流行的说法，就是可持续发展。

城市论
The Theory of City

The Theory of Chinese Ancient City
中国古代城市论

第 12 章 中国古代城市论

TWELVE

12.1 中国古代城市的基本特征

一

城市一词是近代才开始使用的。中国古代城市又称“国”，如《周礼·冬官考工记》中有“匠人营国”。“国”的总和是“天下”。“世界”一词是自佛教传入我国后才用的，所谓“三千大千世界”。

我国古代城市何时开始建造城墙，尚无确切的说法。据史料记载，我国在夏代就筑城，“筑城以卫君，造廓以守民。”（转引自：董鉴泓. 中国城市建设史. 北京：中国建筑工业出版社，1989），《礼记·礼运篇》中说：“今大道既隐，天下为家，各亲其亲，各子其子，货力为己，大人世及以为礼，……城廓沟池以为固，……以立田里……是为小康。”

我国有漫长的古代，人说有五千年的历史，若从文明时代起至晚清，也已有三千余年了（文明时代是从有文字的商代开始的）。在这数千年的古代，其最大的特点，可以归纳为两句话：改朝换代，结构不变。就城市来说，其基本特征有三：

（1）城市与地理特征保持一致，或者说遵循自然。人与自然结合，或曰“天人合一”。平原地带的城市，往往是方方正正的；地形复杂的城市，曲折多变。如汉长安，其城不是方形的。如韩故城（今河南新郑附近），就是一座不对称不方正的城市，如图 12-1 所示。这个形态形成的主要原因是自然河道。另外也有人为的因素，即城市的扩建，在扩建过程中按照城市的需要而形成这种形态。再如西汉长安城，此城西北和东南都比较曲折。城的西北有浥河，城墙沿河而曲折，城东南地势高低不平而有变化。但西汉长安之形还有人文的道理，说是这个形状如天上的星座：北斗和南斗，是吉利的、长命的。据《三辅黄图》中说：“城南为南斗形，北为北斗形，至今人呼汉京城为斗城是也。”又如南京，在明代初年建都城，所谓“龙盘虎踞”，但由于它依山傍水，所以城市形态很不规则。

（2）与社会形态结合。中国古代社会的整体性很强，西汉著名儒学家董仲舒（前 179~前 104）在《春秋繁露》中说：“天不变，道亦不变。”社会形态的不变其实就是“天不变”；“天不变”则城市形态也不变。尽管汉长安与唐长安已是不同的地方，但城市内部结构仍不变。后来东汉的洛阳，曹魏的邺城，北宋的汴梁，南宋的杭州及苏州，乃至明清北京，我们可以举出许许多多中国古代城市，无论是在北方还是在南方，无论地形如何复杂，其城市的内部结构都大同小异。古时候有句成语：以不变应万变。为什么能如此？原来是其社会形制（即天）不变，所以改朝换代，结构不变。

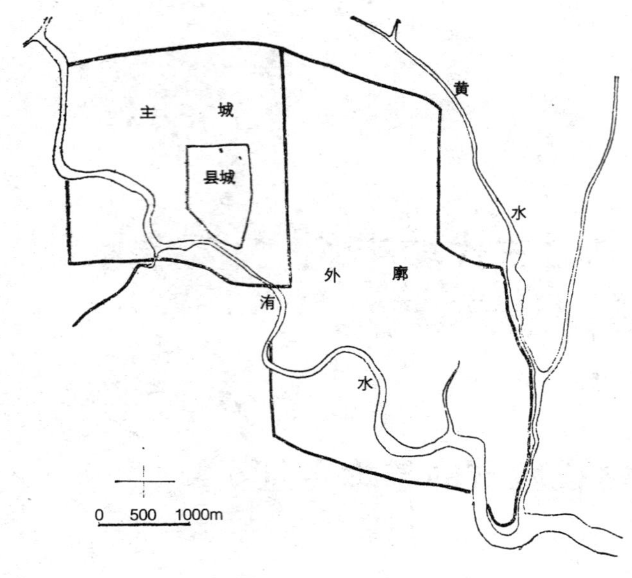

图 12－1　韩故城

（3）城市形制有一套固定不变的原则，那就是《周礼·冬官考工记》中的“营国制度”。西汉长安、东汉洛阳、唐长安、宋汴梁及临安、元大都、明清北京，都是按照这个“营国制度”建设城市的。这就是中国文化的特征——崇古。孔子在《论语》里说了好多有关这个文化特征的话：“述而不作，信而好古。”“周监于二代，郁郁乎文哉！吾从周。”“古之学者为己，今之学者为人。”（此语出自《论语·宪文篇》，意思是说，古代学者的学习目的，在修养自己的学问道德，现代学者的目的却在装饰自己，给人家看）

二

我国古代的城市，鉴于上面说的三个特征，表现在城市形态上则明显地遵循了这种特征。清代的北京，几乎原封不动地用明都北京。清虽为满族人统治，但他们努力汉化，所以完全可以沿用明代所建的都城，接受《考工记》的营国之制。唐长安也同样，完全用隋都大兴，只是将城市的名字改为长安，一方面沿袭汉都，另一方面也讨个口彩，即“长治久安”。

我国古代的城市，不但在那些原则形态上表现出这种特征，它们的许多细部也同样如此。例如建筑，从宫殿到民居，从寺院到道观，几乎都是院落式的。我们说某个建筑规模大，其实不是房子大，而是房子的间数多，院子多。北京故宫，据记载有房九千九百九十九间半。[①] 浙江东阳卢宅，虽不是皇宫，但其规模之大，可谓世上住宅之首，其宅多达数千间，但它的每间大小，每个院子，也只是普通大小。四川人有个习惯，说某家宅大，往往用天井的数量来表达。某家有十七个天井，那是大宅了。

我国的文化其实是以儒文化为主，辅以释道。儒文化的一个最大特点就是现实主义，不信

① 相传天上宫殿有房一万间，世间皇帝不敢与其同数，故少半间。半间即指故宫文渊阁楼下西首一小间。据史料记载，北京故宫在清朝时有房九千余间，后来由于火烧、坍塌、拆除等，在 1955 年统计时还剩八千六百余间。

鬼神。孔子在《论语·阳货篇》中说："天何言哉？四时行焉，百物生焉，……"天不是神，而是客观规律。因此古代不是以神来构城，而是以人来构城（或者说"天人合一"）。当然，人是有等级之分的，这在"营国制度"中也完全表达了出来。而其中的"左祖右社"，"祖"是一种尊重、一种纪念性；"社"其实质是对自然规律的遵从。

12.2 先秦时期的城市

一

如上所说，中国古代都城的基本结构符合《周礼·冬官考工记》中的营国制度。但这种城市结构自周代开始，后来被春秋战国时代各国延续了下来。"战国七雄"，它们的都城在结构上大体相近。

春秋战国时期的城市，可以看作是基本特征的形成期。一是由于当时属分裂的局面，各个诸侯国的建城之主导思想是巩固自己，进攻别国，争取成为天下霸主；二是"营国制度"处于形成时期。《周礼·冬官考工记》虽为周制，但此书成于战国，而且后来失掉了，相传是西汉的刘歆补上去的。

二

韩（公元前403~前230）都城荥阳，位于今郑州市西。城市内部情况今已不详。

赵（公元前403~前222）都城邯郸，位于今河北省邯郸市西南。邯郸在当时分王城与廓城两大部分。王城即宫城，由东城、西城、北城三部分组成，平面如"品"字，城内总面积约5hm^2。

燕（公元前11世纪~前222）是一个很古老的诸侯国。燕之都城分上、下两处。考古学家发掘并研究的是燕下都，位于今河北易县城东南，都城平面如图12-2所示。此城东西约8.3km（包括后来扩建的西部），南北约4km。东部主要是宫室、官署、作坊等，西部为居民区。

魏（公元前403~前225）建都安邑，即今山西夏县城西北。魏文侯任用李悝进行改革，成为强国，击败楚国，夺得大梁（今开封），魏惠王迁都大梁。

齐（公元前11世纪~前221）建都临淄，此城最早约建于公元前11世纪，开国之君叫吕尚，建都营丘（后改名临淄，位于今山东省淄博市之东北）。春秋初，齐桓公任用管仲进行改革，国力渐强，后来在齐灵公时代，国疆扩至今山东东部及河北南部。此城的城墙如今还有残址。故城有大小两座城。大城南北约4.5km，东西约4km。小城嵌在大城的西南隅，城总面积约15km^2（图12-3），是春秋战国时期都城中最宏大的一座城市。城中有桓公台，高14m，台基近乎椭圆，南北长86m，位于小城西北。

楚（公元前10世纪~前223）为战国时期的南方大国，最初建都于郢（今湖北纪王），战国时迁都于陈（今河南淮阳），后来又迁都寿春（今安徽寿县）。

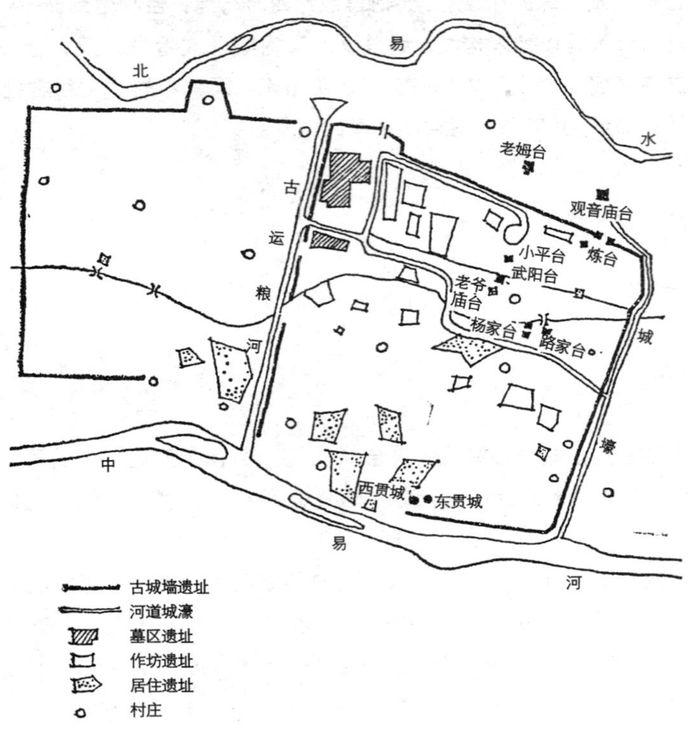

图 12-2 燕下都

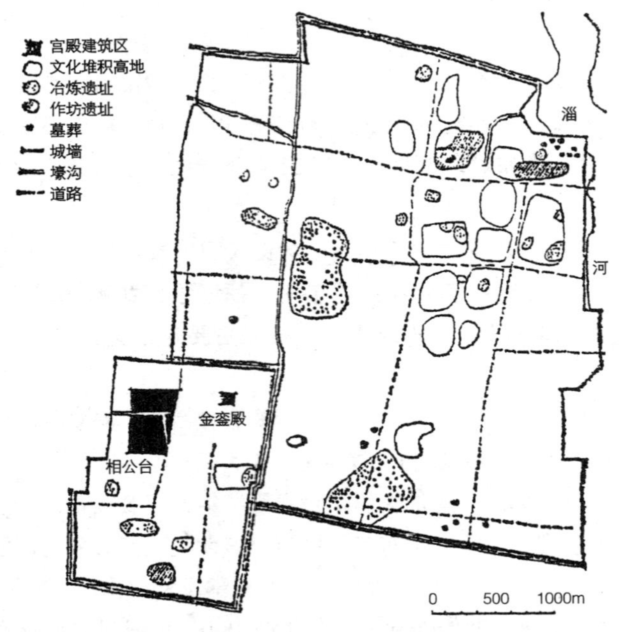

图 12-3 齐临淄故城

秦咸阳，据考古学家研究和实地探查，其位置在今咸阳市东北 30 里的窑店镇一带，东西大约在今长陵车站和尚家村车站之间，南北在咸阳原上的高干渠与西安市草滩农场之间。都城东西约 12 里，南北约 14 里。可见，秦咸阳的规模甚大。

12.3 秦、汉至魏晋南北朝的城市

一

上一节中我们已说到秦咸阳，这座城市，从选址定都到建设布局，它的主要思想有这么几点值得注意：

首先，秦始皇统一中国，结束了东周以来五百余年的分裂、战乱局面，之所以选址于此地，实出于成为一个统一大国的都城之考虑。大国都城，需有足够的气度，我们如今虽已无法了解到这座城市的形态，但从文献资料的记载中可知："……秦每破诸侯，写放其宫室，作之咸阳北坂上，南临渭，自雍门以东至泾渭，殿屋复道周阁相属……。"（《史记·秦始皇本纪》）这里不但有规模巨大、形态考究的宫殿，而且还考虑到了经济的发展和市民生活的需要。当时已有"市"、"肆"之名，在咸阳城北，还有铸铁、冶铜的作坊和陶窖等，这说明当时有为宫廷服务的官府手工业作坊，这种布置方法在春秋战国时期较多见。

其次，咸阳作为大国的都城，要考虑它的管理。管理有两层意思：一是城市内部的管理，这种管理表现在城内的分区明确，联系方便，街道有秩序等；二是城市的对外联系，泱泱大国，如何控制全国，中央指令又如何尽快下达到全国各地，货物流通也需便捷。咸阳一地，当时水路、陆路都比较方便。水路，主要是利用渭河，当时还修筑渠道、大路，可以通船只、马车等。

可惜由于政局不稳，秦统一全国只有短短的十余年，就灭亡了。

二

西汉长安和东汉洛阳，前面已有所论述，这里还要说一下汉长安与秦咸阳在城市性质上的比较。这种比较主要是在经济形态上。据《汉书·货殖列传》中说，汉武帝时，长安城内商业、手工业已十分发达，城内有酿酒、粮食、皮革、竹木、油漆、铜器、布帛、绸缎、皮毛、毡席、制鞋、典当等数十种。

我国古代之重礼仪，在城市建设中也表现出来，汉长安南郊有礼制建筑群，考古发掘证实了这种制度。图 12-4 为汉长安南郊礼制建筑复原图。据刘敦桢在《中国古代建筑史》中说："……城的南郊还有十几个规模巨大的礼制建筑遗址。每个遗址的平面沿着纵横两条轴线，用完全对称的布局方法，外面是方形的围墙，每面的正中设门，四角配以曲尺形的建筑。围墙以内，在庭院中央有高起的方形夯土台，今有的台还有一些柱础，可以推断原来台上建有形制严整、体型雄伟的木构建筑，其中位于东端的遗址，外凿圆形水渠，可能是西汉末年按照统治阶级的礼制要求而建造的明堂、辟雍。"（引自：刘敦桢. 中国古代建筑史. 北京：中国建筑工业出版社，1981）

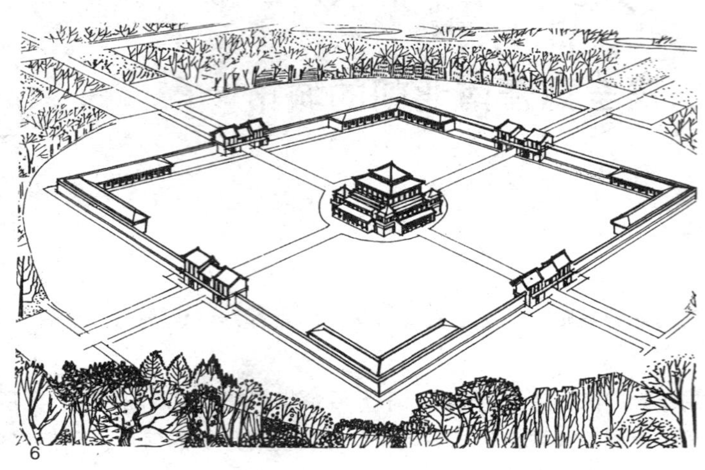

图 12－4　汉长安南郊礼制建筑群复原图

三

洛阳这座古城在前面已有论述，这里着重说说洛阳的城市文化。城市反映朝代，也影响朝代。东汉时代，洛阳有两个重要特点：一是科学技术大有进步。东汉科学家、文学家张衡（78~139）研制的地动仪能测出地震发生的方向；他创制的浑天仪能测出太阳和月亮的角直径，均是半度。黄道圈和赤道圈交角为24°，正确解释了月食的原理。不但如此，他在文学上的成就也很大，他的《两京赋》在文学史上有很高的地位。他给城市增添了多方面的成就。二是佛教传入中国。宗教作为文化，在历史上应当有其积极意义。至少，由宗教所带来的文化艺术，大大丰富了社会文化。佛教自印度传入我国，首先要说的是佛教初入中国时与洛阳这座城市的关系。那就是我国历史上最早的寺院白马寺。《魏书·释老志》及《洛阳伽蓝记》中记载，东汉明帝刘庄夜梦金人，身高6丈，顶有白光，飞绕殿庭，昼问群臣。大臣傅毅说："西方有神，其名曰佛，形如陛下所梦。"明帝就派郎中蔡愔、中郎将秦景等十多人，前往印度寻求佛法。蔡愔、秦景行至大月氏国（今阿富汗境内），遇到了高僧摄摩腾和竺法兰，遂邀请他们以白马驮载着佛经和释迦像到中国传教。永平十年（67）回到洛阳，汉明帝亲自接见了二位高僧，让他们住在雍门外鸿胪寺（负责外交事务的官署）内翻译佛经。他们先后译出了《四十二章经》、《十地断结经》、《佛本生经》等。所译经典珍藏在当时国家图书文献馆"兰台石室"。二高僧还画佛像，将其悬在寺内清凉台上供奉。从此，佛教就开始在中国传播了。这就是历史上所谓的"永平求法"。其后，汉明帝敕令于洛阳城西雍门外三里御道北，修建了第一座僧院，即白马寺。

由于佛教的传入，其在我国的文化艺术上大放光彩，绘画、雕塑、音乐、文学等，内容十分丰富。如音乐，佛经诵念时的那种音韵，美妙动人，难以言表。慧皎在《高僧传》中说："自大教东流，乃译文者众，而传声者盖寡。良由梵音重复，汉语单奇。若用梵音以咏汉语，则声繁而偈迫；若用汉曲以咏梵文，则韵短而辞长。"这说明单音的汉语，不容易传达梵音的美妙。他又说："若能精达经旨，洞晓音律，三位七声，次而无乱；五言四句，契而莫爽。……动韵则揄靡弗穷，张喉则变态无尽，故能炳发八音，光扬七善……故听声可以娱耳，听语可以开襟，若然可谓梵音深妙，令人乐闻者也。"可知当日洞晓音律的人，诵经的声调之美，真有绕梁不绝之状。

四

魏晋南北朝，佛教继续发展，它对城市的影响，最大者莫过于建筑。佛教建筑分三大部分：寺院、塔幢、石窟。对城市关系最大的莫过于塔幢。佛塔不但形象高大，直接影响到城市的轮廓和轴线，更加重要的是这种佛塔形式对城市文化的影响。

洛阳的永宁寺塔今虽早已无存，但它对我国佛塔的影响不小。永宁塔是我国历史上最高大的佛塔。杨衒之在《洛阳伽蓝记》中说："永宁寺，熙平元年（516）灵太后胡氏所立。中有九层浮屠一所，架木为之，高九十丈（但《魏书·释老志》中说四十余丈）；刹，复高十丈；合去地一千尺。去京师百里已遥见之。刹上有金宝瓶，容二十五石。宝瓶下有承露金盘三十重，周匝皆垂金铎。浮屠有九级，角角皆悬金铎，上下有一百二十铎。浮屠有四面，面有三户六窗。户皆金漆。扉上有五行金铃，合有四千四百枚。僧房楼观一千余间。雕梁粉壁，青琐绮疏，难得而言……"此塔建成后二十年，被大火所毁。当时百姓眼巴巴看着这座高大的宝塔被烧毁，无不为之悲恸。后来传说失火那天在东海上看见木塔正随着一股烟云升上天去。

河南登封嵩岳寺塔，建于北魏正光元年（520），是我国现存最古老的砖塔（图 12-5）。此塔高 41m，15 层密檐，十二边形，其外轮廓圆和秀美，为登封这座小城增色不少。

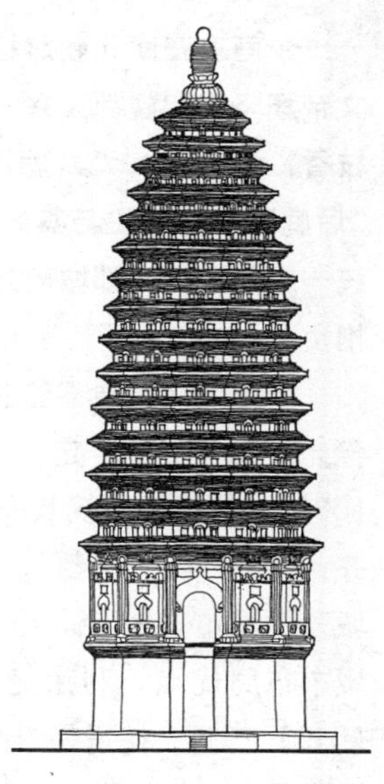

图 12-5　嵩岳寺塔

五

《世说新语·言语篇》中有一篇说到关于城市布局的文章："宣武移镇南州，制街衢平直。人谓王东亭曰：'丞相初营建康，无所因承，而制置纡曲，方此为劣。'东亭曰：'此丞相乃所以为巧。江左地促，不如中国。若使阡陌条畅，则一览而尽；故纡余委曲，若不可测。"大司马桓温移镇南州（即姑熟，今安徽当涂），他规划修建的街道很平直。有人对东亭侯王珣说："丞相当初筹划修筑建康城内的街道时，没有现成图样可以仿效，所以修筑得弯弯曲曲，与这里相比就显得不如。"但王珣说："这正是丞相规划得巧妙的地方。江南地方狭窄，比不上中原。如果街道畅通无阻，就会一眼望到底；若特意做得拐弯抹角，就会给人一种幽深莫测的感觉。"城市中的街道曲曲折折，是一种街道美学。当时对于文艺的各个领域，都有这种手法上的讲究。在刘勰的《文心雕龙》一书中，也有这种艺术手法之说："……隐以复意为工，秀以卓绝为巧。……夫隐之为体，义生文外，秘响傍通，伏采潜发。"文学、建筑、城市等，都开始讲究起形式美来了。

南朝都城建康（今南京），一则是由于地形的原因，如江河湖泊及山峦等，不得不造得不方直；二则也是因势利导，做出巧妙多变的形式。这可见当时南方诸地的文化已为之一大变。

12.4 隋、唐、五代的城市

一

今南京在南北朝时称建业，后改为建康，最末一个朝代是陈。公元589年陈被隋所灭。隋文帝杨坚决定建都大兴（今西安），因此建康一地也就衰落了。王安石（1021~1086）在《桂枝香》词中有：“六朝旧事如流水，但寒烟衰草凝绿。至今商女，时时犹唱《后庭》遗曲。”“后庭”即陈后主与其妃张丽华寻欢作乐，所作的淫诗《玉树后庭花》，误了国事，遂亡国。隋统一中国，觉得都城应当建在汉长安附近。这是出于统一后的中国整体考虑的，足见他有远大抱负。

隋都大兴，并不建在西汉长安原址上，而是择其东南。隋开皇元年（581），隋文帝杨坚取代北周建立隋朝，定都大兴（唐长安），揭开了长安城发展史上辉煌的一页。隋开皇二年（582），杨坚因嫌汉长安城狭小，水质又咸卤，而且宫殿、官署和闾里市井布局混乱，分划不整齐，认为“不宜为都”，于是就在附近另辟建城。命太子左庶子宇文恺总揽这座命名为“大兴城”的城市规划设计工作。宇文恺在规划设计大兴城时，参考了北魏洛阳和东魏、北齐诸都的城市布局优点，利用龙首原以南基本平坦，但也富于变化的地势，建造大兴城。大业九年（613）三月，始役使十余万修筑外郭城，初步奠定了都城的轮廓。同时又开凿龙首渠、永安渠、清明渠，分别将浐水、交水、潏水引入城市。这时的隋大兴城北临渭水，东濒浐水、灞水，南依终南山，西有秦阿房宫、汉昆明池等遗址，北为汉长安旧城，城西、城北均辟为皇家禁苑。方方正正的城郭，区划整齐：北部正中是宫城，宫城南紧邻皇城，再外以郭城环绕。城内左祖右社，市场、住宅区都有严格的区划。整个城市规划方正、对称，沿南北中轴线将宫城、皇城置于全城的主要地位上，并占据城内较高的地势。隋大兴城的规划设计充分体现了封建统治者的理想和要求，同时也反映了城市设计、建设者的聪明才智。

二

但好景不长，隋代只有短短的三十七年天下，就被唐所灭。有人将隋—唐与秦—汉相比，饶有趣味。不过这两个历史过程只能说是表面相似，实质却是不同的。周谷城在《中国通史》中指出：“这隋、唐帝国，其形势颇似秦、汉。然就构成的成分讲，或就文化的元素讲，却与秦、汉不同。以言乎构成的成分，则重新同化了自北部及西北部移入的许多部族。以言乎文化的元素，则因自西汉以来，常与葱岭以西的诸国通商贸易之故，把印度文化及希腊文化从中央亚细亚一方面，不断地输入，尤以印度的佛教文化输入得最多；于是文化的内容，也较秦汉时为更丰富……”

大唐既立，建都之事乃国家头等大事。唐武德元年（618），李渊建立唐王朝，在一番争论之后，决定将隋大兴都，易名长安。以后，经过约半个世纪的建设经营，把长安城建成一个当时世界上规模最大、最繁华的城市。

据史料记载，永徽五年（654），唐高宗两次征发壮丁四万余人重筑长安外郭城，同时修建外郭城东、南、西三面的九座城门。据考古发掘证明，隋唐外郭城平面呈长方形，东西长9721m，南北长8651m，总面积达83.8km^2，几乎是今日西安城垣（明代所筑）内面积的10倍。城垣全部版筑夯土墙，城垣基部厚度一般为10m左右，连接各城门的部分则稍厚，约20m左右。外郭城北垣中段同时又是长安宫城的北墙，郭城北垣的东段外是大明宫，所以唐长安城北垣上三座供百姓出入的城门为对称分布。除了南垣正中正对城内朱雀大道的明德门为一门五观（门洞）外，其余各门均为一门三观。

唐长安除宫城、皇城外，城内的南北11条大道，东西14条大道，将全城分割成108个里坊及东、西两市。这些道路笔直而宽阔，如全城南北轴线所在的朱雀大道之宽，达155m。道路两边设排水沟，植槐、榆等树，道路绿树成荫，街道景观美不胜收。

唐长安城居民住宅建在四里坊内，四周有高墙，仅辟二至四门。全城坊门统一鸣鼓启闭，夜里鸣鼓后行人须回到坊中，若仍在街上，则会给巡逻兵杖杀。每年正月十四、十五、十六三日夜间不禁行人，任人观灯游戏。

长安城的商业区集中在东、西两市。这两市面积各约1.1km^2。经考古工作者对西市勘测：市内有4条宽16m的大道，“井”字形排列，分市场为九区。中一区为市署、平准局等衙门所在地，其余均为临街的店铺。据《长安志》记载，当时两市中各有220个行业，并有很多外国商人侧身其间。东、西两市是整个长安城经济活动的中心，市场上商品种类之丰，甚至唐皇室也仰仗两市以满足靡费（转引自：阎崇年《中国历代都城宫苑》）。

唐天佑元年（904），军阀朱温强迫朝廷迁都洛阳，并强迫全城居民“按籍迁居”，将长安城全部宫殿、房屋拆毁，然后将木料投入渭河，顺流而下，运往洛阳。全城居民“连甍号哭，月余不息”，扶老携幼，不绝于途。这次浩劫后的长安，到处是断垣残壁、瓦砾废墟。一座历经290余年的伟大都城，从此衰落了。

三

有分必有合，有合也必有分。这是我国历史的一个特点。唐代以后，史上称“五代十国”，又是一个分裂的时代。五代，即后梁、后唐、后晋、后汉、后周；十国，即吴、南唐、吴越、楚、闽、南汉、前蜀、后蜀、荆南、北汉。五代十国只有短短的五十余年（907~960）的历史。这一时期的城市，我们只择其中几个比较典型的城市作一些讨论。

先说洛阳。如前所说，洛阳在历史上称之为“九朝古都”。五代时的后梁、后唐建都洛阳。唐朝末年，梁王朱全忠夺得政权，后在汴梁称帝，改国号为“梁”（907~923），是为后梁太祖（梁在这之前已有，故称后梁）。他将汴州为开封府，称东都，称洛阳为西都。定都后便对洛阳加以修葺，筑南北二城，开平三年（909）迁都洛阳。后梁被李存勖所灭，改为后唐（923~936），建都也在洛阳。直到后晋（936~946），石敬瑭（892~942）以为洛阳已衰落，遂迁都开封。

开封在历史上也有“七朝古都”之称。这里特别要说的是，唐末宣武军节度使李勉修筑汴州城，从汴河运往洛阳，关中所需的江南粮米均在汴州转运。为保护汴河的畅通，在汴州驻有兵。经济和军事的优越条件使宣武军节度使成为唐代末年势力最大的节度使之一。

五代因时间短（后汉947~950，后周951~960），经济力量单薄，朝代更迭频繁，所以没有大规模的建设。五代时的宫殿，多沿用唐代宣武军节度使的衙署。后周末期经济有所复苏，周世宗柴荣深感东京城内街道狭隘，居住拥挤，命韩通、王朴对东京进行全面规划，城内街道加以拓宽，在旧汴州城外加筑一道新城，新城周长四十八里二百步余。新城筑成后不久，还来不及改建宫殿，柴荣便病殁了，政权落到赵匡胤手中，遂建立北宋王朝。

四

杭州这座城市，在历史上曾用过好多名字。秦始皇时在此设钱唐县，属会稽郡。隋代时这里成为州治，称杭州。这是首用杭州之名。杭州在南朝梁时改为临江郡；陈朝时置钱唐郡，辖余杭、富阳、于潜、新城诸县。到了五代十国，杭州为吴越国的首府，称钱唐。据《杭州府志》说："禹巡会稽，于此舍杭登陆，地始名杭。至少康封庶子无余于会稽，主禹祀，因名'余杭'。"另有一说：远古时禹于此舍杭登陆，因名"禹杭"，后讹"禹"为"余"。"杭"，古人释为方舟，或几条船并为浮桥。可见"余杭"之名与远古时期当地将舟船作为交通工具密切相关。

隋开皇年间，大臣杨素把州治从宝石山东麓迁至凤凰山下，依山筑城，城周三十六里余。这是杭州历史上第一次出现的州城。隋炀帝时建成了沟通南北的大运河，杭州作为大运河南端的起讫点，商业经济和交通等都有很大发展。唐置杭州郡，州城循隋之旧。代宗时刺史李泌在钱塘门、涌金门之间开凿六进，引入西湖淡水，水质得以改善，居民赖其利，而生聚日繁；杭州的重心亦逐渐由钱塘江滨转向西湖扩展。到了唐代，杭州已成为东南名郡和重要贸易港口，同日本、高丽、大食（即阿拉伯）、波斯等国都有贸易往来，还设置了专门管理对外贸易的"博易务"，呈现出"骈墙二十里，开肆三万室"，"灯火家家市，笙歌处处楼"的繁荣景象。

唐代，白居易任杭州刺史。他治理西湖，筑堤建闸，疏浚六井河道，从而促进了农业和城市经济的发展。"湖上春来如画图，乱峰围绕水平铺"。他写了许多描述西湖的诗篇，使杭州和西湖更添光彩。

五代时，吴越提倡佛教，大兴寺院，据《西湖游览志余》载："杭州内外及湖山之间，唐以前为三百六十寺，及钱氏立国，宋朝南渡，增为四百八十，海内都会，未有加于此者也。"今灵隐寺的石塔、梵天寺经幢、六和塔、雷峰塔、保俶塔、闸口白塔、临安功臣塔等，都是吴越时的遗物。

两宋及以后的杭州，有待一下节去细说了。

五

南京在历史上曾用过好几个名字：句吴、金陵（此名最早为楚，即金陵邑）、秣陵、建业、建邺、江宁、集庆路、应天府，至 1368 年改为南京，并为明都。

这里单说"五代十国"时，南唐的都城金陵。南唐统治时间不长，只有短短的三十几年（937~975）。南唐虽小国，但当时的都城建设得小巧精致，合为小国都城。南唐皇宫位于金陵城的中央，宫门的南面御河上有"天津桥"，即今中华路北口的"内桥"。从天津桥南出，是一条南北大街，称"御街"，即今中华路。这条金陵城南的中轴线，一千年未变，至今仍是这样。南唐宫的北面到今中山南路羊皮巷与户部街之间，旧有地名"虹桥"，即皇宫北门外的御桥。南唐宫的东门外也有桥名"东虹桥"，即今白下路的"升平桥"；西门外的桥名叫"西虹桥"，即今建邺路的“羊市桥”。李昪的子孙后来所建的“百尺楼”、“澄心堂”和“红罗亭”等，均在这一带。当年南唐宫内“山河四周相通，形迹显明。”（转引自：阎崇年《中国历代都城宫苑》）昇元元年（937），徐知浩称帝，国号南唐，他宣称自己是唐玄宗第六子永王璘的后代，于是恢复姓李，即李昪。

六

扬州是一座古城，更是一座历史名城。扬州在《尚书·禹贡》中有“淮海惟扬州”之说，其由来是因“州界多水，水扬波”，遂以扬作州名。今天的扬州城，最早称邗城。春秋末叶，江南的吴国兼并了江北的邗国，吴王夫差为了争霸中原，于公元前486年在原邗国故址上一面开邗沟以通江、淮，一面在今扬州西北郊蜀岗一带筑邗城。城周约十二里，城西、北、东环以城壕。吴被越灭后，越又为楚所败。公元前319年，楚怀王在邗城基础上“城广陵”。秦始皇统一六国后，设广陵县，属九江郡。西汉置江都县，后又为吴国、江都国、广陵国等诸侯国的国都。东汉时这里为广陵郡治。三国时先属魏后属吴。晋太康三年（282）置广陵郡。《晋书·地理志》中说，西晋“元帝渡江于广陵，侨置青州”。南北朝时又为刘宋的南兖州，北齐的东广州，北周的吴州。隋开皇九年（589）改吴州为扬州，治所江都（今扬州市），扬州之名自此始。后又为邗江县、江阳县。唐武德三年（620）改江都为兖州，后又复为邗州、扬州，并筑有大城、子城。五代十国时杨行密建吴都于此，改称江都府。北宋称扬州，有宋大城、宝佑城和夹城。

扬州自古是一座繁华的商业城市，有“天下三分明月夜，二分无赖是扬州”（徐凝《忆扬州》）之说。扬州文化发达，又被许多诗人描述，故更为人们所欣羡。“春风十里扬州路，卷上珠簾总不如。”（杜枚《赠别二首》其一）“二十四桥明月夜，玉人何处教吹箫?”（杜牧《寄扬州韩绰判官》）

12.5　两宋、辽、金的城市

一

唐长安从城市文化来说是值得我们炫耀的，但若从人文的角度来看，北宋的汴梁却更值得称颂。

汴梁，即今之开封，上一节已说它是我国的七朝古都。本书在前面对这座城市已作了概括性的论述，在此我们专门说它在北宋时期的一些情况，并分析它的深层意义。汴梁即东京，若从城市体制来说，它是个府，即开封府。这座城市在北宋时，有两份资料很宝贵，一是由南宋文人孟元老所写的《东京梦华录》，二是由画家张择端所绘的《清明上河图》，图文并茂，不可多得。

先说《东京梦华录》中对北宋汴梁的描述。此书全名《幽兰居士东京梦华录》，全书共十卷，全面、细致地记述了当年汴梁的城市和建筑，市民的各种生活以及一年四季的各种活动、节日岁时的情景。在此，我们择要录述其中部分，并分析之。

卷二中“州桥夜市”：“出朱雀门，直至龙津桥。自州桥南去，当街水饭、爊肉、干脯。王楼前獾儿、野狐、肉脯、鸡。梅家鹿家鹅鸭鸡兔肚肺鲜鱼包子、鸡皮、腰肾、鸡碎，每个不过十五文。曹家从食，至朱雀门，旋煎羊、白肠、鲊脯、冻鱼头……直至三更。”

卷八中“秋社”：“八月秋社，各以社糕、社酒相赍送贵戚。宫院以猪羊肉、腰子、奶房、肚肺、鸭、饼瓜姜之属，切作棋子、片样，滋味调和，铺于饭上，谓之‘社饭’，请客供养。人家妇女皆归外家，晚归，即外公姨舅皆以葫芦儿、枣儿为遗，俗云宜良外甥。市学先生预敛诸生钱作社会，以致雇倩、祗应、白席、歌唱之人。归时各携花篮、果实、食物、社糕而散。春社、重午、重九，亦是如此。”

卷五中“民俗”：“凡百所卖饮食之人，装鲜净盘合器皿，车檐动使奇巧，可爱食味和羹，不敢草略。其卖药卖卦，皆具冠带。至于乞丐者，亦有规格。稍似懈怠，众所不容。其士农工商诸行百户衣装，各有本色，不敢越外。谓如香铺裹香人，即顶帽披背；质库掌事，即着皂衫角带不顶帽之类。街市行人，便认得是何色目。加之人情高谊，若见外方之人为都人凌欺，众必救护之。……有连夜饮者，次日取之。诸妓馆只就店呼酒而已，银器供送，亦复如是。其阔略大量，天下无之也。以其人烟浩穰，添十数万众不加多，减之不觉少。所谓花阵酒池，香山药海。别有幽坊小巷，燕馆歌楼，举之万数，不欲繁碎。”

二

再说画家张择端的那幅旷世名作《清明上河图》。这幅画，一方面是北宋时代绘画上的成就，而另一方面则也通过绘画反映出当时社会的许多民俗文化。他以写实的手法，表现出当时市井村舍的环境，房屋、桥梁、城郭等以及当时社会的衣、食、住、行，此画如同一幅幅照片，真实地表现出北宋时期的种种社会现实。

《清明上河图》取景于东京汴河，描绘了当时各个阶层人物的各种活动。值得注意的是，汴河在这里不仅仅是一个环境，或仅供人们游乐的地方，它在我国古代社会的经济发展中起着巨大的作用，它是隋炀帝时代开凿的运河之北段。运河在经济上和政治上，连接了长江流域与黄河流域这两片广大的地区，起着积极的作用。位于汴河边上的汴梁，首先作为一个商业城市，然后作为政治和军事的要地，这都与汴河有密切的关系。画中以汴河为依托，作了详细、忠实的描述，把这一时期的社会动态和人民的生活状况，具体地展现了出来。画家描写了那里的街市，各种商业、手工业等。这里有酒楼、药铺、香铺、弓店以及十字路口的茶馆、酒肆等，还有门前挂着“解”字的当铺，木匠、铁匠、卖花人及各种摊贩也穿插其间。街道上人物形形色色，车马熙熙攘攘，一番热闹的景象。

三

再说南宋都城临安（杭州）。南宋的吴自牧著有《梦粱录》，与北宋的《东京梦华录》对应，写的是南宋杭州的情形。这里说此书中的几个片断。

先说卷八之“大内”。宋室初到杭州，高宗赵构下令将位于凤凰山麓的“州治”（州政府）改为“行宫”，进行扩建。那时金兵刚刚退去，局势仍较动荡，加上逃难而至，囊空如洗，财政十分拮据，所以还稍稍注意人力、物力的节约。《中兴小纪》中说，高宗刚到临安，连日阴雨。执政叶梦得上奏说，州治房屋不多，改为皇宫，势必嫌狭窄了。高宗答道："也不觉狭窄，就是潮湿了些。自从过江以来，百官六军都流离失所，我怎能追求安逸！"当时只添建了二百余间房屋，"大内"宫殿很少。这里须说一下，隋、唐、北宋时，皇宫并不固定地称"大内"；正式把皇宫叫"大内"是从南宋开始的。"南渡后，皇帝之居曰'殿'，总曰'大内'。"（《宋史·舆服志》）绍兴十二年（1142）前，"大内"仅有两个略为像样的大殿，一个殿经常要派好几种用场。如一殿四用的大庆殿就是个例子：要举行颁布诏书一类大典时，挂"大庆殿"的殿额；若皇帝做寿，就挂"紫宸殿"的殿额；逢进士殿试，则挂"集英殿"的殿额；如遇祭祀祖先，则挂"明堂"殿额。所以当时实际上没有什么"三朝五门"，只是为了继承大宋皇朝宫廷传统，所以名义上仍如故，只是要忙忙碌碌地不断换牌匾。在这权宜之计的背后，也许说明南宋皇朝还希望在"王师北定中原日"，回到东京去理朝政。

《梦粱录》与《东京梦华录》在书的结构上相近，此书共十八卷，记述南宋都城临安（杭州）的各种内容，从每月的活动，到市内的街道、河流，宫殿、寺观，衙署、府邸、店铺、市肆，民俗、物产，风景园林等，无所不包。

四

与两宋同时存在的还有辽、金、西夏。这些民族国家的城市在这里也说几个：大同、辽都上京、金都会宁、西夏黑城等。这些城市，连同其主要建筑，多为辽、金时期之物。

大同位于山西北部，雁门关外大同盆地北部边缘。这里三面环山，两边夹水。大同是一座历史悠久的古城，春秋时大同为北狄所居，战国时赵武灵王倡导"胡服骑射"，凭借武力驱逐匈奴，开拓疆土，在这一带设置云中、代、雁门三郡，大同属云中郡。秦始皇统一中国建立秦朝，大同属雁门郡。汉承秦制，汉初这里是平城县所在地，仍属雁门郡，东汉末年废。三国时魏复置，属新兴郡。晋属雁门郡。汉高祖七年（前200），匈奴南犯，汉高祖亲率大军北征，被匈奴冒顿单于十万精骑围困于平城白登山（今大同东北马铺山），相持七日，用陈平计，方才解脱。这就是世人皆知的"汉高祖平城之围"。此后，刘邦对北方民族采取和亲政策，又派其兄为代王驻守在此，平城为北方的军事重镇。

三国、两晋时，313年拓跋猗卢以盛乐为北部，平城为南郡。316年拓跋跬改国号为魏，定都盛乐，398年迁都平城。孝文帝太和十八年（494）迁都洛阳后，为恒州所治。后来，北魏在这里大规模营建宫殿、苑囿、城垣、陵墓、佛寺，特别是开凿了举世闻名的云冈石窟。此外，还迁来大量人口以充实京畿，使平城成为当时中国北方政治、军事和文化的中心。北魏孝昌二年（526）为六镇起义军攻破，州、郡、县并废。北齐天保七年（556）置恒安镇，为恒州治。北周时置云中县，属朔州。隋改为云内县。唐贞观十四年（640）改置定襄县，为云州治。永淳初年，州、县俱废。后晋天福元年（936），石敬瑭割让燕、云十六州，大同划归契丹。辽兴宗重熙十三年（1044）升云州为大同府，建为西京。辽、金两代，大同作为陪都达二百余年。由于崇信佛教，故建造起大量的佛教寺院，其中保存至今的华严寺、善化寺均为我国的大寺。

这里只说大同善化寺。据碑文记载，此寺始建于唐开元年间，称开元寺。五代后晋初，改为大普恩寺。辽末保大二年（1122），大部分建筑毁于兵火。金天会六年（1128）至皇统三年（1143）重修。此寺中轴线上分布着山门（天王殿）、三圣殿和大雄宝殿，层层迭高。主殿东、西两侧各建三间见方的楼阁，东为文殊阁（已毁），西为普贤阁，东、西廊庑均已被毁。寺内平坦开阔，又松柏成林。图12-6为善化寺总平面。除大雄宝殿为辽代原物外，其他建筑为金代重建。这是我国迄今保存最完整、规模最大的辽、金寺院。

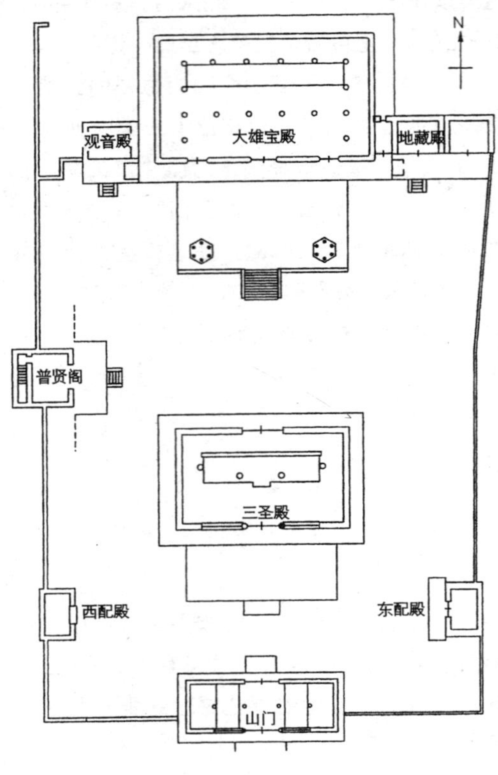

图12-6 大同善化寺总平面

五

再说辽都上京。902年，契丹族统治者阿保机，越过长城，掠夺了不少汉族人口，让他们从事手工业、农业，并修建都城。最早建的都城是天显元年（926）修建的上京临潢府，其遗址在内蒙古自治区巴林左旗之林东镇南。辽都分南北两城，今遗址尚在。北城是皇城，呈正方形平面，东西宽和南北长均约四里余，城内正中今尚有高地，约一里见方，可能是当时辽国皇宫所在，北端地形较规则，大概是禁苑。宫殿位于南端，今除了还有长方形的建筑基地外，尚存石狮两对。据考古学家研究认为，这里是当时的宫殿正门承天门。据《辽史·地理志》记载，这里还有寺院安国寺，以及绫锦院、内省司曲院、瞻国省司二仓。

六

金都也叫上京，称会宁府，位于今黑龙江阿城县南四里许。此城呈长方形，东西约2300m，南北约3300m。东北角近沼泽地，故地形向内收缩。城墙土筑，现存厚3m，高4~5m，城墙外建圆形马面，角隅处有方形角楼。城四面各有一门，但不相对。门外设瓮城。城内中部有一东西横墙，分城内为南北两部。横墙中部偏东有门。南部西北角地势高而平，上建有约560m见方的宫城，是宫殿区。宫城北接横墙，并利用其一段为宫城之北墙。宫殿区正门向南，与城南门相对。正门前左、右均有高丘，据考古研究，乃是防御性的建筑。正门三洞。入正门，左右有宽大廊址，两廊之间有基址三座，前基较小，中基和后基相近，均为长约150m，宽约50m。北面的基址呈“工”字形，位于宫殿区中央，这种做法受北宋汴梁的影响。“工”字形的左、右各有墙基，与宫殿区东西墙相连，将宫殿区分为前、后两部分，相当于前朝后寝的做法。“工”字形基址之北正中一线，尚有南北向排列的基址三处，两侧也有廊址。左廊之左、右廊之右，各有面积略同之南北列小型基址四处。宫殿区遍布黄、绿色琉璃瓦，全区布局整齐，据《大金国志》记载：“规模曾仿汴京，然十之二、三而已。”（转引自：董鉴泓编著《中国城市建设史》）图12-7为金上京平面图。

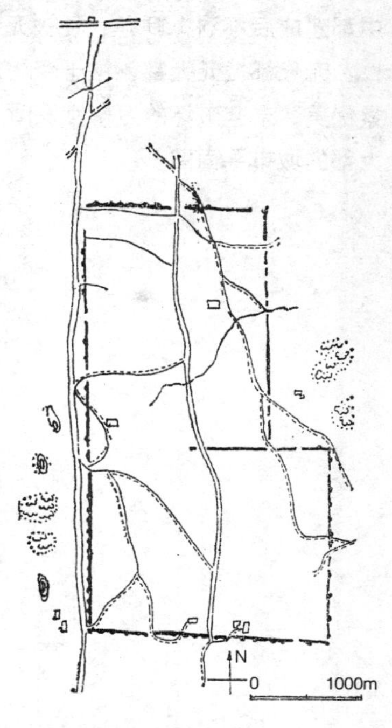

图12-7　金上京平面图

七

最后说西夏的黑城。此城位于今内蒙古自治区的阿拉善旗，这里在当时西夏东、西主要交通线上。此城略呈方形，南北长424m，东西长346m，砖砌城墙，高约9m，底厚11m，上收狭，约3m余。东、西壁各开一门，门外建方形瓮城，有马面角楼址和羊马城遗址。西北角一楼建有西藏噶当式喇嘛墙。城中部略偏西北为一大寺址，平面作“凸”字形，门朝东，与东城门相对，似为城内的主要建筑物。大寺前有街道通东门。大寺后有南北街，其北尽端处为一长方形寺址，寺址朝南，附近散布有绿色琉璃瓦片。自城西门东入的街道，即交于大寺后的南北街道上。东西城门大街不直接相通，显然是从城内主要建筑物大寺的防御要求考虑的。大寺之南有一小寺，也是东向，平面方形，内设左转礼拜道，为一典型的藏传佛教寺院。寺后南北向有喇嘛塔三座。大寺前的南北两侧有排列整齐的矩形院落，均系僧房遗址。南侧僧房的东南，另有两寺址，平面皆方形。厚墉小门，门东向，也是西藏寺院形式。地西北有大基址，已残破。城内多空地，可能是居民区。

12.6　元、明、清的城市

一

如今的北京，早在金代已在此建都，即金中都。上面说到，金上京这座城市位于黑龙江阿城，后来金代发展了，其重心南移，所以都城迁往今北京的西南隅。这里在辽代时称南京。金中都建成后不到100年，便被元蒙所占。

元代都城元大都，位于今北京。元大都在用地选址上，完全让开金中都的废墟，但又把风景优美、未遭破坏的万宁宫及附近的大片湖水包括了进去，为宫城所在。图12-8是金中都和元大都的城市平面图。

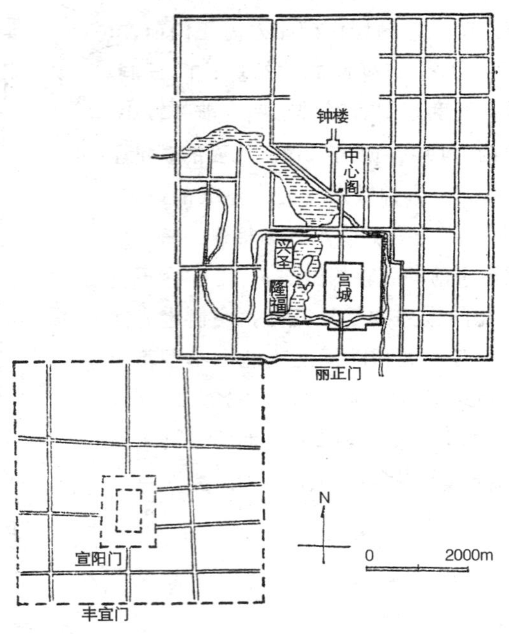

图12-8　金中都和元大都平面图

元大都用三套方城：外城、皇城、宫城。外城呈长方形，东西6635m，南北7400m，共11个城门：北面两个，其余三面各三个。门外设有瓮城。城四角建有角楼，城墙外部还建有加强防御的马面，其外再绕以又深又宽的护城河。城墙用夯土筑成，城基宽达24m。第二重城墙皇城，周围约20里，位于全城南部的中央。皇城中部为海子，即中海、南海和北海，其东即为宫城。皇城东北部为御苑。皇城西部有隆福寺及兴圣寺等。宫城是最里面的一重城，位于皇城内偏东。宫城的南门崇天门，大约在今故宫太和殿的位置。宫城中为朝寝两大殿，呈"工"字形布局。

元大都西的平则门内有社稷坛，其东的齐化门内建太庙，商业区集中于城北。这就是"左祖右社，面朝后市"的规制。

元大都有一条明显的中轴线，南起丽正门，穿过皇城灵星门，宫城的崇天门、后载门，经万宁桥，直到大天寿万宁宫的中心阁，这也是以后明清北京城的中轴线。从崇仁门至和义门之间的横轴线大街，与城市南北中轴线相交于全城的几何中心——中心阁，在其附近有钟鼓楼。大都的衙署布置并不集中，大都总官府在中心阁附近，北中书省与它靠近。各部院分散在皇城各处，不像唐宋都城那样集中。

元代其他城市，在此说两座小城：集宁路和应昌路。

集宁路（路，相对于辽、金时期的州）在今内蒙古自治区察哈尔右翼前旗巴彦塔拉乡。这个城与草原连接。当元朝统治衰败后，在明代，这个城已变成一堆废墟。此城当年地势较为起伏。城东有莫子山河，向北遥望则有远峦重生，城西为深厚的大草原。这个路城为方形平面，分为里城、内城、外城三重。里城长与宽各60m，在南墙中心有城门一座，内城东西630m，南北730m，四面各开五个门，外城东西1000m，南北1100m，四周开五门，南墙三门，东门有瓮城。

应昌路位于今内蒙古克什克腾旗西达来诺尔附近的一座元代路城——应昌。此城平面近正方，共设三个城门：南城门、东城门、西城门，全城主要大街“丁”字形。全城南北长650m，东西宽600m。此城建于元至元七年（1270）置府，至元二十二年（1285）改为应昌路（以上两城均引自：张驭寰．中国城池史．天津：百花文艺出版社，2003）。

二

明代的南京和北京，在前面已有论述，在此先说明中都（凤阳）。此城有里外三道城，如图12-9所示。最里面是大内，中间是皇城，最外面是中都城。以皇城为中心，内有日精峰、万岁山、凤凰山、月华峰等。因山筑城，土墙高三丈，周五十里余，西南隅有“凤凰嘴”等。由于形势的变化，明中都尚未建成，后来就迁都南京了。

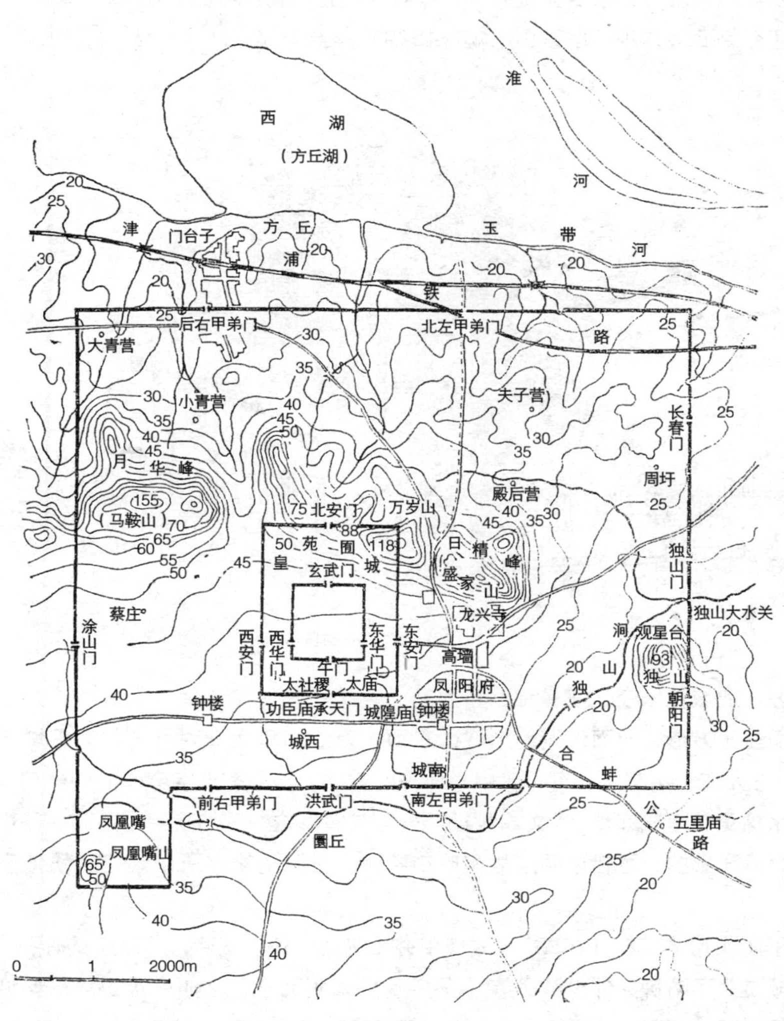

图12-9　明中都

明代的城市，除了南京和北京外，在此还要说西安、太原、兰州、兴城等。清代的城市还要说沈阳、承德、福州等。

先说西安。唐代都城长安在唐末时，叛军首领朱温强迫朝廷迁都洛阳，并迁徙城内百姓，将长安城中所有皇宫建筑全部毁掉，拆下来的木料投入渭河，顺河而下，送往洛阳建宫殿。长安城内外，当时一片号啕凄厉的景象。

后来驻守在长安城的匡国军节度使韩建放弃原来长安的外郭，将皇城加以修葺，封闭了一些地方，使长安成为一座小城，适应当时的战乱形势。此城一直到明初明洪武二年（1369），明军攻克奉元路（元代时西安之名），始改名为西安府。次年，朱元璋封其子为秦王，驻守西安。从此西安就成了一座控制西北、西南的重要城市。

明洪武初年，都督濮英增修西安城垣，将韩建所建的城扩建并加固、加高，而且在城上建造起许多敌台、垛口，与城外深阔的护城河共同构成一个严密的防御工程体系。隆庆二年（1568），陕西巡抚在城垣上表砌一层青砖；崇祯末年，陕西巡抚孙传庭又增修四门关城，这就是今之西安及城垣情况。如今西安城内钟、鼓楼，就是明初所建的。图12－10为西安钟楼形象。此钟楼原建于今之西迎祥观，明万历十年（1528）移至今处。

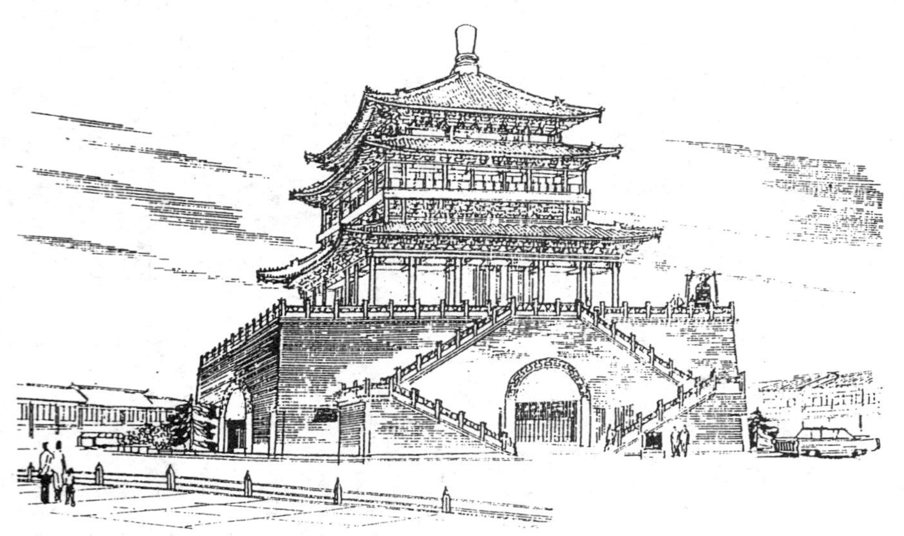

图12－10　西安钟楼

再说兴城。此城位于今辽宁省锦西市西南，建于明代，如今保存完好。这是一座十分规则的城市，平面呈正方形，四面设城门，城内东西、南北两条大道对着城门，把城市划分成一个“田”字形。在大道十字交叉处有一座中心对称的鼓楼，楼下有十字穿心的砖券门洞。不远处设有牌坊。本来这里有两座牌坊，“文革”期间一座被毁。这些牌坊是明末所建，是歌颂当时明将祖大乐、祖大寿兄弟的，可惜这两人后来晚节不保，投降清军，所以这些牌坊似乎带有讽刺的意义。

兴城建于明代宣德三年（1428），城墙用夯土筑成，外包城砖，里面还镶有石块，所以较牢固。当时建城是为了防御关外少数民族（女真族）来犯而设，又叫宁远卫城。此城较小，正方形城每边长约800m。城内今尚存一座文庙，四个城门及箭楼等保存完好。

三

太原是一座古城，南北朝时北汉的刘昆曾修筑晋阳城。魏、北齐时曾有几次较大规模的建设。唐代时曾将它定为北都。此城规模最大时曾跨汾河两岸。太原包括四个城：宫城、大明城、新城、仓城。五代后唐时曾一度建都于此。北宋初称太原府，即今城址的部分地区，其范围北至后小河，东至桥头街，即今人民公园一带。据说在修建时，因风水迷信之故，将道路均修成丁字相交，以便“钉”死龙脉。当时商业、手工业在南关一带，至今尚保留有剪子巷、铁器巷等地名。金代太原城破坏很大。元代也因统治集团的战争，城市建筑大部分被破坏，今已很少有元代以前的建筑了。图12－11为太原城的平面图（录自：董鉴泓. 中国城市建设史. 北京：中国建筑工业出版社，2002）。

明洪武八年（1375），朱元璋将其子朱钢封为晋王，驻于此，当时在东、北、南三面进行扩充，并建南关。城周长24里，城高3丈5尺。城墙砌砖，四角建角楼，城门上也有楼，共12座。晋王府建在城西，由各地迁来居民，这就形成明清时代的城市规模。

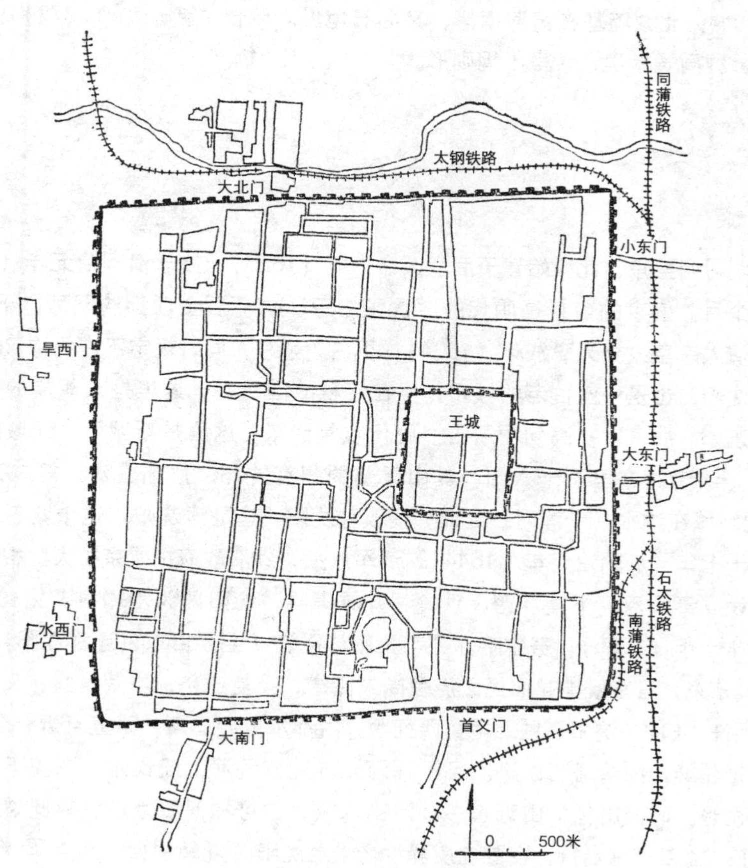

图12－11 太原城平面图

四

兰州自秦代起设郡（陇西郡），西汉时建立金城郡。十六国时鲜卑人乞伏氏在今甘肃中部、东部一带建西秦王朝，曾以当时金城郡治为都城，兰州当时曾一度繁荣，但后来毁于战火。南北朝时，西魏在“皋兰山北少西濒河”筑城，这是兰州城最早的建城记载。隋唐以来，金城郡治即在今兰州城南王泉。兰州之名即始于隋，置兰州总管府。因城南皋兰山为名。宋元丰四年，展筑城垣。明、清两代，兰州也是西北的军事重镇，明代镇守甘、宁、青等地的肃王就驻在兰州。

汉唐期间，我国的政治、经济、文化中心在以长安为中心的关中地区。其与西部地区的主要交通线即为“丝绸之路”。兰州就处在“丝绸之路”几条线路的交叉点。与交通线相联系的是渡口位置，而交通线和渡口，桥址的变迁，又对兰州城址变迁起了重要影响。早在西汉，今兰州城所在的兰州盆地还是黄河河道及河心滩广布的地方，不宜建城。而当时，渡口在其西约20km 的西固城，故汉代金城县治也在西固城。东汉末年，西固城因战争废弃，河道北移，交通口线随之变换，金城关渡口成为主要渡口。北宋时，黄河河道已移至今位置。宋元丰四年（1081）展筑北城，北城墙基在黄河南岸，又名石龟城。明代洪武十年（1377）筑内城，城墙高达三丈五尺，城周长6 里余，呈不规则形。

五

沈阳在晚明时叫盛京，此城始建于后金天命十年（1625），终于清顺治元年（1644）九月，共十九年零六个月。盛京的前身是明代的“沈阳中卫”城。后金迁都沈阳后，于明崇祯七年，后金第二代汗清太宗皇太极天聪八年（1634），更名为盛京，同时规定不许仍称汉语旧名，违者罚。盛京原称沈阳，也是一座古老的城市，早在春秋战国时期，这里是东胡族的一座城市。西汉时这里属辽东郡。后来曾被高句丽所占。唐代收复辽东，这里是新城州、辽城州、延律州和扶余城的辖境。辽代时这里设十六州，其中重要的州有沈州、广州、双州等。元代大德元年（1297），因沈州城在沈水（今浑河）之北，便改称沈阳，这是“沈阳”这个城名的来历。

明代崇祯十七年，清顺治元年（1644），清军入关，满清政府把盛京扩大为相当于今辽宁省的辖境范围，设立奉天府，下辖承德、铁岭、开原等县，沈阳即为承德县。据《清太祖实录》记载，后金天命十年（1625），努尔哈赤“与贝勒群臣议（上欲自东京迁都沈阳），贝勒诸臣谏曰：‘迩者筑城东京，宫室既建，而民之庐舍尚未完缮，今复迁移，岁荒食匮，又兴大役，恐烦苦我国。’上不许，曰：‘沈阳形胜之地，西征明，由都尔鼻渡辽河，路直且近；北征蒙古，二、三日可至；南征朝鲜，由清河路以进。且于浑河、苏克苏浒河上流伐木，顺流下，以之治官室为薪，不可胜用也。时而出猎，山近兽多，河中水族，亦可捕而取之。朕筹此熟矣，汝等宁不计及耶。’庚午，上自东京启行，夜驻虎皮驿，辛未至沈阳。”（转引自：阎崇年《中国历代都城宫苑》）图12-12是沈阳故宫平面。迁都后，即着手改造明代的沈阳中卫城。努尔哈赤死后，清太宗皇太极继续进行改造。后金天聪五年（1631）基本完成。城门由原来的四个增为八个。城上设门楼八座，角楼四座，改十字街为井字街，瓮城还增设木闸。后金天聪八年（1634），改沈阳为盛京。清康熙十九年（1480），又在城外增筑关墙，设八个关，俗称边门。从城墙到关墙这段距离内，称“关厢”。八个关厢中，以小西关、大北关为盛。盖从山海关至盛京者，皆由小西关入。而大北关则开、铁出边孔道也。城东故僻地，城南止通辽阳、海、盖诸邑，行旅往来者少，故较逊云。”（同上书）

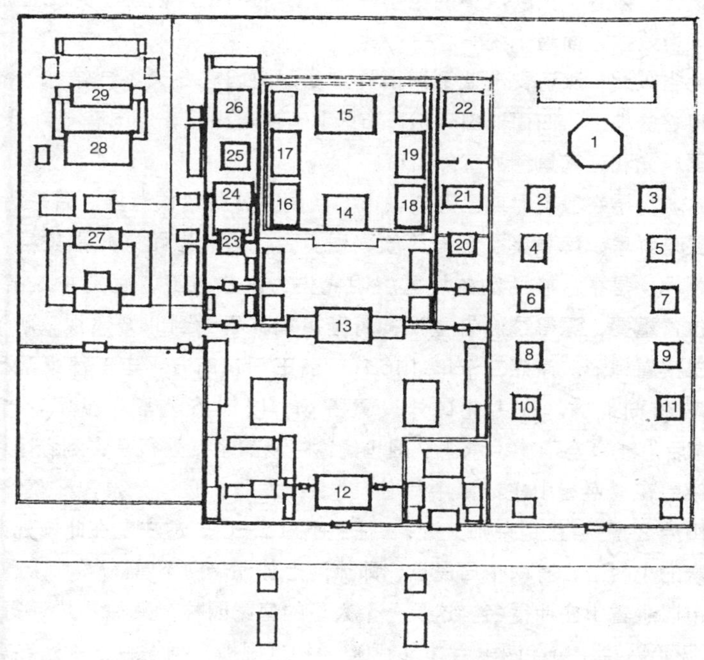

图 12-12 沈阳故宫总平面图

1-大政殿；2-右翼王亭；3-左翼王亭；4-正黄旗亭；5-镶黄旗亭；6-正红旗亭；7-正白旗亭；8-镶红旗亭；9-镶白旗亭；10-镶蓝旗亭；11-正蓝旗亭；12-大清门；13-崇政殿；14-凤凰楼；15-清宁宫；16-衍庆宫；17-麟趾宫；18-永福宫；19-关雎宫；20-颐和殿；21-介祉宫；22-敬典阁；23-迪光殿；24-保极宫；25-继思斋；26-崇谟阁；27-嘉荫堂；28-文溯阁；29-仰熙斋

福州也是一座著名的古城。在此只说它在晚明以后的城市情形。

当清兵入关时，唐王朱聿键（明太祖九世孙）激于义愤，带兵北上勤王，但被劾，废为庶人，被囚于凤阳高墙。后来弘光在南京登极后获释。后来于 1645 年拥立建键在福州即皇帝位，改名天兴府，建元隆武，但政权仅一年余便被清军所戮。

福州也属我国的一座名城，据阮仪三在《中国历史文化名城保护与规划》中说，福州这座名城，其保护原则有五：

（1）必须从整体上来全面考虑福州的保护，即不仅对一处处的文物古迹、古树名木、风景名胜等单项加以保护维修，还要使周围的环境和建筑与之协调。

（2）城市的传统格局和风貌，是名城的命脉。不仅要在大轮廓上进行控制，也要以点、线、片、面等多种形式划定保护范围和建设控制地带。对历史文化名城传统格局，历史风貌区和集中反映历史文化的“三坊七巷”等老城风貌区、文物名胜古迹、古树名木等，应在保护前提下，慎重进行改造和建设。同时在新与古之间应以绿化带加以过渡。

（3）凡在古城保护区范围内进行新建、扩建工程，应通过容积率和人口密度等必要措施加以限制和疏导，以减轻旧城早已过分饱和的状态，以免造成人为的破坏。严禁乱占、乱拆、挖、乱建。

(4) 对三废污染严重的或不利旅游开放的，应积极加以治理调整直至迁出。

(5) 应尽快进行新区开发，并使其配套齐全，设施较现代化，以吸引古城过分饱和的人口，达到既有利于逐步实现城市的现代化，又有利于保存和发展城市的历史文化特点，有利于大力扶持福州传统的文化、艺术、民族风情的精华和传统产品的生产，逐步实现整个城市在经济效益、社会效益和环境效益方面趋于统一。

承德在今河北省东北，滦河支流武烈河西岸。武烈河因它冬天不会结冰，故旧称热河。市区坐落在狭窄的河谷盆地上，四面群山环抱，市区北有避暑山庄，外围有“外八庙”，是一座风景秀丽，富有北国风光和江南景色的塞外山城。

承德是一座古城，早在殷商时期已形成城市，西周时分封诸侯燕侯。后来历代均在此设城。辽金时期这里主要是鲜卑、库莫奚、契丹等族聚居。金代为北京路兴州兴安县、宜兴县，元代东境兼大宁路惠州地，是蒙古族活动的地区。明代先为兴州五卫，后又并入诺音卫。清代时，由于承德的地理位置重要，深得统治者重视，清世祖福临不断到北方巡视。顺治八年（1651）曾到达围场县北部察看地形。康熙二十年（1681）清王朝在南方平定三藩之乱后，根据政治上的需要，把注意力转向北方。在古北口外设置围场，以训练满蒙八旗军。自康熙四十一年（1702）开始，先后沿北京至承德、承德至围场的途中修建了八处行宫；到乾隆中期时，口外共有十四处行宫。康熙在《避暑山庄记》中写道：“金山发脉，暖溜分泉，云壑渟泓，石潭青靄，川广草肥，无伤田庐之害。”且距京师又近，“往还不过二日”，遂决定在此修建避暑山庄。此处原是个几十户人家的小村落，有两个居民点，即热河上营和热河下营。

承德这座城市以避暑山庄而得名。这是一个大型的皇家园林，又称“热河行宫”。清康熙四十二年（1703）开始兴建，康熙四十六年（1706）初具规模。据揆叙、蒋廷锡等人所写《恭注御制避暑山庄三十六景诗跋》记载，承德自然环境兼有南秀北雄的特色，加之距离京城又近，康熙选中此地辟为行宫。以后不断修建，直至乾隆五十五年（1790）最后竣工。园内原有宫殿、庭园、寺庙及管理等建筑物约 120 处。山庄内没有飞檐斗拱、雕梁画栋的建筑，而是以朴素淡雅的山村野趣为格调，取自然山水之本色，吸收江南塞北之风光，形成规模宏大的皇家园林。占地面积达 564 万 m^2，周围绕以虎皮石墙随山势而起伏，叠石缭垣，长达 10km。上加雉堞，如紫禁之制。有丽正门、德汇门、碧峰门等大小十个门出入。山庄分宫殿区和苑囿处两大部分。宫殿区在山庄的南部。苑囿区又分为湖区、平原和山峦三个景区。整个布局左湖右山，山势自北向西有利树峪、松林峪、榛子峪、西峪，回抱如环，温翠晴岚。此外还有许多楼台殿阁、亭轩廊桥及寺院庵观等，布局得体，灵秀幽趣。

城市论
The Theory of City

The Theory of Foreign Ancient City
外国古代城市论

THIRTEEN

第 13 章 外国古代城市论

THIRTEEN

13.1 文明早期的城市

一

前面已说，城市是文明的标志（另外还有文字、金属的使用和礼仪中心的建立），位于印度北部的谟亨约－达罗城（在今巴基斯坦的信德省境内），就是一座人类文明初期的城市。据考古学家研究，此城约建于公元前3000年左右，距今已达5000年。这座城市面积约7.8km^2，内有民居、宫殿、庙宇，有主次分明的方格网式的道路，还有完整的上、下水道。这是一座相当完整的城市，如图13－1所示。据马里奥·布萨利（意）在《东方建筑》一书中说："印度最古老的城市——谟亨约－达罗城经过了精心的规划和功能分区。它的居住区以街坊单元构成，并根据居民不同的社会等级在单元内进行标准化设计。这些建筑都是由窑砖建成的，但也使用了木材作为辅助手段。"

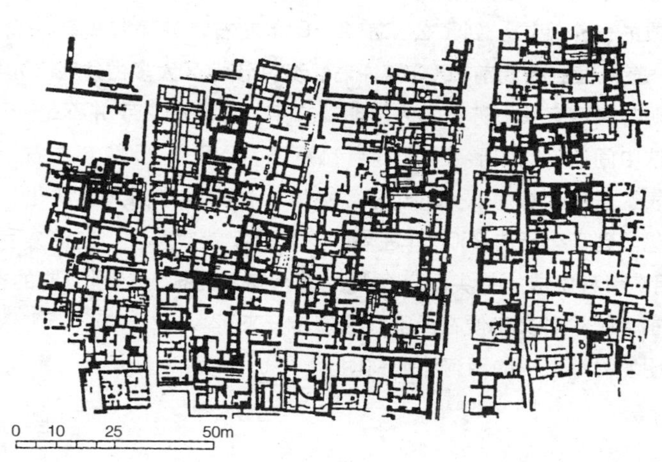

图 13－1 谟亨约－达罗城平面

该书还说："……大约公元前三千年，印度河流域几乎是突然之间产生了一个灿烂的文明，它拥有古代文明中最为辽阔的地域。其城市规划的水平达到了极具理性和活力的非凡高度。这些大城市都是一种方格网状的平面布局（这是经过精密严格规划的标志），而且每一个邻里街坊都根据居民所从事的职业加以划分和标识，对居住和工作场所的相互距离也做了极具现代感的规划。整个城市表现了一种等级森严的社会结构，这一社会结构通过建在人工高台上，有着巨大城墙的城堡形式得到了加强。城堡式的卫城是统治集团的所在地，也是抵御外来侵略（这种情况未必发生过，也没有任何文字记载）和频繁的洪水泛滥时的避难所。严格的理性思想表现为城市中齐备的公共设施，它们包括：十字街口的商队客栈、顶部设有洞口的谷仓、具有宗教性质的公共浴场，以及排水管道和污水系统。整个城市形态的朝向与当地的主导风向一致，这可能是为了利用自然的风力来清洁街道。”

二

接下来要说的是：人类文明的四大标志是否是同时出现的？是否是其中的一个是因，其余三个是果？是否城市是因，其余皆是果？或者它们都是独立出现的，相互不存在因果关系？

要讨论这些问题是难的，但我们在这里不打算对这些问题作进一步展开，我们还是先来看一些远古的城市，从中作一些探讨。

大约在公元前3500~前3200年，美索不达米亚地区的社会和文化，有人认为是建立在城市的基础上的（（美）菲利普·李·拉尔夫等著《世界文明史》）。美索不达米亚最先进的地区是位于其最南部的苏美尔地区。这里有水有草，是一片沼泽地带。最初，这里的人们（苏美尔人）还未建立统一的政权，而是由众多独立的城邦点缀其间，其中最重要的有乌鲁克、乌尔和拉格什等。随后，到了公元前2320年左右，整个苏美尔地区都被来自处于美索不达米亚正北部的阿卡德的一位强大武士所征服。这位武士的真名实姓已无从知晓，但我们知道他冠以“萨尔贡”，意为“真正的国王”。与他同时代的人则称他为“伟大的萨尔贡”。美索不达米亚年代记称他在取得34场战斗的胜利后控制了苏美尔，最后他胜利地进军到“下海”（波斯湾），在那儿用海水清洗他的武器，以示战争结束。在其后近200年的时间里，伟大的萨尔贡创建的王朝统治着由阿卡德和苏美尔组成的一个帝国。到了公元前2130年左右，苏美尔重新获得了独立，实现了“复兴”。“复兴”一直延续到公元前2000年左右，其间该地区大多由住在乌尔的国王统治着。

前面已说，文明与文字有关。苏美尔人发明了文字，但这种文字并不是一下子发明出来的，而是逐步形成的。这中间还借助图形表达它是什么意思。公元前3500年左右，苏美尔人开始在石头上刻图形，来表达是什么意思。大约过了500年，便由图形向文字演化。那时候，苏美尔人把这些文字规范化。到了公元前2500年左右，这种文字就成熟了。这种文字后来就称“楔形文字”，因为它是用芦苇秆做成的笔尖呈三角形的笔，在湿泥板上刻划而成的楔形符号组成的。到了公元前500年前后，这种文字便在西亚地区流传开来了。

这就是人类文明发祥地之一的两河流域文明。

三

人类文明初期，在东地中海沿岸也有一些值得注意的文明国家和城市。先说赫梯，这个国家位于今西亚叙利亚一带。据史书记载，大约在公元前1200年前后，赫梯人被弗里吉亚人赶出小亚细亚高原；但到了公元前10世纪后，他们又在叙利亚北部的一些小城市国家和托罗斯地区出现。这些城市国家中有幼发拉底河地区的卡尔克米斯、津古尔利和马拉蒂亚等城市。后两座城市位于西北部的山区，在那里，赫梯人与当地土著阿拉梅人共同掌握政权。20世纪初完成的考古发掘提供了有关赫梯晚期（或称叙利亚—赫梯时期）的大量资料。这个地方的人们的艺术和建筑相当粗劣，没有什么原创的东西，在后一段时间受到亚述人、腓尼基人甚至埃及人的深刻影响。首先，可以注意到在他们的公共建筑中，大量使用黑色粗玄武岩雕刻的护墙石板，有时也使用粗糙的灰白石灰岩，很少看到使用石柱头雕刻着双兽柱基的木柱，常用整块石头雕刻一些超过自然大小的雕像。城市的大小和布局差别很大，但都有一个坚固的防卫系统。津吉尔利的城墙直径约800m，形状几乎是个绝对的圆。在圆心处建有高高的城堡，里面有宫殿和岗亭。卡尔克米斯的城堡建在幼发拉底河的一块人工夯实的土台上，围墙曾两次扩建。但在所有这些城市中，最具特点的是被称为“比特—赫拉尼”的亚述式宫殿。我们已知公元前20世纪在泰勒阿卡纳这种建筑形式的起源：它包括一个柱廊，一个宽敞的客厅，厅内有通向房顶的阶梯，后面有其他附属空间。一个极其有意义的例子是在哈布尔河源头附近，泰勒哈拉夫的卡帕鲁大宫殿。在公元前9世纪时，这个地区是由阿拉格人建立的王朝，他们装饰宫殿的原则是使用大量的，多到近乎野蛮地步的雕刻：柱廊的柱子做成怪诞的人形或神话中的各种动物形状。叙利亚—赫梯人的建筑均由土坯砖加壮实的木结构建成。图13-2是卡尔米尔布卢尔，乌拉尔图城市台塞拜尼的城市平面图。

四

腓尼基位于今叙利亚沿岸，西临地中海，东倚黎巴嫩山，北接小亚细亚，南连巴勒斯坦。腓尼基地处西亚海陆交通的枢纽，商业早已发达。腓尼基最古老的居民是胡里特人。早在公元前3000年，色目人进入后，就与胡里特人混居。“腓尼基”这个名称，最早见于公元前3000年的埃及文献，作“腓尼赫”，后来希腊人称“腓尼基”，意为“紫红之国”。

腓尼基城市国家形成于公元前3000年，最重要的有乌加里特、阿瓦尔德、毕布勒、西顿、推罗等。在各城市国家，自由民财产分化剧烈。有产阶级在政治上享有特权地位，公职人员是根据财产资格选举出来的。城邦会议完全操纵在大奴隶主手中。

腓尼基长期处于分裂状态，没有一个城邦有足够力量能统一其他城邦。城邦之间经常发生争夺霸权的斗争。起初，北方的霸主是乌加里特，南方的霸主是毕布勒，公元前20世纪中叶，腓尼基已处于埃及控制之下，但各城纷争如故。至公元前14世纪，乌加里特衰落，为赫梯征服。毕布勒因为埃及在和赫梯战争后势力南移，失去了依靠，也无力与邻邦斗争。这时霸权便转归西顿。但是西顿的强盛也为时不长，公元前1200年前后，就被入侵的海上民族所灭。海上民族迁徙的浪潮平息以后，埃及国力不振，赫梯也已衰落，腓尼基诸诚除乌加里特和毕布勒外，再度成为各自独立的小王国，以南方的推罗为最强。当希兰一世统治时期（公元前969~前936年），推罗正值全盛时代。公元前8世纪后，亚述、迦勒底相继西侵。直至波斯帝国兴起，腓尼基终被兼并。

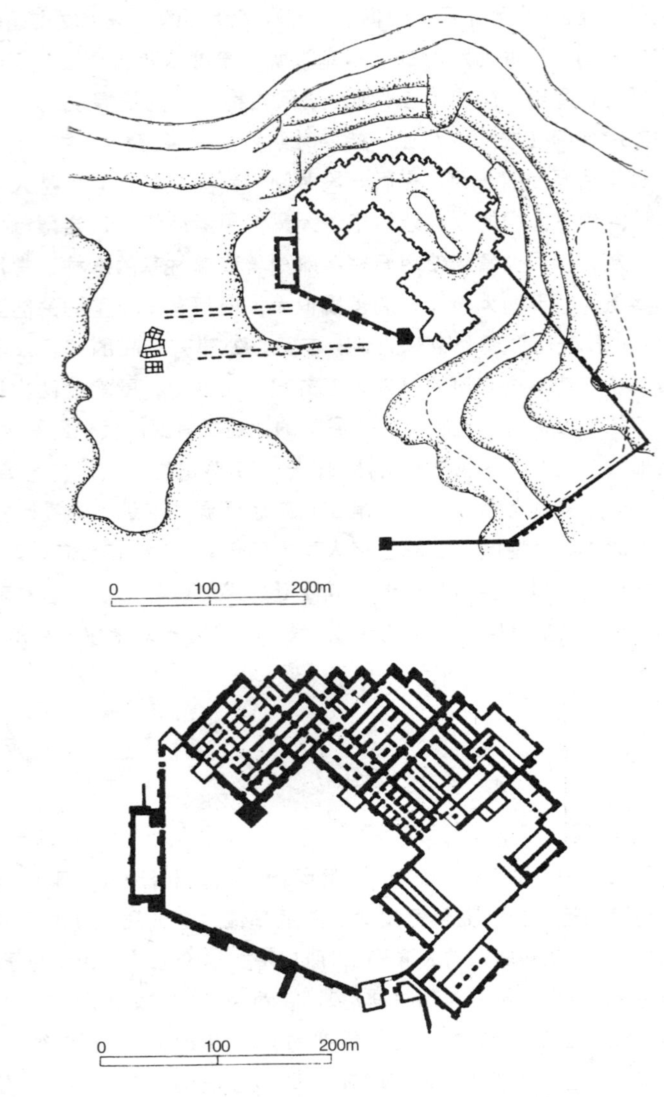

图 13-2　卡尔米尔布卢尔，乌拉尔图城市台塞拜尼

五

埃及是个古老的国家，前面已对它的几座城市作了分析，在此，再说底比斯城和阿玛纳城。

底比斯城最著名的建筑是卡纳克神庙和鲁克索神庙。卡纳克神庙即卡纳克阿蒙神庙（阿蒙即太阳神）。这个建筑建造时间很长，从公元前 1530 年~前 323 年，前后达 1207 年。建筑以中轴线对称布局，前面有 6 道门楼，主体是连柱厅，共有柱子 134 根，中间两列 12 根柱高达 3.6m，其他柱子高 2.7m，十分雄伟，图 13-3 是其残迹。

底比斯这座城市是古埃及十一王朝的首都，从这时期起，底比斯有很大的发展，成为古埃及最雄伟的城市。据史书记载，此城人口达 10 万余。可是在公元前 661 年，底比斯被亚述人破坏，后来又遭波斯人和罗马人所破坏，终于成为一堆废墟，但几个神庙的残迹至今犹存。

图 13–3　卡纳克神庙中的大柱

六

爱琴海域也是人类文明发祥地之一。这里有克里特文化和迈锡尼文化。克里特最古的文化层属新石器时代，在这个基础上，相继发展了金石并用和青铜文化。伊文斯曾把它分为三个时期，分别称为早期、中期和后期米诺斯文化。近年来，学者根据新的考古材料和研究成果，对伊文斯的分期作了若干调整，将上述三个时期的年代划分为：早期米诺斯文化，约公元前2600~前 2000 年；中期米诺斯文化，约公元前2000~ 前 1600 年；后期米诺斯文化，约公元前 1600~前 1125 年。

早期米诺斯文化属于金石并用时代，是克里特原始公社制逐渐瓦解的时期。中期和后期米诺斯文化则属于青铜器时代。中期米诺斯文化代表克里特岛出现阶级国家并走向统一的发展阶段。后期米诺斯文化则是克里特岛的统一王权米诺斯王朝由繁荣到衰亡的时期。大约到公元前 1450 年后，米诺斯王朝即为来自希腊半岛的异族所推翻。此后，克里特文化便逐渐衰微。

早期米诺斯文化是从克里特的新石器文化发展过来的。克里特的新石器文化有类似小亚细亚和塞浦路斯新石器文化的特征，专家推测克里特的古代居民可能是从小亚细亚渡海迁移过来的。到早期米诺斯文化时期，外来的移民更多。他们选择较温和肥沃的东部地区，建立农业部落，开始使用铜器。大约在公元前 2300~ 前 2100 年之后，铜器使用更多起来。这时与埃及的联系也显著加强。克里特的原始公社制大约从公元前 2000 年开始瓦解。在民族中，已可看到较富裕的大家族。

大约到公元前2000年，克里特岛便出现了最早的奴隶制国家。关于国家，主要是从考古发掘的结果来推断：当时岛上的若干地方出现了大小不等的城邦宫室，其中以岛北克诺萨斯和岛南法埃斯特的宫室建筑最为宏大。公元前1900~前1700年间，克诺萨斯和法埃斯特两地都发展了较高度的文化。王宫建筑等标志着当时文化的高度发展水平。最初的奴隶制国家可能是各自独立的小国，一座王宫就是一个小国的统治中心。在各地的王宫建筑中，克诺萨斯的王宫最为突出。它建造得越来越宏大、华丽，反映国家即传说中的米诺斯王国势力日益扩大。

后斯米诺斯文化大约从公元前17世纪末开始。当时的社会生产力进一步发展。克诺萨斯王宫集中代表克里特文化的成就。王宫依山而建，中央是一长方形的庭院，四面以国王宝殿、王后寝宫、有宗教意义的双斧宫，依地势坡度建成的楼房环抱而成。这些建筑形式多样，有门厅、长廊、阶梯等相连接。宫外西北角有剧场，从壁画可知在这里表演斗牛戏。这与希腊神话中当时有牛精相关。这就是所谓的“迷宫”。

七

爱琴海域的西南端，希腊半岛的南端是伯罗奔尼撒半岛，公元前2600年后，这里便形成了另一个奴隶制（初期）国家，即迈锡尼。这个国家在形成过程中，克里特的影响对其起着很大的作用。迈锡尼社会经济的发展，特别是手工业和商业的发展，很大程度上是受克里特文化的影响。但从圆顶墓王朝建立后，迈锡尼便与克里特展开了竞争，它的工艺品甚至超过了克里特的水平。这一时期，迈锡尼输出大量陶制工艺品往埃及、小亚细亚、塞浦路斯和腓尼基等地。圆顶墓出现于科林斯、派罗斯、麦西尼亚、拉哥尼亚和阿提卡等地，说明希腊各地都有迈锡尼文化的分布。

八

文明发祥地的城市，还需说美洲的文明发祥。美洲最古老的居民，主要是印第安人和爱斯基摩人。其中印第安人早在距今约4万年前，就开始从亚洲东北部移入北美洲，然后逐渐向南迁移，大约在距今1万年前，分布到南美各地，主要从事农耕和畜牧业生产。爱斯基摩人从亚洲移入美洲的时间要比第一批到达美洲的印第安人晚很多，主要居住在北美洲北部和北极地区。但在15世纪末以前，美洲大陆与世界文明发达地区是隔绝的。而且居住在美洲各地区的诸民族间缺乏联系，所以美洲社会历史的发展远远落后于亚欧大陆。但在欧洲殖民者到达美洲之前，美洲印第安人已创造出相当繁荣的文明了，出现了玛雅文化、阿兹特克文化和印加文化这三大文化中心。玛雅人是创造美洲文明的先驱者，被誉为“新世界的希腊人”。约从公元前2000年起，玛雅人就居住在今墨西哥东南部、危地马拉、萨尔瓦多和洪都拉斯西部广阔地区，公元前1000年，玛雅人发展到定居的农业文明，到公元250~900年间，玛雅文明达到高度繁荣。15世纪时，玛雅文明由于内部政治动荡而衰落，后来又遭到西班牙殖民者的彻底破坏。农业经济是玛雅人的主要经济，他们用刀耕火种的原始耕作方法种植玉米、甘薯、西红柿、豆类、棉花等作物。玛雅人在天文、历法和数学方面取得了杰出的成就。著名的“玛雅历”是玛雅人创造的一种太阳历，一年共18个月，每月20天，年终剩下5天为“禁忌日”。他们能推算出月球和行星的运行周期，按星的运行来确定昼夜的时间。特别值得一提的是他们还发明了象形文字。他们把国家的重大事件用文字刻在石碑或石柱上。

玛雅建筑十分壮观，他们的城市一般都有大规模的建筑群，中心建筑物是金字塔和神庙。这种金字塔的顶是平的，它也作为神庙，有太阳神庙和月亮神庙等。图 13－4 是太阳神庙金字塔。

图 13－4　墨西哥太阳神庙金字塔

美洲另一处古老的文明发祥地位于今南美洲西部，这里居住着印加人。图 13－5 是美洲古代玛雅人和印加人居住的地方。印加人即印第安人，他们所建立的国家叫印加帝国。

在印第安克丘亚语中，库斯科意即“世界的中心”。从公元 1243～1533 年，它一直是印加古国政治、经济、文化和宗教的中心。印加古国先后有 13 任印加王执政，其中有 12 位印加王定都库斯科。库斯科是一座古意盎然、别具风姿的城市。在狭窄而齐整的街道上，巨石砌成的殿堂、庙宇错落有致，古驿道的路迹依稀可见。全城布局井然有序，城市中心是兵器广场，为数不多的东西、南北走向的街道辐射全城。兵器广场曾是印加古国举行庆典的地方。1533 年，西班牙入侵者占领库斯科后，广场成为屠杀印加人民的刑场。1650 年及 1950 年虽经两次大地震，但城内印加时期的一些街道、宫殿、庙宇和其他建筑物仍有好多保存完好。广场东北有太阳神庙及月亮神庙、星神庙等五间大厅，广场东南现存蛇神殿墙壁遗址。

图 13－5　古代美洲的玛雅人和印加人聚居地

在洛雷托街上，著名的阿克拉西石墙和胜利街上的印加罗加宫墙基也都是古印加国的遗物。兵器广场四周，在原印加建筑的废墟上矗立着殖民时期的连拱廊和其他建筑，大多为地震后重建的。这些建筑不少为西班牙及西欧的建筑风格与印加建筑风格的融合体。广场北侧的库斯科大教堂顶端“福音钟楼”上，悬有一口重达 13t 的巨钟，钟声能传遍方圆数十里。

在离库斯科城北约 2km 的一个 300m 高的小山上，是举世闻名的印加萨克萨瓦曼城堡古迹。每年 6 月 24 日是“太阳节”，印加人都要到这城堡来祭太阳，人们在祭坛上点起圣火，用佳肴、美酒等祭祀，又弹奏乐曲，唱歌、跳舞。

还有一种说法，认为印加人是古代中国的殷人。他们漂洋过海来到这里定居。据考察，印加人的石雕，外表饰有图案，这些图案酷似中国当时的荆楚文化。在当今的安第斯山脉中发现有侯喜墓。侯喜人以针灸按摩为特色，至今日本人还到他们那里去学习。而中国商代甲骨文

"尹"字作以手执针状，"殷"作刺人腹下肢状，故尹人长于针灸按摩。史料证明，中国殷商在江淮地区，确实有一个诸侯国叫攸国，攸侯名喜，即殷末军事统帅攸侯喜。江南地区潮湿，易得瘟疫，因此诸侯国首领都是集巫、医、政、军于一身的人。攸侯喜不仅是军事首领，同时也是医师。因此，印加人的侯喜墓，葬的可能就是中国殷代的攸侯喜。

印加人自称是太阳之子，称太阳为"因蒂"（Inti）。而中国古时殷帝被当作人一方的天帝，殷人自称"天命玄鸟，降而生商"，把自己视作天国之父太阳神的子孙。太阳神鸟又称玄鸟。1906 年在秘鲁发现的前印加文化纳斯卡陶瓷上也绘有 7 只鹰类猛禽，每只下书有"天"字。有人认为，这些绝非偶然，它说明"Inti"是中国殷人的传统，是太阳鸟，也就是中国"殷帝"的发音。当然这还只能说是现象，还应当作进一步的研究。

13.2 古希腊和古罗马的城市

一

古希腊有一段漫长的历史。史学家将古希腊（从荷马时代算起）分成几个历史时期：荷马时期，公元前 12~前 8 世纪；古风时期，公元前 7~前 6 世纪；古典时期，公元前 5~前 4 世纪；希腊化时期，公元前 3~前 2 世纪。公元前 146 年被罗马帝国征服。

随着贸易的增进，城市围绕着市场和防御工事发展起来，成为政府的所在地。于是，城邦这种由希腊人所发展起来的最负盛名的政治社会组织出现了。实例在希腊世界几乎随处可见：大陆上的雅典、底比斯和麦加拉；伯罗奔尼撒的斯巴达和科林斯；小亚细亚沿岸的米利都；爱琴海诸岛上的米太林和萨莫斯。它们在地域和人口上大不相同。斯巴达面积在 7770km^2 以上，雅典也有 2745. 4km^2，它们是最大的城邦；其他城邦则平均不足 259km^2。在其势力的鼎盛时期，雅典和斯巴达的人口均约 40 万人，近似于它们绝大多数邻国的三倍。

更为重要的是，希腊诸城邦在文化演进中广泛地变化着。希腊古风时期，伯罗奔尼撒的科林斯是文学和艺术发展的领袖。在公元前 7 世纪，斯巴达超过了它的许多竞争对手。超群出众的当属小亚细亚沿岸和爱琴海诸岛讲希腊语的诸城市。其中最出色的当属米利都。在那里，辉煌的哲学和科学之花早在公元前 6 世纪就已经吐蕊了（引自：（美）菲利普・李・拉尔夫等著. 世界文明史（上）. 北京：商务印书馆，1998）。

米利都由号称"城市规划之父"的希波丹姆规划。米利都城三面临海，城的四周均建城墙，城市路网采用棋盘式。两条主要大街从城市中心通过，中心的开敞式空间呈"L"形，有好几个广场。市场及城市中心位于三个港湾附近，将城市分成南北两部分。北部较小，南部较大。

城市中心划分为四个功能分区。东北部和西南部为宗教区，北部和南部为商业区，其东南部为主要公共建筑区。城市用地的选择适合于港口运输与商业贸易要求。城市南北两个广场呈现出一种前所未有的崭新面貌，是一个规整的长方形。周围有敞廊，至少有 3 个周边设商店的房子。

希腊化时期建造的普南城（此城最早建于公元前 6 世纪），这座城市较小，建造在 4 个不同高度的台地上。从城市岩顶至南麓竞技场、体育馆高差达 97. 5m。第一层（最高）是底米特神庙；第二层是雅典娜波利亚斯神庙；第三层为普通市场，鱼、肉市场以及会堂；第四层（最低）建有竞技场、体育馆等。

普南城是按照希波丹姆规划形式进行建设的，顺等高线有7条7.5m宽的东西向街道，与之垂直的有15条3~4m宽的南北向台级式的步行街。市中心广场居于城市的显要位置，占道路交叉处中心地带的两个整街坊与局部其他地段。广场的面积与城市公共活动的要求相适应，是商业、贸易与政治活动的中心。广场东、西、南三面均有敞廊。廊后面是店铺及庙宇。广场北面是主敞廊，长达125m。广场上设有许多雕塑。位于西侧，与广场隔开的是鱼、肉市场。

这座城市东西长600m，南北长300m，约有80个街坊。街坊面积很小，每个街坊只有47m×35m。每个街坊约有4~5座住屋，全城约4000人。住屋多为三层，但不做庭院。

亚历山大城于公元前332年在今埃及北部创建。这座城市被称为古代世界上最大、最美的城市，是当时地中海的经济贸易、文化艺术中心，是地中海与东方各国进行各方面交流的中心。这座古城有较完整的路网，骑马或乘车都很方便。最阔的街道有2条，每条宽33m，彼此直角交叉。城中有最壮丽的庙宇和王宫。宫殿占全城面积的1/4~1/3。王宫的一部分包括有名的亚历山大博物园、图书馆、动植物园、研究院、集会的厅堂以及游览的场所等。图书馆藏书达70万卷，这是自亚述设王室书库以来，古代最大的藏书机构。当时，古希腊科学家如欧几里德、阿基米德等都到达亚历山大。亚历山大城在文化上的功绩，超过古希腊任何城邦。

二

古罗马也是一处文明发祥地，据考古学家研究，大约在公元前2000~前1000年，一股股的讲印欧语的移民群体越过阿尔卑斯山进入意大利，并在此定居下来。这些人是牧民和农民，他们随身带来马匹、轮车及铸造青铜工具的技术。公元前900年左右，他们掌握了冶铁技术。这些印欧人的一支，就是罗马人的祖先。大约在公元前8世纪，另外两个民族的移民分别占领了意大利半岛的不同地带，这就是伊特鲁里亚人和希腊人。伊特鲁里亚人来自何处，这一问题始终没有得到圆满解决，不过他们肯定不是印欧语系的民族。有关专家大多认为他们是小亚细亚人。无论他们发源于何地，到了公元前6世纪，他们建立了一个扩展到意大利北部和中部大部分地区的城市联盟。尽管我们至今还未能完全释读他们的文字，但现存资料已足以显示其文化的性质。他们有以希腊字母表为基础的字母表，有高度熟练的冶金技术，具有非凡的艺术才能，同东方贸易往来频繁，并有一种以崇拜人形神祇为基础的宗教。

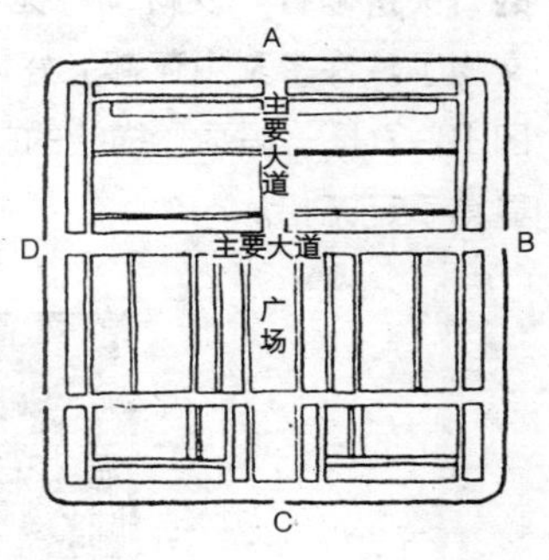

图13-6　罗马营寨

最早的古罗马城市，是“营寨”的形式。公元前275年，在地中海沿岸筑有派拉斯营寨，这是古罗马营寨城的最早形式，如图13-6所示。据研究，如今的欧洲城市，大约有120~130个城市是从罗马营寨的基础上发展而成的。有些城市还可以看到原来的面貌。其中最典型的营寨城市是建于公元100年，即罗马帝国时期的北非城市提姆加德。此城建造后150年不幸被北非的风沙淹没了，直至近代才被发掘，故完整地保存了原貌（转引自：沈玉麟编《外国城市建设史》）。

三

公元79年，因火山爆发而使整个庞贝城压在火山灰和熔岩之下。这是一个毁灭性的灾难。可是，也由于这个灾难，保存了许多古罗马文化。对现代来说，它为我们研究古代罗马的社会、文化和艺术等提供了极为丰富的资料。1748年，人们便开始对这座神奇的古城进行发掘。但由于它规模大，有价值的文物非常丰富，而且火山灰和熔岩覆盖甚坚，所以挖掘工作一直持续了200余年，直到1960年才基本完成。

庞贝城基本上形成于罗马共和时代，并在罗马帝国时代增建了许多重要建筑。其中有丘比特神殿、阿波罗神殿，还有市民集议场、菜市场、店铺和巴西利卡（法庭）等。此外，城里还有剧院、露天剧场、角斗场、公共浴场等许多传统的罗马时代的公共建筑。城市街道布局十分整齐，井井有条。从城市形态来说，很有世俗情趣。例如，在街道的两边都有人行道。沿街还设排水沟，上盖石板。不但下水道系统完整，而且也对上水道作了安排，利用喷泉取水，并做了许多蓄水池来聚集雨水。因为那里气候干燥，水是很宝贵的。

由于这突如其来的自然灾难，所以人们来不及逃避就被埋在地下了。因此，我们还能看到当时市民生活的许多情景：街上有许多店铺，有铜匠店、制鞋店和作坊，有卖衣料的店铺，也有糖果店和熟食店。在街道的后面或者在里弄的，则是居民住宅区。住宅中最大的要数潘萨府邸和银婚府邸。这两个府邸几乎占去了一个街坊，可能是有钱有势的大户人家。一般的住户，面积是比较小的，二三间房间即一家。但住宅形式很多样，有平台式的、公寓式的，还有别墅等。在住宅室内墙上，往往画着有深远感觉的画（建筑或风景），使空间感到宽绰而幽雅。这可见当时人们已经对空间心理有较深的认识了。在弄堂的墙壁上，很多地方还留着漫画，歪歪斜斜地写着字，据分析，这些都是孩子们干的。更有趣的是在有些家庭的地板上，还用不同色彩的石头拼砌着“发财”、“见喜”等字样。这种两千年前的民俗文化，对现在来说真是太可贵的文物了。许多家中还都完好地放置着家具、摆饰，还有壁炉等，好似他们还在这里生活似的。图13-7是一幅画，描绘的就是当时火山爆发时的景象，人们惊恐万状，面对这突如其来的天灾显得手足无措。

图13-7 《庞贝末日》

13.3 中古时期的欧洲城市

一

所谓中古时期，即中世纪，时间大约是在公元5世纪中叶西罗马灭亡至15世纪意大利文艺复兴开始前夕。这里主要是指欧洲，但如果包括东罗马（拜占庭），那就须从公元4世纪初开始。从社会发展史来说，这就是欧洲的封建社会。

中古时期的城市是很有特点的。首先，它多数小型化，有的城市就是一个城堡；其次，是封闭性，城市的四周中均筑高墙，表现出冷兵器时代能攻易守的格局；第三，是经济不发达，由于连年战争，不从事生产，不讲究经济的发展，所以整个社会民不聊生，举步维艰。

中古时期对于欧洲来说，分为东、西两部分，西欧部分从公元5世纪进入中世纪后，人们称之为“黑暗的年代”。直到公元8世纪后才渐渐复苏。因此西欧中世纪城市兴起于9~10世纪。这种城市最早始于意大利，后来扩展到荷兰、法国和德国等地。在手工业和农业急剧分化的过程中，从农村居民中分化出来的手工业者和商人聚居于一定的地点，不仅出现了保留着半农业性质的、规模不大的城市，而且过去曾经是大型经纪商和手工业生产中心，以及重要的行政、政治和宗教中心的城市，在规模上也获得了较大的发展，如威尼斯、热那亚、佛罗伦萨、米兰、罗马、那波利、巴黎、伦敦、布鲁日、根特、科隆、卢卑克等城市。中世纪早期的城市与乡村差不多，它依附于封建主，城市建立在世俗和宗教的大领主的领地内。但是在11~12世纪，城市发展出现质的飞跃，中世纪西欧城市中的商人和手工业者成立了行会（Guild），采取了各种形式的斗争，如从武装起义直到向封建主贩卖某些优惠权，从而摆脱了这种依附关系，获得了自治。自治意味着建立一个政治机构对新经济结构进行调节，设立一种保护机构来对抗领主，以维护市民生活和商业贸易，并为市民文化的生长提供土壤。城市市民享有个人自由，设立城市法庭，建议由选举产生的政权机构。在自治城市中，城市议会是其中的主要机构，它掌管行政事务、税收，对商业、手工业实行监督，领导城市武装力量，使某些城市转变成某种意义上的集体领主。有的城市则成了独立的共和国。12世纪后，由于手工业和商业的繁荣，货币开始流行，城市变为商业活动中心，人口逐渐集中到城市中来。正是在这些城市里，城市建设得到很大的发展。

东欧部分从公元4世纪末起，在今土耳其的伊斯坦布尔建立东罗马（又称拜占庭），以及其社会制度和经济形态，这里便是中世纪了。当时拜占庭的范围较大，包括今土耳其、巴尔干、俄罗斯等地。拜占庭帝国由于有牢固的经济基础，社会政治形态也比较适合当时的形势，所以它一直延续到15世纪，1453年才被奥斯曼帝国所灭。

中世纪东欧的城市，除了首都君士坦丁堡外，其他的城市主要集中在后来兴起的俄罗斯，如诺夫哥罗德、基辅、莫斯科以及下诺夫哥罗德等。

二

中世纪的城市，一方面与商业有密切的关系，另一方面也与宗教有关。有人认为，中世纪教区城市不过是依赖乡村为生。居住在教区高墙内的主教和修道院长，依靠他们拥有的领地的地租和税收过活，因此，他们主要依靠农业为生。城市不仅是宗教的中心，也是庄园行政的中心。

在战争时期，这些旧城堡就成了附近居民的避难所。在随着加洛林皇朝的解体而开始的不安定时期内，南方有萨拉森人入侵，北方则与西边的诺曼底人有战事，加上 10 世纪初又遭受匈牙利骑兵可怖的袭击，人们迫切需要保护。这些侵略行径，促使各地建立新的避难所。在这个时期，西欧遍布着设防的城堡，都是由封建诸侯建立的，作为他们臣民的安身之处。这些城堡照一般的称呼就是“堡”，通常是由泥土或石头筑成壁垒，外面围以壕沟，并且开有许多城门。他们征派附近的维兰（贫农）来修建和维护城堡。在城堡里驻扎着一队守备的武士，有作为领主住宅的主楼，还有一所为满足宗教需求而设立的教堂，也有仓库，用来收藏谷物、熏肉以及从庄园农民那里征收来的各种实物。这些东西用以补给守备队，但在危急的时候，也用来供应那些驱赶牲畜进入城堡的人们。因此，世俗的城堡与教会的城市一样，都依靠土地为生。两者都没有自己实际的经济形态。它们完全适合于农业文明，因为它们不反对农业文明而是保障农业文明。

但是，商业复兴迅速地改变了它们的性质。10 世纪下半叶，改变的初步征兆已经显露。在小贵族把劫掠当作谋生手段的时代，商人遭受的各种危险，促使他们一开始就寻求城堡的保护。城堡分布在商人旅行所经过的河流沿岸或自然的道路上。在夏季，城堡成了他们休息的地方，在冬季，城堡则成了他们过冬的场所。位置最优良的城堡是在河口、河湾、两条河的汇合处，或者在河流不能通航、货物必须起岸才能继续前行的地方。这些城堡就成了商人和商品经过或寄宿的地方。

随着商业的发展，新来的人不断增多，这些城市与城堡向他们提供的地方日益不敷。他们被迫在城外定居，在旧的城堡外面建造新的城堡，用一个恰当的名称可定名为外堡。这样，在教会城市或封建城堡的附近，兴起了商人的居住地，这里的居民所过的生活与城市里的居民所过的生活很不相同。在 10~11 世纪的文件中，常用商埠一词来称呼这些居住地，十分确切地说明了它们的性质。事实上，它们并不是现代意义上的商埠，它们只是商品通过的地方，是极其活跃的转运地。在英格兰与法兰德斯，居住在这种商埠的人，被称为“商埠人”。长久以来，商埠人一词被解释为市民或城堡居民的同义语。确实，用商埠人一词来形容居住在商埠的人比用市民一词更为恰当，因为最初的市民完全是依靠商业为生的。11 世纪末以前，商埠人也被称为市民，而市民一词本来是指居住在旧城堡的人，商埠人定居在城堡之外，为什么也被称为市民？这是因为商人集团筑起了城墙或栅栏来保护自己，他们居住的地方也变成了一个城堡。新城堡立即使旧城堡黯然失色，因此市民一词的引申是不难理解的。在商业活动最为活跃的中心，例如布鲁日，12 世纪初，新的城堡就四面八方地包围了旧城堡，并且把旧城堡作为核心。附属的变成了主要的，新来者胜过了老居民。从这个意义上说，由城堡决定它的地位，这种说法是正确的。

三

如果要深入地讨论中世纪的城市，还须注意当时城市的制度与法律方面。当时的社会，在物质上由大土地所有者所控制，精神上由对商业极端仇视的教会所控制。当时有人甚至把商人称之为“魔鬼的牧师”。因既存的秩序而得益的人，则要顽强地保卫既存的秩序，这不仅由于他们要保障自己的利益，同时也由于他们认为既存秩序对保障社会安定是不可缺少的。此外，市民阶级本身对这个社会远没有采取革命的态度。他们认为地方诸侯的权威、贵族的特权，尤其是教会的特权都是当然应当拥有的。他们甚至承认与他们的生活方式显然矛盾的禁欲主义的道德。他们只希望在日光之下有一个地位。

市民阶级最不可少的需要就是个人自由。没有自由，那就是说没有营业、销售货物的权利，这是奴隶所不能享有的权利，没有自由，贸易也就无法进行。他们要求自由，仅仅是由于为了获得自由以后的利益。在市民阶级的思想里，他们根本没有把自由视为天赋权利。

如果说自由是市民的第一需要，那么他们还有别的一些需要。传统的法律，拘泥而狭隘，仍使用神判法、司法决斗，其法官是从农村居民中选拔出来的，这种法律只是一些逐渐形成的惯例，其作用是处理以耕种土地或以土地所有权为生的人们的关系，这种法律不能适应以工商业为生计的人们。因此，需要有一种更为灵活的法律，一种更为迅速、更不依赖偶然性的证明方法，并且需要熟悉受审者的职业情况，能够凭借对案情的掌握迅速结束争论的法官。在较早时期，或最迟在 11 世纪初，由于环境的需要，产生了一种处于萌芽的商法。这是商业活动所形成的一些常规的汇编，是商人们在交易中所通用的一种国际惯例。由于缺乏合法的效力，在当时的法院无法接受这些惯例，因此，商人们同意从他们中间选出能了解他们的争论并能迅速予以处理的仲裁人。无疑，我们必须从这里来追溯某些法庭的起源。在英国，这种法庭有一个很生动的名称——“灰脚法庭”，这是因为到法庭进行诉讼的商人，脚上还沾染着旅途的灰尘。不久，这种特别法庭就成为公众权威所认可的固定的法庭。1116 年，法兰德斯伯爵在伊泊尔废除了司法决斗，相信就在同时，在他自己所统辖的大部分城市中，设立了从市民里选出的市参事会的地方法庭，只有这样的法庭才有资格对市民进行裁判。在所有的国家里，都先后设立了这样的法庭。意大利、法国、英国、德国等城市都获得了司法自治，使它们成为超乎地方惯例之外的司法独立的地方。（引自：（比）亨利・皮朗著. 中世纪欧洲经济社会史. 乐文译. 上海：上海人民出版社，1987）

随着城市商业的发展，交易的增加，要求货币有相应的增加，从各种税收、各铸币厂所得到的收入，自然日益增多地流入诸侯的财库。因此，封建领主对市民采取一种亲善的态度，这是不足为奇的。而且，封建领主们一般都居住在自己的乡村堡垒里，与城市居民没有接触，由此避免了许多冲突。宗教诸侯的情况就不同了，他们几乎一致反对城市运动。这种反对有时发展为公开冲突。由于主教们必须居住在教区行政中心的城市里，他们必然要保持自己的权威，竭力反对市民阶级的野心，尤其是因为这些野心是由教会向来所怀疑的商人所领导而鼓动的。11 世纪下半叶，帝国与教会的争执，使伦巴第的城市居民乘机反对买卖圣职的主教们。这个反对运动从伦巴第经过莱茵河，一直扩大到科隆。

这样，中世纪的城市也可以看成是古代城市向近现代城市的一种过渡形态，或者说以“城”为主变到以“市”为主。

四

我们在上面已说了一些欧洲中古城市，如意大利的佛罗伦萨、威尼斯，法国的巴黎，德国的纽伦堡以及东欧的君士坦丁堡、莫斯科等，在此分析几座欧洲中古城市。

先说意大利著名的中古城市锡耶纳。此城位于意大利中部托斯干地区。这座中世纪城市也可视为如上面所说的是从古代城市走向近代城市过渡形态的典型代表。

这座城市的特点是有许多称得上是“城市明珠”的广场。最著名的是锡耶纳大广场（坎波广场），这里是11条街道的交汇点。广场呈扇形，砖铺地面，有小小的坡度，这种形式不仅有利于排水，而且也突出了广场的中心建筑——高达88m的曼加塔。这里的古建筑多为哥特式风格，显得很有文化内涵，或者说有诗意。甚至在这里我们好像联想不起欧洲中世纪的苦难和杂乱。

其次说德国的中世纪小城诺林根。这座城市建成于公元900年，1217年成为独立的城市共和国。诺林根以教堂为中心，呈放射形，道路呈蛛网状不规则形，转折较多，且较狭窄。教堂以巨大的体量突出了市中心的地位。诺林根有完整的城墙。这不仅出于防御需要，也是建立新的城市体制和新的秩序的象征。此城空间采用封闭形式，把各自分散的建筑物组成丰富多姿的建筑群体。城内多狭窄和向上的空间。高耸的尖塔、角楼、山墙等，表述出超凡脱俗的精神。图13-8是诺林根的平面图。这些特征都属于欧洲中世纪的美学特征。但从美学理论来说，它们当时这些做法的出发点并不在美，而在实用性和宗教性。

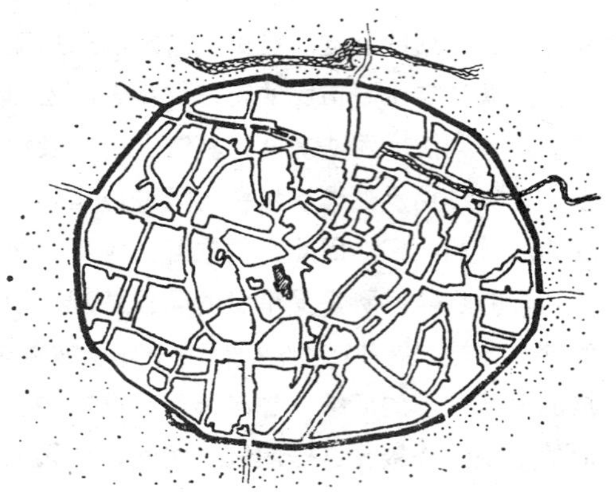

图13-8　诺林根平面图

第三说今乌克兰首都基辅。这座城市始建于公元6世纪末~7世纪初，据称是由基伊、谢克和霍利夫三兄弟合建，为纪念长兄，故命名基辅。编年史上称它为“俄罗斯诸城之母”。9世纪末~11世纪初，为东斯拉夫人早期的封建国家基辅罗斯首都。基辅在10世纪末~11世纪初最繁荣，可与君士坦丁堡相抗衡。12世纪中叶，基辅罗斯分裂为若干封建公国，形成俄罗斯、乌克兰和白俄罗斯三国。后来，均并入俄罗斯。苏联时期为乌克兰首府。

乌克兰这座城市，大部分坐落在第聂伯河右岸，左岸为工业区。此城风景秀丽，绿化占全市面积的60%以上，有公园52座。勃罗瓦勒森林覆盖城市的东部；戈洛西耶夫森林和康察—扎斯帕森林横贯东南；博亚尔森林和斯维雅托申森林位于西南；普沙—沃季察森林在城的正南，整个城市的绿地面积达22万hm^2，所以被称之为“花园城市”。基辅的上城位置居中，是基辅历史文化的核心所在。克列夏季克大街居于市中心，是城市主要大街，街的两侧是隆起的丘陵，街道仿佛是斜坡中间的一条河流。

基辅城内，有建于1037年的，作为古罗斯建筑艺术卓越代表的圣索菲亚大教堂及基辅罗斯主要宗教中心基辅洞窟大修道院等。

除此之外，欧洲中古城市还有卢卑克、伯尔尼、布鲁日、阿姆斯特丹、哥多瓦和格兰纳达等，在此不再细说。

13.4 中古伊斯兰国家的城市

一

伊斯兰教的创始人是穆罕默德（570~632），7 世纪初，他开始在麦加（今属沙特阿拉伯）宣传伊斯兰教，把他所在的部落古莱西的主神安拉奉为唯一的宇宙之神。伊斯兰教的圣典《古兰经》，据说是安拉通过穆罕默德降谕世人的“默示”。经上说：“除独一的安拉以外，别无主宰”，“安拉为你们创造大地上的一切”，“天地万物皆属安拉”。穆罕默德自称是全能的安拉使者、信徒的“先知”。“伊斯兰”原为皈依之意。伊斯兰教的信徒“穆斯林”，意即信仰安拉、服从先知的人。伊斯兰教建筑称清真寺（礼拜堂）。就整个伊斯兰教建筑来说，还包括城塞、王宫、经学院、墓寺、图书馆及澡堂等。

伊斯兰国家的城市是很有特点的，在这里分析两座城市：伊斯法罕、撒马尔罕。

伊斯法罕位于今伊朗境内，为伊斯法罕省省会。此城已有2500 年的历史了。公元 11~12 世纪，波斯塞尔柱王朝时期这里是首都。16 世纪末 ~ 18 世纪初，这里又成为沙法维王朝的都城，同时又是东西方贸易集散地，“丝绸之路”南路的要站。当年十分繁华，云集着东、西方许多国家的商人和游客，有“伊斯法罕兰天下”之美誉。市内有很多著名的名胜古迹，市中心长方形的皇家广场（现名伊马姆广场），长 500m，宽 160m，是沙法维王朝阿巴斯大帝当年检阅军队和观看马球比赛的场所。在它周围，屹立着一批古代建筑，雄伟精致，是波斯建筑艺术之代表作。广场南面是穹形波斯建筑风格的伊马姆霍梅尼清真寺；西面是阿里·卡普宫；东面是阿巴斯之后谢赫·鲁特福拉清真寺；北面是保留着 300 多年前风貌的传统市场——巴扎。在这里，可以观赏闻名遐迩的伊斯法罕手工艺品。离皇家广场不远，有阿巴斯大帝用作接见和宴请外宾的四十柱宫，宫殿门廊上的 20 根擎柱，倒映在门道清澈的池水中，如似又有 20 根柱子，故称“四十柱宫”。图 13-9 为伊斯法罕皇家清真寺形象。

撒马尔罕，为今乌兹别克斯坦的大城市，位于泽拉夫尚河谷地。公元 712 年为阿拉伯人进居，传来伊斯兰文化。13 世纪初，归花拉子模王国统治，后为成吉思汗铁骑所毁。14 世纪末为帖木儿帝国首都。1868 年并入帝俄。十月革命后，一度为乌兹别克共和国首府，现为乌兹别克文化中心。这里有 14~17 世纪的许多古迹。其中以帖木儿帝国时代建造的宫殿、陵寝最为壮丽，有带有五颜六色穹隆顶的古尔—艾米尔陵墓，它是帖木儿及其后嗣的陵墓。帖木儿悼念其王后所建的比比·哈努姆修道院，十分精美。城东北郊为著名的兀鲁伯天文台遗址。撒马尔罕旧城为古迹集中地，帖木儿在此建都时，曾将街道扩建为有顶棚的宽大的街道。

图 13-9　伊斯法罕皇家清真寺

二

中世纪的印度，伊斯兰教入居，所以有好多城市及其建筑，在风格上显现为伊斯兰特征。最典型的是阿格拉，这是印度中世纪莫卧儿王朝的都城。这座城市是城堡式的，城堡坚固高大，有瞭望塔、箭楼以及凸出于城墙的阳台和廊子。这座城市有许多著名的古建筑，如莫卧儿王朝的皇宫——“红堡”亚格拉堡，以及莫卧儿王朝贾汉吉尔大帝皇后为她父亲修建的陵墓等；但最负盛名的是那座象征爱情结晶的泰姬·玛哈尔（图 13–10），此建筑被誉为世界中世纪七大奇迹之一。

图 13–10　泰姬·玛哈尔

今印度首都新德里的旧城德里，也是一座印度中世纪的名城，位于印度北部北方邦和哈里亚纳邦之间。据资料记载，公元前 1400 年左右，印度大史诗《摩诃婆罗多》中的般度族英雄们曾在此建都，取名“因陀罗普拉斯特”，即“因陀罗神（雷神）之住所”。在此以后，这里曾先后出现过 7 个德里城。公元前 1 世纪，印度王公拉贾·迪里重建此城，德里因而得名。公元 1648 年，莫卧儿王朝皇帝沙贾汗曾把德里改名为沙贾汗纳巴德。旧城街道曲折，小店林立，多古代建筑，并多具有深厚的宗教色彩。用红砂石建造的莫卧儿王朝皇宫红堡，公元前 200 多年孔雀王朝阿育王建立的阿育王柱，印度最高古塔库塔布塔及印度最大的清真寺贾玛寺，都是驰名世界的名胜古迹。

三

在以西亚为中心的欧、亚、非地区，当伊斯兰教兴起以前，这一带的文化特点其实很相近，而且都比较古老。从城市来说，这里的古城也很有特点，我们可称之为中世纪阿拉伯国家和城市。在此分析其中的几座。

首先说大马士革，今叙利亚首都。这座城市被称为“天国里的城市”。大马士革建在克辛山的山坡上。此城最早建于公元前2000年。公元661年，阿拉伯倭马亚王朝定都于此。后来奥斯曼帝国统治达4个世纪之久。大马士革古城边上有石砌的凯桑门，重建于13~14世纪。相传，耶稣基督的使徒圣保罗就是通过此门进入大马士革的。后来，当圣保罗被追捕时，他被教友放在篮子里，从大马士革城堡上降落在凯桑门，从而逃出大马士革。后来在这里建圣保罗教堂，以资纪念。大马士革城堡初建于纪元之前，11世纪重建，占地3万余平方米，四周有护城河。城堡上共有射孔300余个，谯楼似的高塔，上有堞眼。在此城堡中，叙利亚历史上杰出的英雄苏丹一努拉尔西等指挥抗击外族入侵的战役。市内著名大街——直街，横贯东西，古罗马统治时期即为全城的主要街道。市中心是烈士广场，附近竖立着民族英雄阿兹姆将军的铜像。

安曼是今约旦的首都，此城市建造在7座小山岗上，其中一个山岗为王宫所在地，繁花绿树，圆顶高耸，风景秀丽。市内街道迂回，蜿蜒起伏。高2~3层的楼房，有的在山坡，有的屹立于山顶，错落有致。安曼在古代曾是阿孟人的王国，公元前4世纪，马其顿国王亚历山大征服了这块土地。那时的安曼是中东地区一个重要的商业中心和交通要道。一次大战后成为约旦首都。安曼分旧城和新城两部分，旧城充满了浓厚的阿拉伯风土气息，这里保存有不少罗马帝国时代的遗迹，如斗兽场、露天剧场以及宫殿等，特别是依山而筑的圆形露天剧场，有3层看台，每个座位都能清楚地看到舞台上的表现。安曼周围的高地上还有阿陵园人时代建造的城堡遗迹。

耶路撒冷这座城市最特别之处在于宗教，它是犹太教、基督教和伊斯兰教共同的圣地。这座城市的主要居民是阿拉伯人和犹太人。此城古称耶布斯，国王麦基洗德在位时，建筑耶路撒冷城，并把它命名为“耶路撒利姆”，意即和平之城。阿拉伯人习惯称它为“古德斯”，即圣城。耶路撒冷分东、西两城区，西区是19世纪新建的城区，布局别致，景色秀丽。东区包括集中许多宗教圣迹的老城，是西区的两倍。现今的老城城墙是400余年前土耳其苏丹苏莱曼时代重建的。城周设34座城堡和7座城门。老城历经战争创伤，始建以来已重建、修复18次。公元前1049年，成为大卫王统治下的古以色列王国都城。公元前586年，新巴比伦国王尼布甲尼撒二世攻陷此城。公元前532年，又为波斯大流士王侵占。公元前4世纪后，相继附属于马其顿、托勒密、塞琉古诸王国。公元前63年被罗马人攻占时，他们驱逐了城内的犹太人。公元636年，阿拉伯人打败罗马人，便一直处于穆斯林的统治之下。11世纪末，罗马教皇和欧洲的君主们以“收复圣城”为名，多次发动十字军东征。1099年，十字军攻占耶路撒冷，随后在此建立“耶路撒冷王国”。1187年，阿拉伯苏丹萨拉丁在巴勒斯坦北部的赫定大败十字军，收复耶路撒冷。

13.5 亚洲诸地的中古城市

一

首先说日本中世纪的城市。这里要说的是奈良和京都。奈良位于本州中西部，从元明天皇和铜三年起到桓武天皇初年的七代天皇，都在奈良建都，名平城京，史称奈良时代（710~789）。后来在南北朝时期（镰仓时代与室町时代之间），又成为南朝的中心。奈良是日本古代文化发祥地之一，在文化史上称为天平时代文化，名胜古迹甚多。位于市西郊的平城宫遗址，仿中国唐朝长安城修筑，呈正方形，北部有太极殿、朝堂和朝集殿构成的大皇宫。

平京城建于708年，仿中国唐长安城的格局，城市面积为长安城的1/4，南北约4.8km，共6町；东西约4.3km，共2町。每隔4町均有大路相通，形成整齐的方格形（称条坊制）的城市。正中有朱雀大街把城市分为左京和右京两半，各有一处市场，叫东市和西市。朱雀大街北端是大内里平城宫。它的四周有绿丘围绕的宫城，并列着红柱、白墙、瓦屋顶的唐代官衙和贵族邸第。

平安京即今之京都，建于793年。此城也位于本州中西部，近奈良。公元781年，日本桓武天皇把国都从奈良迁到京都，称平安京。794~1869年为日本首都，有“千年古都”之称。

早在7~8世纪，京都已是一座佛教城市，城内建有许多寺院和神社，如今尚存1877个寺院和神社。平安京这座城市，仿中国唐代的洛阳城，所以京都（平安京）简称洛。城中央北部为宫城，宫城外是皇城，有衙署。皇城外是都城，供一般官吏和市民居住。城每方各开三个门，有数条大街成东西、南北交叉走向，大街外为坊和市场，市街呈棋盘形，经纬分明。

二

再说朝鲜半岛上的中古城市。今朝鲜民主主义人民共和国首都平壤，位于朝鲜半岛西北。公元427年，高句丽王朝建都于此，名西京。这里有两条江：大同江和普通江，流经市区。由于江边上植有许多柳树，故平壤又称柳京。平壤是一座很美的城市，市内有大城山、峨眉山、云头峰、牡丹峰等。牡丹峰在市北，东临大同江，山上苍松翠柏，山下碧流如带，山上有乙密台、清流壁、浮碧楼和濒临大同江的大同门、普通门、练光亭，江中的绫罗岛及古平壤内城的北门、七星门，合为平壤八景。图13－11为平壤普通门。

图13－11　平壤普通门

汉城今称首尔，今韩国首都，为朝鲜故都，位于朝鲜半岛中央，汉江下游右岸。此城在古代朝鲜曾一度为百济王国、高句丽王国、新罗王国及高丽王国的都城。14世纪初，高丽忠肃王称它为南京。1394年李氏王朝迁都于此，称汉城。汉城有不少古迹，历代皇朝在此建造了许多宫殿，故汉城又被称为“皇宫之城”，著名的宫殿有景福宫、德寿宫、昌庆宫和昌德宫等。1398年建成的南大门（崇礼门），被称为汉城（首尔）的象征。市内古迹还有社稷坛、普信阁（钟楼）、独立门、东庙等。这里还有李朝时代所建的“千里长城”（全长900余公里）。

今首尔最繁华的街道是明洞大街，位于首尔市中心，全长1500m。“洞”是韩国行政建制的基层单位，相当于中国的街道。“明洞”，即是一条叫“明”的街道。在古代，这里是住宅区，到了近代才发展成为繁华的街道。

三

河内是今越南民主共和国首都，位于越南北部红河三角洲西北。此城曾为越南京、陈、后黎诸封建王朝的京城，被誉为“千年文物之地”。

远在7世纪初，这里就开始筑城，当时称紫城。随着城垣的加固和扩大，在10世纪以前，先后被改称宋平、罗城、大罗城。1010年，李朝创建者李公蕴从华间迁都至此，定名升龙。由于历史的变迁，升龙之名先后被更换为中京、东都、东关、东京、北城。直到阮朝明命12年(1831)，才易名河内，沿称至今。河内所具有的都城规模始自11世纪的李朝，当时升龙已是物产丰富、交通发达的地区。在此之前所筑之城，均属军事性质的城堡。

河内分为内城（市区）和外城（郊区），内城过去为禁城、皇城和京城所在地。禁城是皇帝、后妃及其子孙、侍从住地。皇城在禁城之外，为皇帝和朝臣办事场所。京城环绕皇城，包括街坊、集市、居民区。李、陈朝时有61条街坊，黎、阮朝时有36条街坊。

泰国首都曼谷，泰国人称“军贴”，意思是“天使之城”，又被誉为“伟大的都市”、“玉佛的宿处”、“坚不可摧的城市”、“被赠予九块宝石的世界大都会”。1767年，由吞武里王朝于河西吞武里建都。1782年曼谷王朝拉玛一世王帕普塔育华朱拉洛把首都从吞武里迁到曼谷，后来与京畿府合并，组成曼谷吞武里京都。市内河道纵横，有十余条河川蜿蜒其间，水上市集繁荣，有“东方威尼斯”之称。

曼谷最大的广场是王家田广场，原是国王举行典礼用的广场，现在除举行庆祝春耕节和泰历新年外，已成为群众举行集会和周末休闲的场所。市内有大小佛寺300余所，有“佛庙之都”之称。寺内以金碧辉煌的大王宫、育镏金佛的玉佛寺、庄严的金佛寺、充满神奇传说的金山寺为最著名。1782年举行建都奠基礼时打下的第一根柱称为国柱，如今在此建起一座庙宇，称护神庙，即“国柱神隍庙”。市内“三尖顶”的泰式屋宇是泰国的典型建筑。图13－12是泰国皇宫的外形。

图13－12　泰国皇宫

四

缅甸是中南半岛上最西边的一个国家，临印度洋东北的孟加拉湾和安达曼海。首都仰光也是个古老的城市，位于仰光河下游左岸。这里最早是个渔村，古称大光，梵语意为“三岗村”。1755 年缅王雍籍牙统一上下缅后，将大光改名为仰光，缅文意为“战乱平息”，故称“和平之城”。此后，扩建为市镇，逐步发展成为重要城市。1824 年和 1852 年两度为英所占。二战时又遭日军所占。1948 年缅甸独立，首都为仰光。这里大小佛塔数不胜数。其中最著名的是瑞大光塔。这座建筑为世界中古七大奇迹之一。

五

日惹位于爪哇岛，今属印度尼西亚，也是个古城，这里有日惹苏丹的王宫，建于 1755 年。市内有个相当广阔的四方形广场，称亚伦亚伦，南部又有个较小的南亚伦亚伦，王宫位于两个亚伦亚伦之间，长达 1km，在爪哇古典建筑中最富有艺术性。宫内有一个四周无墙壁的大厅，门框部和柱子都饰以金银的浮雕，称“宝王厅”。有一所朝东的宫殿，为苏丹休息之所。从此，日惹城内的房屋均不得朝东。

日惹最著名的是被誉为世界中古七大奇迹之一的婆罗浮屠，又名“爪哇佛婆”。此建筑建于公元 8 世纪末的夏连特拉王朝，位于日惹以南约 25km 的马吉冷。婆罗浮屠（佛塔）建于 824 年，其形呈阶梯状，下方上圆，四面对称。塔共 10 层，总高 31.5m。底下两层是基座，呈方形，中间五层为方台，上面三层是圆台，顶上为直径 9.9m 的大窣堵坡。每层圆台上均有一圈小窣堵坡，总共 72 座。塔上共有佛龛 432 座。每个佛龛里供奉一尊佛像。

13.6 文艺复兴时期的城市

一

中世纪的欧洲，社会、政治、经济、文化诸方面都是比较落后的，远比不上东方，更比不上中国（当时中国在分裂的魏晋南北朝后走向统一，即隋唐时代，可谓繁荣昌盛）①，社会、政治、经济、文化诸方面，都要比欧洲中世纪发达。欧洲到了 15 世纪，则产生了一个飞跃。文艺复兴运动的原因是多方面的。十字军东征后，东、西方交往增多，交通网广泛建立，还有航海探险发现了许多新的地域。从经济方面来说，这些活动和成就替欧洲人开辟了市场和殖民地以及原料和资本的来源，从而在物质上促进了工商业的发展，加强了资产阶级的地位和势力。另外，从精神文化方面来说，这些活动和成就打破了欧洲过去闭关自守的状态，扩大了西方人的

① 后来虽然又有五代十国的分裂时期，但到了 10 世纪后的宋代，又成为统一而先进的社会文化大国。

眼界，破除了他们的迷信，提高了他们的好奇心和进取精神。从此，他们要求脱离中世纪的愚昧和落后，发挥自己的智慧去改变他们的现状，求取进步。

文艺复兴，从观念形态来说，着重的是“人”的观念。人文主义、人道主义，是以人为本来对待事物的。当时除了“神学学科”外，又建立起“人文学科”，这两者是对立的。人文主义的宗旨即反对神权，提倡人权；反对禁欲，提倡世俗。这种思想在文学艺术上反映出来，就如绘画上波提切利画的《春》、《维纳斯的诞生》，达·芬奇画的《蒙娜丽莎》、《最后的晚餐》，拉斐尔画的《西斯丁圣母》、《雅典学院》等；雕塑上米开朗琪罗的《摩西》、《大卫》等；文学上薄迦丘的《十日谈》等。在建筑上作品就更多了，从佛罗伦萨到罗马，从威尼斯到维琴察，许多建筑，其形态都与中世纪时代所建的不同，这种不同最关键的是，文艺复兴的建筑显示出“人的建筑”的精神。

“拜占庭灭亡时抢救出来的手抄本，罗马废墟中发掘出来的古代雕像，在惊讶的西方面前展示了一个新世界——希腊的古代；在它的光辉的形象面前，中世纪的幽灵消逝了；意大利出现了前所未见的艺术繁荣，这种艺术繁荣好像是古典古代的反照，以后就再也不曾达到了。”（《马克思恩格斯选集》第三卷，人民出版社，1972）文艺复兴是从西方中世纪（15 世纪）开始的。文艺复兴，实质是希腊、罗马古典文艺的再生（Renaissance），它作为一个社会运动，不只是意总值形态的转变，更重要的是社会经济的转变。“从经济方面说，这些活动和成就替欧洲人开辟了市场和殖民地以及原料和资本的来源，从而在物质上促进了工商业的发展，加强了资产阶级的地位和势力。从精神文化方面说，这些活动和成就打破了欧洲过去闭关自守的状态，扩大了西方人的眼界，破除了他们的迷信，提高了他们的好奇心和进取的斗志。从此，他们要求脱离中世纪的愚昧和落后状态，发挥固有的智慧，去从生产斗争和阶级斗争中改变他们的现状。”（朱光潜. 西方美学史（上）. 北京：人民文学出版社，1982）

文艺复兴时期的城市建设，其指导思想是提倡世俗，反对禁欲，以人为本，并充分利用当时科学技术的新成就。他们在 15 世纪时发现了古罗马维特鲁威的《建筑十书》遗稿。古典文化中的唯物主义哲学、科学理性和人文主义的各种因素大大有助于文艺复兴中新的文化的产生。阿尔伯蒂（1404~1472）继承了古罗马建筑学家维特鲁威的理论，主张首先应从城市的环境因素来合理地考虑城市的选址和选型，而且结合军事防卫的需要来考虑街道的布局。它提出了理想城市的模式，在文艺复兴时期，他是用理想原则考虑城市建设的开创人，主张从实际需要出发实现城市的合理布局，反映了文艺复兴时代理性原则的思想特征。在他的思想影响下，文艺复兴时期出现了一大批理想城市设计师。这些设计家的规划思想是城市要与要塞结合在一起。阿尔伯蒂将筑城要求归纳为便利与美观。他的设计思想其后由意大利传入法、德、西、俄等欧洲国家。

当时，欧洲的一些中世纪城市因不能适应社会生产与生活的发展需要，所以须作改建。城市建设的活动比以前大为增加，但是由于尚未出现引起城市巨大变化的新的生产方式，且当时的社会政治经济状况还没有为城市的大发展创造充分的条件，所以城市总的布局没有发生新的突变，有的停留在对理想城市的理论探讨上，有的仅集中在一些局部地段如广场建筑群等的改建等工作上。但当时在城市的规划和建设上尚未从城市整体建设来着手，多致力于城市的一些细小部分。设计思路不再由整体到细节，而是由细节逐步扩大到环境，以建筑物去丰富周围环境。所以也可以说，文艺复兴时期的城市建设成就，不如建筑、雕刻、绘画和文学等方面。

二

佛罗伦萨其实是一座古城，前面已说，早在中世纪，它已是一座比较发达的城市了，文艺复兴初期，无论是建筑还是其他文艺方面，这里都很有成就。在建筑上，如佛罗伦萨大教堂改建成大穹隆顶，后来成了文艺复兴的标志，它对整个城市影响不小。

佛拉拉，在意大利文艺复兴时期曾是伊斯特家族的领地首府，经济上极为富庶。16 世纪由鲁赛蒂进行规划。在原中世纪城市的基础上在波河沿岸进行了扩建，并将原城市范围内 200hm^2 的田地向另一个方向扩建至 430hm^2。在建设实践中展宽了道路，开拓了亚里奥斯梯亚广场，改造了旧城，建造了豪华的宫殿府邸和城市建筑群，并改善了城墙的防御设施。新建地区的城市骨架是先进的，规划建设富有弹性。城市的道路都和一些重要的视点相连，连通了城门到宫殿、城门到城堡、宫殿到宫殿以及重要建筑物之间的广场（引自沈玉麟《外国城市建设史》）。

威尼斯是一座中世纪商业比较发达的城市，在莎士比亚的作品中有《威尼斯商人》（戏剧）。中世纪的禁欲主义也未能止住威尼斯商人的世俗享乐。15~16 世纪，该城除开拓街道广场、修建教堂与府邸外，还建造了商业和集会的敞廊、市政府、钟塔、图书馆、博物馆、铸币厂、学校等。豪绅富商的大府邸多数在大运河的两岸，彼此邻接，形成屏风式的立面。这座城市是一座美丽的水城，它建立在亚得里亚海威尼斯湾中的 180 个岛屿上，有 134 条河道贯穿其中，只有东北角一条长堤与大陆相通。文艺复兴时期修建了不少码头和石桥，整顿了中世纪形成的大街小巷及曲折生动的河道。当然，更有那引人注目的圣马可广场。

三

广场对城市来说称得上是城市的“眼睛”，在意大利文艺复兴时期，对城市影响最大的也正是广场。

被称为“广场之父”的威尼斯圣马可广场，也被拿破仑誉为“欧州最美丽的客厅”，但这个广场建造了好几个世纪才完成。广场的主要建筑物有 11 世纪建造、15 世纪最终建成的拜占庭式的圣马可教堂，有始建于 10 世纪初、12 世纪下半叶改建、16 世纪初加上了最后一层及方锥形尖顶的高近百米的钟塔，有 14 世纪建造的威尼斯总督府，还有文艺复兴时期建成的图书馆和市政大厦。图 13-13 是威尼斯圣马可广场从其西入口望去的动人形象。

再说罗马纳伏那广场。这个广场属巴洛克风格。广场平面呈长圆形，其中一个长边旁有圣阿格涅斯教堂。立面体形弯曲，与广场形象很协调，这也是巴洛克风格之所致。广场上还有许多生动的巴洛克风格的雕像，构图大胆，富于幻想，并表现出欢乐的情态。

这一时期的广场还有罗马圣彼得大教堂前的广场群，罗马卡比多山上的市政广场和西班牙广场等，在此不再细说。

图 13－13　圣马可广场

13. 7　欧洲古代晚期的城市

一

欧洲社会到了 17～18 世纪，当时法国被称之为“绝对君权时期”，那是法国路易十四(1643~1715）专权统治的辉煌时代。这种社会政治和文化特征，在城市建设上有所表现。不过这种看起来富丽堂皇的形态，其实从整个西方古代来说已经进入晚期了。这正如晚唐诗人李商隐在诗中所说：“夕阳无限好，只是近黄昏。”这一时期在城市建设上，最有表现力的也是广场。巴黎这座城市的广场，可谓最典型了。

路易十四为了表现自己的丰功伟绩，在巴黎建造起许多广场。最典型的是路易十四广场(后改名旺道姆广场)。此广场位于巴黎塞纳河北岸，丢勒里花园和歌剧院广场之间。此广场建于1699~1701 年，平面为抹角矩形，长 141m，宽 126m，中间有大道通过。广场中间原为路易十四骑马铜像，法国大革命后被拆除，于 1806 年被拿破仑为自己所建的纪功柱所取代，以纪念奥斯特里茨战役的胜利。纪功柱高 41m，仿古罗马图拉真纪功柱形式，柱身上刻有拿破仑的战绩，柱顶为拿破仑雕像。广场周围是统一的三层古典式建筑，底层为券柱廊，廊后为商店，上面是住宅，但在两个长边的中央与四角处有重点的处理，以便标明广场的轴线并突出中心。

巴黎的协和广场，原名路易十五广场，是路易十五时期所建。此广场位于巴黎市中心塞纳河北岸，丢勒里花园西面，其横轴与爱丽舍田园大道的轴线重合。广场南北长 247m，东西宽

175m，四角略做抹角。东、西、南三面未布置建筑物，只是在北面中央路口两边对称地布置了两幢三层楼建筑。

广场正中竖立着路易十五骑马铜像，像的南北两侧各有一个喷水池。19世纪30年代，在广场的8个角上又各立一座雕像，象征法国的8个省。

广场周围是宽而深的壕沟，边上有精致的栏杆，它们作为边界，限定了广场的空间。19世纪后随着交通的繁忙而将壕沟填平，南临塞纳河，整个广场被包围在浓密的绿地之中。

法国大革命时，路易十五铜像被毁，这里置一石膏雕刻，对面放置断头台，故广场称为革命广场，又称“断头台广场”。1836年，在原路易十五雕像位置上，竖立起从埃及掠夺来的鲁克索神庙里的方尖碑，高23m。

二

瑞典首都斯德哥尔摩位于瑞典东南，梅拉伦湖与波罗的海交汇处。此城由14个岛屿组成，有人说这个城市像一把晶莹璀璨的珍珠，散落在湖海之上，故被人们美誉为“北方威尼斯”。市内中世纪雄伟的建筑物、鳞次栉比的现代化大厦与碧树红花丛中一座座油漆精致的别墅相映成趣。高耸的塔尖上带有3个金色大皇冠的红色市政大厦，建立在梅拉伦湖边，是斯德哥尔摩的象征。此城市始建于13世纪，1436年首次定为首都。老城区已有700余年的历史，由于免遭战争而保留较完好。这里装饰着木雕和石刻的中世纪建筑，以及狭窄的街道，显现出一派古城风貌。附近有巍峨的王宫，古老的尼古拉教堂以及政府大厦等建筑。

三

维也纳，今奥地利首都，是一座音乐之城，位于奥地利东北部阿尔卑斯山北麓，多瑙河畔，四周环绕着著名的维也纳森林。维也纳也很古老，公元1世纪，罗马人曾在这里建城堡。1137年，维也纳成为奥地利公国首都。13世纪末，该城发展很快，城内建造起许多哥特式建筑。15世纪后，维也纳成为神圣罗马帝国的首都，并成为欧洲的经济中心。18世纪，玛丽亚·铁列西娅母子当政期间热衷于改革，打击教会势力，推动社会进步，同时带来艺术的繁荣，维也纳作为“音乐城”闻名遐迩。维也纳还有“多瑙河的女神”之称，环境优美、景色诱人。登上城西的阿尔卑斯山麓，波浪起伏的“维也纳森林”尽收眼底；城东面对多瑙河盆地，远方是喀尔巴阡山闪耀的绿色峰尖；北面宽阔的草地宛如一块特大的绿色绒毡，碧波粼粼的多瑙河穿流其间。房屋顺山势而建，重楼连宇，层次分明。市内街道呈辐射环状，宽约50m，两旁林荫蔽日，环形大道以内为内城。内城卵石街道，纵横交错，很少有高层房屋，多为巴洛克式，以及哥特式、罗马风格建筑。中世纪的圣斯特凡大教堂和双塔教堂的尖顶耸入云端。环形大道两旁有博物馆、市政厅、国会、大学及国家歌剧院等。环形大道与另一相平行的环形路之间为中间层，这里是商业区、住宅区及宫殿、教堂等。第二环形路外为外层，市西有公园、别墅及宫殿等。宫殿中以城西南部的舍恩布龙宫最著名，这是奥地利繁荣时期的一个遗迹。城区东南的“美泉宫”为18世纪初卡尔皇帝为抵抗土耳其人入侵立下战功的欧根亲王所造。维也纳是华尔兹舞曲的故乡，许多音乐大师，如海顿、莫扎特、贝多芬、舒伯特、约翰·施特劳斯父子、格鲁克、勃拉姆斯等都曾在此度过多年音乐生涯。好多公园和广场上矗立着他们的雕像，不少街道、礼堂、会议厅等都以这些音乐家的名字命名。

四

赫尔辛基是今芬兰首都，又是芬兰的最大海港。此城位于芬兰湾北部维隆奈米半岛上。1550 年建城于今址之北，1640 年迁至现址。1812 年沙皇俄国从瑞典手中夺取芬兰后，由于赫尔辛基在地理上接近俄国，成为芬兰首府。1917 年芬兰独立，城市蓬勃发展。市内街道宽阔，美丽清净，到处是苍松翠柏和绿茵草坪。市中心的议会大厦，高 6 层，台基高大，石柱矗立，气势雄伟。

赫尔辛基古城中心是上院广场，周围有很多中世纪的建筑：大教堂、赫尔辛基大学和国务院大楼。广场旁边的亚历山特力大街是繁华的商业区。广场附近有市政府、总统府等，还有希腊正教（东正教）的乌斯彭斯教堂。

城市论
The Theory of City

The Theory of
Modern City

近现代城市论

第 14 章 近现代城市论

FOURTEEN

14.1 走向近现代

一

按照历史科学理论，世界近代是从 17 世纪英国资产阶级革命开始的（但在这之前还有 16 世纪的尼德兰革命，其性质也相近）。不过，究其原因来说，还须追究其经济和科学技术上的变革，所以确切地说，近代是从 18 世纪 60 年代英国科学家瓦特（1736~1819）发明蒸汽机开始的（作为标志）。由于这个原因，才引起生产上突飞猛进的发展。美国未来学家托夫勒认为这（工业革命）是“第二次浪潮”。工业革命（又称产业革命）的概念，包含技术革命和社会变革。技术变革是生产力的发展和社会的结构性变革最活性的部分。经济的发展则成了立体部分。由此而引发的，则是社会形态、文化和文学艺术等变革。但文化、观念形态等方面的变革，往往要晚于技术的发展和经济的发展。

城市，也在这个时候发生了重大的变化。马克思、恩格斯在《德意志意识形态》中说，城市是“由获得自由的农奴重新建立起来的”。12 世纪以后，欧洲内部的商品交换日益频繁，地方市场逐渐形成，与东方的贸易也显著扩大。这种商品交换，主要通过地方集市。集市一般在城市内的广场上或教堂附近进行，如法国的香槟市集。香槟一带为地中海与北方主要商路的交叉点，从 12 世纪至 14 世纪，形成一个巨大的国际市场。后来就产生了以意大利为中心的文艺复兴运动，城市进一步向近代形态迈进，如威尼斯、佛罗伦萨等新的城市形成。可是，真正的近代城市的出现也是由于工业革命。

城市发展到了近代，由于社会的变革和新思潮的出现，为之一大变。其中最有代表性的，当为理想主义的种种思潮，这种思潮大大影响了 19 世纪理想的城市形态，如花园城市、工业城市、方格城市等。但这些设想毕竟是理想化的，其实当时的城市现实却是一幅可怕的图画。以英国伦敦为例，从人口的发展来看就相当惊人：1800 年，伦敦人口为 865000 人，50 年后达 2363000 人，到 1900 年达 4536000 人，再过 20 年竟达 4483000 人，是 120 年前的 5. 18 倍！城市人口的迅速增长导致了建筑需求的增长，而建筑的无规律的盲目建造（当时城市规划建设制度很不健全）则形成了城市的混乱。更甚的是工业和交通的迅速发展，给城市带来了好处的同时，更带来了灾难性的另一面——污染，以及城市交通及设施、组织系统的混乱等。从城市到建筑，从技术到艺术，这一切的变革，都反映出来了。新的建筑，从对城市的协调到它自身形态的变革，都令人激动，但更令人忧患。这就是20世纪下半叶到20世纪初的城市情形。

另外，由于蒸汽机的使用，将洁净的水使用后变为污水，将城市的洁净河道变成排污水沟。1830年前后，霍乱病泛滥，一些大城市各种传染病盛行。工厂主为获取廉价原料、劳动力以及销售市场，赴乡村不断建设新厂，而这些新厂又不断形成新的工业城市。它们又往往在旧的工业城市周围接二连三地聚集起来。

二

有人把近代城市归纳为下列几个特点：

第一，城市化进程的加快，城市人口的迅速增长，引起城市的畸形发展，市区地价飞涨，建筑拥挤，建筑密度过高，居住条件恶化。

第二，大工业的生产方式，引起城市功能结构性变化，破坏了原来脱胎于封建城市的那种以家庭经济为中心的城市结构。城市中出现了前所未有的大片工业区、交通运输区、仓库码头区、工人居住区、港口码头等，打乱了原来封建城市的结构布局。

第三，大工业的生产方式，大大刺激了经济的发展。各种商业金融机构在市中心集聚，这就是资本主义城市的市中心，它反映出城市中新的政治力量的统治。资本家、地产商大量的以谋利为目的的出租空间，穷人住不起，所以居住条件不断恶化，形成大量的贫民窟。有钱人在环境较优越的地区建造舒适的高级住宅。城市中阶级对立，两极分化极为严重。

第四，城市盲目扩展，布局混乱，形成大量的、杂乱的人流和货流，造成车辆剧增、交通阻塞。

第五，城市各种公用设施提供了远比封建社会高得多的城市物质生活条件。但与此同时，随着工业的盲目发展，大量的污水、废气、垃圾等污染了城市环境。

第六，城市中建筑布局混乱，城市设计缺乏整体环境的考虑，建筑造型衰退。城市环境景观质量下降。

以上6个特点，均引自：沈玉麟《外国城市建设史》。

三

20世纪初，随着社会的发展，以及政治、经济、文化的发展，旧有的城市不但拥挤，而且越来越混乱。人们对城市规划的渴望，可想而知。

奥地利建筑师C·西特于1889年出版了《城市规划的艺术原则》，这本书影响很大。书中论述了现代城市问题；不过他的论述还只是限定在“艺术”的领域。例如他提到，在有名气的市中心和居住区中心所要注意的外部美学标准，并提出一套传统的解决办法。他对新城市的景观作了观察，并注意到了它的缺点，如单调和极端规则化。为达到对称而不惜任何代价，没有很好地利用空间，空间关系没有相互联系，与周围的建筑不相称。他还将这些缺点与旧城市的优点（特别是中世纪城市的优点）进行对比。

西特也喜欢作今昔对比，但他不是在普通的理论上否定现代城市，而是仅就其缺点加以理论分析，设法提出一些实际的纠正办法，以便在现代城市中重新建立起一些至少是他所赞美的旧城市的准则：对于没有变化或太大的空间，可以再次适当地划分，从而产生界限分明的建筑综合体；不明确的形式可以被更明确的形式所取代；可以用部分对称来减少对称，可以把纪念物从几何形的广场中心移至不太显眼的地点等。事实上，它在该书的最后提出的几点值得注意：应该打破不按比例大规模扩展的“维也纳圈”，应该环绕主要建筑物建造规模适中的广场。

西特对那个时代的城市规划思想提出了两项值得注意的论点：首先，他使人们对旧的城市重新产生兴趣，而不仅仅是对孤立的遗迹产生兴趣，他抵制了将它们孤立起来的不良习惯，他即使没有为保存整个区域提供条件，也为维持整个综合体提供了条件，他还对奥斯曼搞的不加区别的破坏方面设置了重要的心理障碍。其次，它所提出的极为简洁形式的建议，为建筑师提供了一种思想，这不可避免地引导他们去思考现代城市规划的基本问题；西特是从外部来处理问题的，不过它的意图是使旧城市与新城市之间的比较带上一种潜在而具体的真实，建议研究那些有启迪性的例子，提出一种调整的方法，帮着填补理论与实践之间的差距，启发一系列的探索，促使产生一系列导致超越理论本身的探索，从可见的事实入手，找出不可见的原因。（转引自：（意）L·本奈沃洛著. 西方现代建筑史. 邹德侬，巴竹师，高军译. 天津：天津科学技术出版社，1996）

四

19 世纪末至 20 世纪初，欧洲的一些城市规划师提出了花园城市理论，这种理论的主要倡导者是 E·霍华德（1850~1928）。花园城市运动有两个来源：一是 19 世纪上半叶的乌托邦（Utopia）思想，特别是欧文（1771~1858）的观点。人们把这种观点看成是一个完美而自给自足的集体，一种城镇和乡村的综合体，有传统上与之相关的社会含义。二是坐落在绿树丛中单个家庭的观念，在某种意义上，是从 19 世纪后半叶维多利亚思想所具体体现的理想演变而来，所强调的是私密性，而不是社会关系，企图把家庭生活从大都市的拥挤和混乱中解放出来，尽量合理地使城镇变得和乡村一样（同上书）。

在这里，E·霍华德的贡献在于：形成了一套前后一致的理论，取消了个体承包商权益之下的那种探索，与此同时，他对乌托邦的思想路线下了结论，区分了这种思想的抽象方面，以及不切实际的方面和切实可行的方面，并且以合理的方式，区别了不得已实行集体化的城市生活问题和可以保险地留给私人事业方面的问题。

他的理由是：建筑物的土地属私人所有，就意味着土地价值从郊区往市中心不断增长，导致城市的土地拥有者进一步开发土地，造成街道上建筑物和交通的拥挤。此外，利益的集中引起了城市的无限扩张，使拥挤现象日趋严重，乃至于占用乡村的土地。如果消灭了私人投机现象，就可以根据需要尽可能地分开建筑物之间的距离，到处都有开敞的空地；刺激无限制增长的促进因素也就会消失，城市的规模就会适中地建立起来，于是乡村就近在咫尺。在霍华德看来，采用这种方式，城市的优势（社会生活和公共事业）可以和乡村的优势（安静、绿色的生机及有益于健康等）相结合。这样，花园城市的思想便产生了。

五

意大利建筑理论家L·本奈沃洛在《西方现代建筑史》中说到，A·索里亚·Y·马塔是一位西班牙工程师，比霍华德年长6岁，他和他的数学教授贝塞拉一起，把前半生献给了政治，后来成为一位大臣，然后又致力于工程的研究，做出了一些计划和发明，许多工业企业往往和它的研究挂上钩。在他的理论建议当中，最重要的是《线形成》。他首次在1882年3月6日马德里《进步报》的一篇文章中提出了该建议。传统的城市是围绕一个原来的核心以同心圈的形式建造，这种拥挤现象触动了马塔，于是他提出进行彻底改革的建议：一条宽度有限的“带子”，沿其轴有一条或更多条铁路，长度不限，“最完美的一种城市也许就是沿一条独立的道路而建的城市，宽度为500m，如果有必要，它将从加的斯延伸至圣彼得堡，从北京到布鲁塞尔”。

建立这种城市，可以从一个或一个以上的一般城市着手，但也可以随后形成城市本身之间的三角网，这样就产生出一种完全新颖的住宅区形式。

中心道路至少要有40m宽，两旁栽树木，中间有一条电气铁路；横向的道路长约200m，宽约20m；建筑物只占土地的1/5，最小的一块地皮是400m^2，其中80m^{2}为住宅本身所占，其余320m^{2}用来作花园。马塔脑中的图画是一片广阔的土地，上面有一幢幢分隔开的小型住宅，“每个家庭都将有自己的住宅，每一座住宅都有花园和菜地”。后来在19世纪最后10年的繁荣气候中，马塔把它的典型付诸实践，他设计了一个环绕马德里的线形城，形状就像马蹄铁，全长58km，位于丰卡拉尔村和波祖爱罗·德·阿拉康村之间。

14.2 近现代城市理念

一

欧洲近现代城市在理论上提出了许多新的观点，如建设城郊居住区、有机疏散理论、未来城市理论以及卫星城理论等。

由于旧城太拥挤、太杂乱，若再发展下去，甚至无插足之地，那种“脏、乱、差”的情况人们也无法生存下去。所以有些理论家便提出向郊区发展，并且做了一些试建。20世纪初，英国的昂温和帕克在伦敦西北的戈德斯格林，建设了汉普斯特德田园式城郊。这不是一个田园城市，而是一个城郊居住区。1907年，新的地下铁道通至该居住区。这个城郊居住区的建设受到很多田园城市支持者的谴责，但这是一个创造“社会性综合社区”的成功实验。居住区内兼有各种住宅类型，从公寓大楼到小住宅，均经过精心设计，富于变化又十分和谐，这是20世纪初英国在规划设计方面的重要成就。

沈玉麟在《外国城市建设史》中，引用这两位学者的著作《拥挤无益》（Nothing Gained by Overcrowding）一书，论证住宅发展应该采取低于当时通行的密度，该书指出：公共绿化的需要是关系到千百万人的事。因此，为节约土地而采取较高的密度是严重的失误。他推荐新居住区的净密度为每公顷30户，按当时平均家庭人口计算，合125~150人/hm^2。这个标准被

1918年官方的报告所采纳，成为二三十年代住宅设计的依据。帕克于1930年规划的位于曼彻斯特南面的威顿肖维就是大致按这个密度建设起来的。

昂温和帕克始终坚持霍华德关于用宽阔的绿带围绕新城的原则。帕克于20世纪20年代访问美国后，吸取了美国建设园林大道（Parllway）的经验，认为城市之间“绿地背景”应该被这种方便而互相联系着的园林大道所占据。

这种城市理论也在其他一些国家试行，如在1910年，意大利米兰城外8km处，修建了花园郊区——米兰尼诺；1913年，德国在柏林近郊的斯塔肯规划了一个花园郊区；1912~1920年，巴黎制订了郊区规划，打算在离巴黎16km的范围内建立28座居住城市。

二

在20世纪初的艺术文化中，出现了一个新的流派——未来派。这一流派以意大利为中心，1909年2月，以意大利诗人和戏剧家马利那提为首，发表了一个宣言，即《未来主义宣言》，当然这个宣言有些夸夸其谈、虚张声势。在此，摘录其中的一部分：

（1）我们要歌颂冒险精神，歌颂生气勃勃和无所畏惧。

（2）在我们的颂诗里，最重要的主题将是奋勇、大胆和造反精神。

（3）直到现在，文学只是赞扬忧郁的静止、昏迷和沉睡。而我们则要为进取的运动，狂热的奋斗，高超的特技，危险的跳跃，以及赤手空拳的搏击而大喊大叫。

（4）我们宣告，当今壮丽的世界已经由于增加了一种新的美而更加丰富多彩。这新的美就是——速度的美。一辆外壳上装着大筒和蛇形排气管的赛车……一辆像炮弹一样呼啸而过的汽车，远比萨摩德拉斯胜利的女神像更加美丽。

（5）我们要为掷出理想之矛绕地球转圈的伟大人物唱颂歌。

（6）我们的颂歌要用火焰、雷电和肆无忌惮的语言，来加强对新生事物的热情向往。

（7）最美好的是投入斗争。没有积极进取性的就不能算是艺术作品，诗歌必须是对那还没有被认识的力量的进攻，让它们服从人的意志。

（8）我们走在时代的最前方……当我们必须打破那遏止我们成为万能者的神秘大门的时候，回顾过去有什么用呢？时间和空间都已经在昨天死去了。今天我们生活在绝对之中，我们已经创造了一个永恒的、普遍的速度。

……

未来主义涉及的领域是多方面的，有绘画、诗歌、雕刻、音乐、建筑、伦理道德和政治等，它也有关城市及其理论。未来派赞美现代大城市，他们对现代城市生活歆羡之至，他们对现代生活的运动变化、速度表示赞赏。他们提出要创造一种全新的、未来的艺术。对于城市，虽然未能实现他们的理想，但他们也绘出了未来城市图景。图14-1是意大利未来主义者桑·伊利亚所画的未来城市设想图。他的未来城市绘的是庞大的阶梯形的高楼，电梯放在建筑的外部。林立的楼房下面是川流不

图14-1 未来的城市

息的汽车、火车，分别在不同的高度上行驶。桑·伊利亚说：“应该把现代城市建设改造得像大型船厂一样，既忙碌，又灵敏，到处都是运动，现代房屋应该造得和大型机器一样。”（转引自：沈玉麟《外国城市建设史》）。

三

本书前面已经说到了卫星城（见第7章），这一理论早在20世纪20年代（一战结束后）就开始建立了。所谓卫星城（Satellite Towns），是指在大城市的周围建设多个小型的城市，在生产、经济和文化诸方面都与大城市配套的做法，在布局上，道路交通、市政设施和建筑风格诸方面也都与中心的大城市保持一致。也可以说，它们是大城市的化解。

十月革命后不久，苏联于20世纪20年代初就在首都莫斯科进行了卫星城的规划。图14-2就是由苏联建筑师舍斯塔科夫于1921~1924年制订的莫斯科卫星城规划。

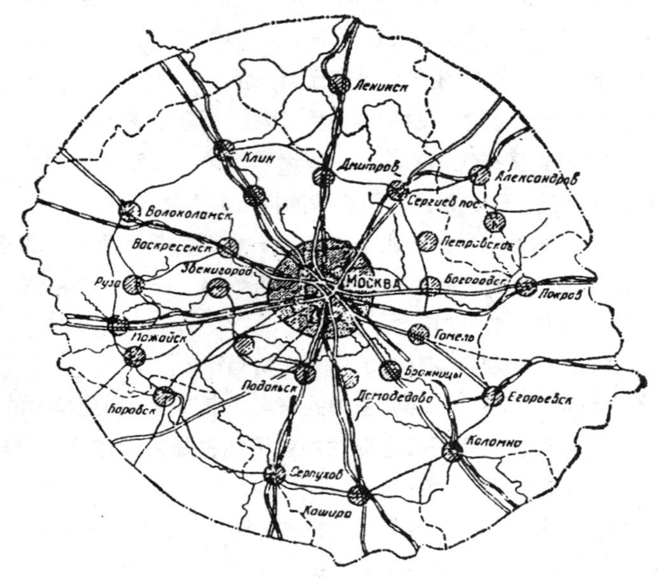

图14-2 莫斯科卫星城规划

四

如今，卫星城理论还在继续，但其形式有些变化。这种变化与城市设计有关，在城市设计理论中，近年来提出“副中心”的做法，例如上海，正在打造几个城市副中心，如真如、五角场、徐家汇、闹行等。

大城市副中心与卫星城相比，最大的不同在于城市副中心比卫星城更一体化。以上海真如为例：这里本来就是大城市的一部分，在市的西北隅。这里原来属嘉定（本是个县，后来改为区）的一个镇，即真如镇，现在正在建设成为一个城市副中心。它紧挨着城市，但又相对而言独立；它在风格特征上与大城市保持一致，但不失自己的特色。如现在正在改建一条主要街道梅川路，其街道上的绿化、灯光配置等，都不失自己的个性。

又如上海的另一个城市副中心——五角场（位于上海市东北隅），这里本为就有一处广场式的地方，五条街道交汇，中间是一个大“转盘”。这是这个城市副中心的条件，规划设计者就利用这个条件，将它做成一个立体的围廊式的空间，开设店铺，不但解决了城市交通问题，而且店铺开到楼上去，使这里成了一个名副其实的城市副中心。如今已建造成功，人们反映良好，人来人往，热闹非凡。这个城市副中心在形式上也很有创意，它将这个立体的“中心”做成一个彩色的外壳，名曰“彩蛋”。它不但造型有特色，而且也有功能，使人们在廊子上行走，下雨不愁，可谓一举两得。

14.3 步行街，现代城市的特色

一

上海南京东路步行街是从 20 世纪 90 年代始行的，但步行街这种做法已有近半个世纪了。步行街形式的起因，在于“以人为本”。

近半个世纪来，在欧美一些发达国家，城市的中心商业区和步行街有了很大发展。许多城市经历了商业中心从市区到郊区，然后再返回市区的变化过程。在布局形态上，从商业干道发展到全封闭或半封闭的步行街，从自发形成的商业街坊发展到多功能的岛式步行商业街，从单一平面的商业购物环境发展到地上、地下空间综合利用的立体化巨型商业综合体，从地面型步行区发展到第二层平面系统的步行天桥商业街和地下商业街。在商业服务内容与环境容量上，出现了多种商业建筑类型和经营范围日趋灵活的购物中心、超级市场、专项售品街道、娱乐交通居住混合的综合体建筑等多种形式，丰富了城市的空间。各国、各民族文化的发展，要求城市设计反映一定的文化，也给城市中心商业区环境塑造带来了新鲜血液。保护历史性建筑，突出“场所感”和“可识别性”，强调某种文化风格、风貌特色等，使城市中心商业区的发展面临着一个令人振奋的前景。

步行街的出现给城市建设带来许多新的概念，因此，有人称它为“步行者革命”。步行街既保持了传统商业街道的艺术魅力，又融合了购物中心所具有的安全、方便、舒适、多功能的特点。欧美各国通常称之为步行街或步行区，也有的称之为交通自由区。

在商业中心区内，顾客购物活动中的步行方式无疑是最富有生命力的。在发达国家中，汽车交通是人们赖以工作和生活的必要工具，但在另一方面，它又成了把人们排挤出城市某些优美空间的原因。在人、车混杂的商业街上，人们无法安心地进行购物活动，来回穿越车流到两侧的商店之中购物，给人带来很多危险和不便。为人们创造一种安全、舒适的购物环境，提高商品销售额，首先要把商业活动区域从汽车交通的威胁下解放出来。步行街满足了这种构想。二战后开始发展起来的步行街，也许人们在最初对其的认知是观念上的。但随着城市现代化问题的深入，人们发现，它给“现代化”带来了一系列新的意念，为城市注入了新的活力。步行街给城市设计增添了新的内容。

二

步行街及步行区做得比较成功的，在此举几个实例。

先说英国的考文垂（Coventry）步行街。这座城市不大，仅25万人口。它在二战中被毁，是战后重建的。市中心设商业步行区，1951年始建。这个步行区的周围设有可容纳1700辆汽车的停车场，中心广场位于商业步行区的一端。广场把商业步行区与文化中心联结起来，环境优美。广场的突出特点是，沿广场周边的商店除底层可以进入外，从二层平台同样可以进入商店。图14－3是考文垂步行区的一个局部形象。

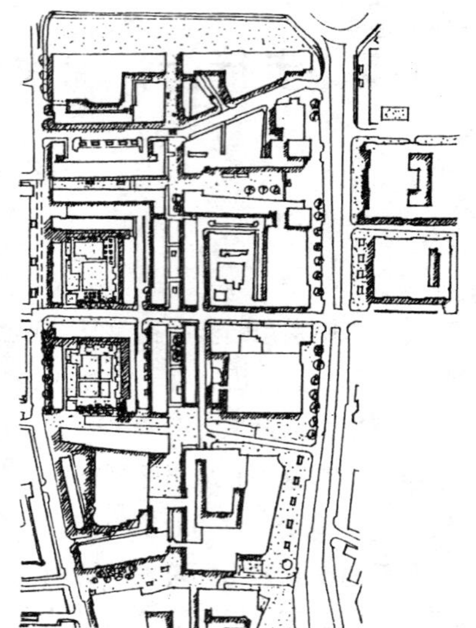

图14－3　考文垂步行区一角

再说荷兰鹿特丹的林巴恩中心的步行街，也是二战后建造起来的。街宽12～18m不等，由两排平行的长约100m的二三层商店组成。商店的橱窗正面形成有盖的步行通道，所以更显示出人性化。

第三说英国的哈罗新城，此城于1947年规划，1952年始建。哈罗新城的中心区是一个综合性的中心，它的主要商业街位于东侧，顶端是一个拥有博物馆、饭店、图书馆建筑群的开敞广场，与公共花园的联系非常方便。商业街由五六十个商店组成，北端有一个很有特色的商业广场。图14－4是哈罗新城的平面图（以上几例，均转引自：李雄飞，赵亚翘，王悦，解琪美编著. 国外城市中心商业区与步行街. 天津：天津大学出版社，1992）。

三

中庭（Atrium）早在古希腊时代就有了，它是指古希腊住宅正中由回廊和房间围绕而成的庭院。近现代，特别是20世纪60~70年代发展的旅馆中多层的室内大厅，后来又被广泛地运用在办公楼、购物中心等各类大中型公共建筑中，又称四季厅或共享大厅。中庭顶部可用轻型网架结构上铺玻璃做成，有的还做成活动式玻璃顶。中庭内常运用一些室外公共空间手法，如绿化、喷泉、路灯，并设置类似室外广场的铺地等，创造出供人们共享的室内公共空间，故又称之为室内城市空间。

19世纪时，随着建筑技术的发展，特别是钢铁和玻璃材料的使用，使人们能够为露天的中庭加上玻璃的顶盖，成为室内型的公共空间。中庭，为现代商业建筑的共享空间注入了新的活力。意大利米兰教会广场商业街，两边的建筑形式都是古典式的，在街道的上空构筑起一个用钢架和玻璃做成的顶盖，但从形式上说则采用古典式的拱形，与下面的建筑很协调. 图14－5所示就是著名的米兰长廊。有人认为，这种室内形式的商业购物空间，不仅是一个“全天候”的商业街，而且对沿城中心区的改造，以及历史文化名城的保护等，都很有意义。

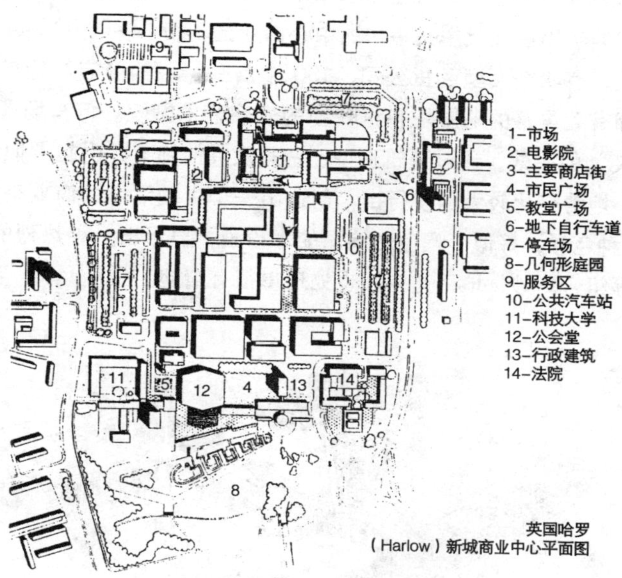

图 14–4　哈罗新城

图 14–5　米兰长廊

四

从现代城市理念来说，城市空间的变革是明显的，它在逐渐模糊着室内和室外，城市和建筑，白天和黑夜等概念。这里举个实例：美国圣地亚哥市的霍顿广场。其实它早已不是传统的

“广场”，而是一个包括室内和室外，商业和文化，休闲和游乐的综合体。霍顿广场可以说是当今美国一个较为典型的运用后现代主义手法的中心商业区。图 14-6 为霍顿广场外形。这个商业区有大量的零售场地，有四个大型百货公司、150 个富有特色的商店和饭店、一个拥有 450 间客房的旅馆、一个拥有 7 屏幕的电影院和 500 座的表演艺术剧院。停车场地有 2499 个停车位。设计者用“历史主义”的手法，通过建筑造型、色彩及其他细节，引起人们对历史文化的联想。他以一个斜穿街坊、地势变化较大的步行街，创造出一个生动活泼的商业空间。在建筑色彩上，建筑选用了大约 28 种色彩，好似一幅色彩绚丽的水粉画，显示出一种热烈的节日气氛。其中的楼梯、电梯和台阶等组合巧妙，地下室空间也处理得很有情趣。

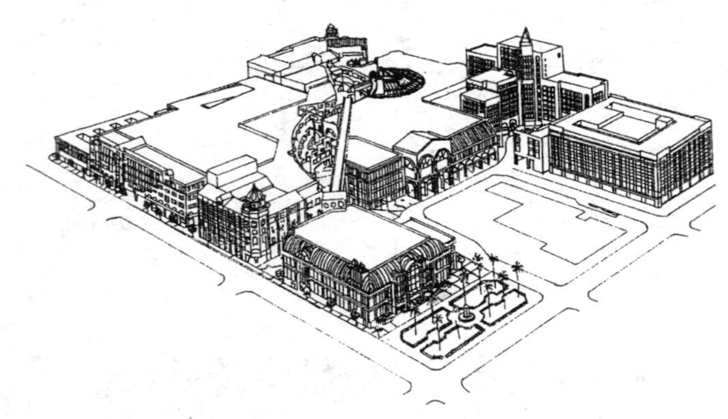

图 14-6　霍顿广场

五

日本的城市规划，在古代多仿中国的，如奈良的规划是模仿唐长安的。明治维新以后，则多向西方学习，开始重视城市的规划和建设。如 19 世纪末，东京进行了街坊的规划，当时，由三菱一号馆开始，以伦敦的银行街为榜样，建造三层的红砖楼房，路旁植银杏行道树，号称“小伦敦”，从而进入城市规划第一步，可见日本对西欧尤其英国是何等的崇仰。

1906 年，东京市制定建筑条例，由建筑学会调查欧美 12 个国家 40 座城市的建筑法规作为参考。1918 年公布都市计划委员会官制，1919 年制定都市计划法。建筑学会发起都市计划住宅问题讨论会，在规划上发生些启蒙宣传作用。此后，市行政机构渐次完备（引自：童寯. 日本近现代建筑. 北京：中国建筑工业出版社，1983）。

二次大战后，日本经济面临崩溃，许多城市因战争破坏严重。战后日本全力复兴，通过五年时间，渐渐复苏。1946 年，日本发表战灾地区复兴计划基本方针，并举办东京复兴计划方案竞赛。1947 年在东京开始建造 4 层钢筋混凝土公寓式住宅。1949 年，日本政府审议住宅建设法规政策，各地纷纷建造公务员宿舍，民间开始自建住宅。1950 年，日本颁布外资导入法，使西方最新技术和设备引进日本，迈开了日本建筑工业化的第一步。1951 年，首都建设委员会成立，颁布首都建设法和公营住宅法，并着力于制定东京总体规划。广岛战前人口有 40 万，新规划的广岛定为 50 万人口，有“和平林荫道”，宽 100m，在“原爆”地点辟和平中心。20 世纪末，日本不但城市规划、建筑设计赶上了国际先进水平，而且都市建设也很快成为世界一流。在这里，以东京为例来看一看日本的现代城市。

1956 年，东京的城市发展规划是在国家首都区域发展法的指导下制定的。发展规划基本上依据了 1944 年大伦敦规划的原则。这个规划首先勾画出一个由东京中央车站向各个方向伸展约 16km 的建成区，把 23 个市区和横滨、川崎、川口合并在一起。在这里，为使城市的无计划向外延伸受到阻止，设置了一个宽约 11km 的绿带区，将建成区包围起来。但规划的实施证明，用这个绿化带来抵制发展是不合适的。巨大的人口潜在增长必将容纳于离东京中心 27~72km 的边缘地带。规划建议在边缘地带建设新城，以吸引分散的人口。1965 年，东京的城市规划又有了新的主题，他们放弃绿带区，建设一个离市中心 48km 外的新郊区。在这地区内，扩大原有新城的规模，并使这些新城之间保留开阔的空间。这一规划与华盛顿的长廊或主轴规划相似。

日本于 1969 年又制定《城市改建法》，提出“一心变多心，一极变二极，建设科学城”的多心开敞式城市布局。在市中心地带发展新宿、池袋、涉谷三个城市副中心，大力开发建设以东京都为一极，新建多摩连环城为另一极。位于东京都西南 30~40km 的多摩新城，就是多摩连环城的城镇之一。在东京都东北约 50~60km 的茨城县建设了筑波科学城。这种城市布局被称为复合式结构。

14.4　关于马丘比丘宪章

一

在说《马丘比丘宪章》之前，我们先须了解一下《雅典宪章》。这两个宪章对于现代城市规划理论来说，是两种不同但又相互有关的文件。《雅典宪章》颁布于 1933 年，是在著名建筑师勒·柯布西耶影响下产生的。勒·柯布西耶的思想，体现在他的作品马赛公寓上。这是一个建筑（单体），但实质上是一个居住小区（形态、规模）。他将居住小区的商业、福利设施及游乐空间等都搬入公寓。《雅典宪章》的思想基础是古希腊的理性主义，它的主题在马赛公寓上体现了出来。这座建筑高 18 层，里面可以容纳 337 户人家，约 1500 人居住。从其设计的户型来说，共达 23 种，从单身汉居住的直到 8 口之家居住的都有。从居住条件来说，不但有良好的居住空间，而且楼内设施一应俱全，有食品店、菜场、药房、理发店、银行、邮局、茶室、酒吧、幼儿园、托儿所，屋顶上还有花园、运动场、游泳池等。这一设计，也就是他“乌托邦”思想的典型表现。起先，他满以为能理想地解决人们的居住问题，而且可能将会成为一个“样板”，将来世界各地的公寓类房子都会仿效这种形式。

可是，马赛公寓里的住户们却对楼内的这些设施不感兴趣，商店、酒吧、理发店之类，多是冷冷清清，少有光顾者。这就是个社会问题，现代社会对于物质生活的满足只是一种基本的满足，他们还要有人际交往，而且要求有更新的生活内涵。把人们关在大楼里，仅仅满足他们的物质生活需求是不够的，后来也无人去效法这种形式。

《雅典宪章》的思路也同样如此（马赛公寓建于 1952 年，《雅典宪章》产生于 1933 年，所以两者的关系只是设计者的观念的关系）。

《雅典宪章》是由“现代建筑国际会议“（即 CIAM）提出的。CIAM 于 1928 年在瑞士成立，公开宣称它的目的是要把“建筑建立在真正的基础上，即经济的和社会的基础上”，并认为“城市规划是集体生活的各项功能组织，对乡村地区以及对城市地区，道理都是一样的”。第二次会议在法兰克福召开，会议的结论以“最低收入者的住宅”一文发表，并举行了一次“低造价住宅”设计展览。第三次会议于1930年在布鲁塞尔召开，这次会议把工作再推进一步，由低造价住宅发展到邻里单元设计，研究如何最大限度地来满足居民需要并提出如何改进现有立法程序从而保证计划的实现。会议的结论发表于“合理的基地地块划分”。从这次会议起，CIAM的重点才转移到城市规划，认识到城市与区域规划是解决建筑问题的关键所在。因此，CIAM主席改选，由阿姆斯特丹城市规划处的科内尔·冯·依斯德伦担任。第四次会议是在一艘邮轮上举行的，由马赛出发开往雅典，然后返回，这次会于1933年召开，议题是“功能城市”，参加会议的除建筑师外，还邀请了音乐家、诗人、作家、画家等。在雅典，他们于帕提农神庙下面的一所大学里讨论了《雅典宪章》。

二

为了与《马丘比丘宪章》进行比较，我们在这里先摘录一些《雅典宪章》的内容。

（一）定义和引言

城市与乡村彼此融合为一体而各为构成所谓区域单位的要素。

城市，构成一个地理的、经济的、社会的、文化的和政治的区域单位的一部分，城市即依赖这些单位而发展。

因此，我们不能将城市离开它们所在的区域作单独的研究，因为区域构成了城市的天然界限和环境。

这些区域单位的发展有赖于下列各种因素：

（1）地理的和地形的特点——气候、土地和水源；区域内及区域与区域间之天然交通。

（2）经济的潜力——自然资源（包括土壤、下层土、矿藏原料、动力来源、动植物）；人为资源（包括农工业产品）；经济制度和财富的分布。

（3）政治和社会的情况——人口的社会性组织、政体及行政制度。

所有这些主要因素集合起来，便构成了对任何一个区域作科学的计划之唯一真实的基础，这些因素是：

（1）互相联系的、彼此影响的。

（2）因为科学技术的进步，社会政治经济的改革而不断变化的。

自有历史以来，城市的特征均因特殊的需要而定，如军事性的防御，科学的发明，行政制度的变革，生产和交通方法的不断发展。

由此可知，影响城市发展的基本因素是经常在演变的。

现代城市的混乱是由于机械时代无计划和无秩序的发展所造成的。

（二）城市的四大活动

居住、工作、游憩与交通四大活动是研究及分析现代城市规划时最基本的分类。下面叙述现代城市的真实情况，并提出改良四大活动缺点的意见。

（三）居住是城市的第一个活动

现在城市的居住情况：

城市中心区的人口密度太大，甚至有些地区每公顷的居民超过1000人。

过度拥挤在现代城市中，不仅是中心区如此，因为19世纪工业的发展，在广大的住宅区中亦发生同样的情形。

在过度拥挤的地区中，生活环境是非常不卫生的。这是因为在这种地区中，地皮过度地使用，缺乏空旷地，而建筑物本身也正处在一种不卫生和败坏的情况中。这种情况，因为这些地区中的居民收入太少，故更加严重。

因为市区不断地扩展，围绕住宅区的空旷地带亦被破坏了，这样就剥削了许多居民享受邻近乡野的幸福。

集体住宅和单幢住宅常常建造在最恶劣的地区，无论就住宅的功能讲或是就住宅所必需的环境卫生讲，这些地区都是不适宜居住的。人烟稠密的地区，往往处于最不适宜居住的地点，如朝北的山坡上，低洼、潮湿、多雾、易遭水灾的地方或过于邻近工业区易被煤烟、声响振动所侵扰的地方。

人口稀疏的地区，却常常在最优越的地区发展起来，特享各种优点：气候好、地势好、交通便利而且不受工厂的侵扰。

这种不合理的住宅配置，至今仍然为城市建筑法规所许可，它没有考虑到种种危害卫生与健康的因素。现在仍然缺乏分区计划和实施这种计划的分区法规。现行的法规对于因为过度拥挤，空地缺乏，许多房屋败坏及缺乏集体生活所需的设施等所造成的后果并未注意。它们亦忽视了现代的市镇计划和技术之应用，在改造城市的工作上可以创造无限的可能性。

在交通繁忙的街道上及路口附近的房屋，因为容易遭受灰尘、噪声和臭味的侵扰，已不宜作为居住房屋之用。

在住宅区的街道上，对于那些沿街的房屋，我们通常都未考虑到它们获得阳光的种种不同情形，通常如果街道的一面在最适当的钟点内可以获得所需要的阳光，则另外一面获得阳光的情形就大不相同，而且往往是不好的。

现代的市郊因为漫无管制的迅速发展，结果与大城市中心的联系（利用铁路公路或其他交通工具）遭受到种种体形上无法避免的障碍。

根据上面所说的种种缺点，我们拟定了下面几点改进的建议：

住宅区应该占用最好的地区，我们不但要仔细考虑这些地区的气候和地形条件，而且必须考虑这些住宅区应该接近一些空旷地，以便将来可以作为文娱及健身运动之用。在邻近地带如有将来可能成为工业和商业区的地点，亦应预先加以考虑。

在每一个住宅区中，须根据影响每个地区生活情况的因素，限定各种不同的人口密度。

在人口密度较高的地区，我们应利用现代建筑技术建造距离较远的高层集体住宅，这样才能留出必需的空地，作公共设施娱乐运动及停车场所之用，而且使得住宅可以得到阳光、空气和景色。

为了居民的健康，应严禁沿着交通要道建造居住房屋，因为这种房屋容易遭受车辆经过时所产生的灰尘、噪声和汽车放出的臭气、煤烟的损害。

住宅区应该规划成安全、舒适、方便、宁静的邻里单位。

（四）总结

我们可以将前面各章关于城市四大活动之各种分析总结起来说：现在大多数城市中的生活情况，未能适合其中广大居民在生理上及心理上最基本的需要。

自机器时代开始以来，这种生活情况是私人利益不断滋长的一个表现。

城市的滋长扩大，是使用机器逐渐增多所促成的。一个从工匠的手工业改成大规模的机器工业的变化。

虽然城市是经常变化的，但我们可以说普遍的事实是：这些变化是没有事先加以预料的，因为缺乏管制和未能应用现代城市规划所认可的原则，所以城市的发展遭受到极大损害。

一方面是必须担任大规模重建城市的迫切工作，一方面却是土地的过度分割。这两者代表了两种矛盾的现实。

这个尖锐的矛盾，在我们这个时代，造成了一个最为严重的问题。

这个问题使我们急切需要建立一个土地改革制度，它的基本目的不但要满足个人的需要，而且要满足广大人民的需要。

当两者有冲突的时候，广大人民的利益应先于私人的利益。

城市应该根据它所在区域的整个经济条件来研究，所以必须以一个经济单位的区域规划，来代替现在单独的、孤立的城市规划。

作为研究这些区域规划的基础，我们必须依照由城市之经济势力范围所划成的区域范围来决定城市计划的范围。

城市计划工作者的主要工作是：

(1) 将各种预计作为居住、工作、游憩的不同地区，在位置和面积方面，作一个平衡的布置，同时建立一个联系三者的交通网。

(2) 订立各种计划，使各区依照它们的需要和有机律而发展。

(3) 建立居住、工作和游憩各地区间的关系，使这些地区间的日常活动可以以最经济的时间完成，这是地球绕其轴心运行的不变因素。

在建立城市中不同活动间的关系时，城市规划工作者切不可忘记居住是城市的一个为首的要素。

城市单位中所有的部分都应该能够作有机性的发展。而且在发展的每一个阶段中，都应该保证各种活动间平衡的状态。

所以，城市在精神和物质两方面都应该保证个人的自由和集体的利益。

对于从事城市规划的工作者，人的需要和以人为出发点的价值衡量是一切建设工作成功的关键。

一切城市计划应该以一幢住宅所代表的细胞作为出发点，将这些同类的细胞集合起来，以形成一个大小适宜的邻里单位。以这个细胞作出发点，各种住宅地、工作地和游憩地应该在一个最合适的关系下分布到整个城市里。

要解决这个重大、艰巨的问题，我们必须利用一切可以供我们使用的现代技术，并获得各种专家的合作。

一切城市规划所采取的方法与途径，基本上都必须要受那时代的政治、社会和经济的影响，而不是受那些最后所要采用的现代建筑原理的影响。

有机的城市之各构成部分的大小范围，应该依照人的尺度和需要来估量。

城市规划是一种基于长宽高三度空间而不是长宽两度的科学，必须承认高的要素，我们方能配备有效的及足量的设备以适应交通的需要和作为游憩及其他用途空地的需要。

最急切的需要，是每个城市都应该有一个城市规划方案与区域规划、国家规划整个配合起来，这种全国性、区域性和城市性的计划之实施，必须制定必要的法律以保证其实现。

每个城市规划，必须以专家所作的准确的研究为根据，必须预见到城市发展在时间和空间上不同的阶段。在每一个城市规划中必须将各种情况所存在的每种自然的、社会的、经济的和文化的因素配合起来（转引自：清华大学营建学系 1951 年 10 月译，载《建筑师》（四），1980. 7）。

三

由此，我们再看《马丘比丘宪章》。1977 年 12 月，一些城市规划设计师聚集于利马（秘鲁首都），以《雅典宪章》为出发点进行了为时一周的讨论，四种语言并用，提出了包含若干要求和宣言的《马丘比丘宪章》。

12 月 12 日，与会人员在秘鲁大学建筑与规划系学生以及其他见证人陪同下来到了马丘比丘的古文化遗址签署了新宪章，以表示他们对在专业培训及实践方面所提倡与探索的规划设计原理的坚定信念。

文件签署人明确表示，《马丘比丘宪章》对于各设计专业，不应当是灵丹妙药，它不过是为了促使对专业的目标和职能进行多学科的综合评述。本宪章也旨在促进公开辩论，并过问各国政府所能够做到也应当采纳的有关改进世界上人类居住点质量的政策与措施。

国际建协（IUA）授予国立利马大学以众所渴慕的琼・楚米奖金，以表彰该大学召开国际著名设计人士座谈会起草本宪章的首创精神。此奖金于 1978 年 10 月在墨西哥城召开的第十三届国际建协大会上正式颁发给宪章签署人代表团。

马丘比丘诗人帕勃罗・聂鲁达曾以他卓越的隐喻笔法把这座被人遗忘的城市描写成为“最高大的熔炉，它长期熔炼着我们的沉默”。我们这些聚集在一起的建筑师、教育家和规划师，承担了冲破当前的沉默这项严肃任务，本文件就是我们第一次集体努力的结果。

自从现代建筑国际会议（CIAM）发表了关于城市规划理论与方法的文件以来，到《马丘比丘宪章》的提出几乎已有 45 年，那文件就是《雅典宪章》。最近几十年来出现了许多新的情况，要求对宪章进行一次修订。我们的成果应当成为国际性的各学科间分析与辩论的课题，所有国家的知识界和专业人员，研究院和大学都应当参加。

过去曾有多次努力，想把《雅典宪章》更新一下。本文件只是作为我们所承担工作的开始。1933 年的《雅典宪章》仍然是本时代的一项基本文件。它可以提高、改进，但不是要放弃它。《雅典宪章》提出的许多原理到今天还是同当年一样地有效，它是建筑与规划的现代运动的生命力和连续性的证明。

1933 年的雅典，1977 年的马丘比丘，这两次会议的地点是具有重要意义的。雅典是西方文明的摇篮，马丘比丘是另一个世界的一个独立的文化体系的象征。雅典代表的是亚里士多德和柏拉图学说中的理性主义，而马丘比丘代表的却都是世界上启蒙主义思想所没有包括的，单凭逻辑所不能分类的一切。

四

《马丘比丘宪章》的内容，我们也摘述如下：

（一）城市与区域

《雅典宪章》承认城市及其周围区域之间存在着基本的统一性。由于社会认识不到城市增长和社会经济变化所带来的后果，所以迫切需要毫不含糊地、具体地对这项原则予以重新肯定。

今天由于城市化过程正在席卷世界各地，已经刻不容缓地要求我们更有效地使用现有人力和自然资源。城市规划既然为需求、问题和机会提供了重要的系统的分析方法，一切与人类居住点有关的政府部门的基本责任就是要在现有资源限制之内对城市的增长与开发制定指导方针。

规划必须在不断发展的城市化过程中反映出城市与其周围区域之间的基本动态的统一性，并且要明确邻里与邻里之间，地区与地区之间以及其他城市结构单元之间的功能关系。

规划的专业训练和技术必须应用于各级人类居住点上——邻里、乡镇、城市、都市地区、区域、州和国家，以便指导建设的定点、进程和性质。

一般地讲，规划过程包括经济计划、城市规划、城市设计和建筑设计，它必须对人类的各种需求作出解释和反应。它应该按照可能的经济条件和文化上的重要性提供与人民要求相适应的城市服务设施和城市形态。为达到这些目的，城市规划必须建立在各专业设计人、城市居民以及公众和政治领导人之间系统的不断的互相协作配合的基础上。

宏观的经济计划与实际的城市发展规划之间的普遍脱节已经浪费掉为数不多的资源并降低了两者的效用。以笼统的、相对抽象的经济政策为基础而作出的各种决定，往往在城市用地范围上反映出它的副作用。国家和区域一级的经济决策很少直接考虑到城市建设的优先地位和城市问题的解决，以及一般经济政策和城市发展规划之间的功能关系。结果系统的规划与建筑设计的潜在效益往往不能有利于大多数人民。

（二）城市增长

自从《雅典宪章》问世以来，世界人口已经翻了一番，正在三个重要方面造成严重的危机，即生态学、能源和食物供应。由于城市增长率大大超过了世界人口的自然增加，城市衰退已经变得特别严重，住房缺乏、公共服务设施和运输以及生活质量的普遍恶化已成了不可否认的后果。

《雅典宪章》对城市规划的探讨并没有反映最近出现的农村人口大量外流而加速城市增长的现象。

可以看到城市的混乱发展有两种基本形式：

第一种是工业化社会的特色，就是私人汽车的增长，较为富裕的居民都向郊区迁移。而迁到市中心区的新来户以及留在那里的老户缺乏支持城市结构和公共服务设施的能力。

第二种形式是发展中国家的特色。在那里，大批农村住户向城市迁移，大家都挤在城市边缘，既无公共服务设施又无市政工程设施。要处理这种情况远远超出了现行城市规划程序所可能做到的范畴。目前所做的不过是对这些自发的居住点凑合着提供一些最起码的公共服务。为提供小小的公共服务、卫生设施和住房所作的努力往往是自相矛盾的，反而加剧了问题的严重化，更加鼓励了向城市迁移的势头。

因此不论是哪一种形式，不可避免的结论是：人口增加，生活质量就下降。

（三）分区概念

《雅典宪章》设想，城市规划的目的是综合四项基本的社会功能——居住、工作、游憩和交通，而规划就是为了解决它们之间的相互关系和发展。这就引出了把城市划分为各种分区或几个组成部分的做法，于是为了追求分区清楚却牺牲了城市的有机构成。这一错误的后果在许多新城市中都可看到，这些新城市没有考虑到城市居民人与人之间的关系，结果是城市生活患了贫血症，在那些城市里建筑物成了孤立的单元，否认为人类的活动要提供流动的、连续的空间这一事实。

规划、建筑和设计，在今天，不应当把城市当作一系列的组成部分拼在一起来考虑而必须努力去创造一个综合的、多功能的环境。

（四）住房问题

与《雅典宪章》相反，我们深信人的相互作用与交往是城市存在的基本根据。城市规划与住房设计必须反映这一现实。同样重要的目标是要争取获得生活的基本质量以及与自然环境的协调。

住房不能再当作一种实用商品来看待了，必须要把它看成为促进社会发展的一种强有力的工具。住房设计必须具有灵活性，以便易于适应社会要求的变化，并鼓励建筑使用者创造性地参与设计和施工。还需要研制低廉的建筑构件以供需要建房的人们使用。

在人的交往中，宽容和谅解的精神是城市生活的首要因素，这一点作为不同社会阶层选择居住区位置和设计的指针，而不要强行区分，这是同人类的尊严不相容的。

（五）城市运输

公共交通是城市发展规则和城市增长的基本要素。城市必须规划并维护好公共运输系统，以同城市化的要求与能源的衰竭相平衡。交通运输系统的更换必须估算它的社会费用，并在城市的未来发展规划中适当地予以考虑。

《雅典宪章》很显然把交通看成为城市的基本功能之一，而且含蓄地认为交通首先决定于作为个人运输工业的汽车。四十四年来的经验证明，道路分类、增加车行道和设计各种交叉口方案等方面根本不存在最理想的解决方法。所以将来城区交通的政策显然应当是使私人汽车从属于公共运输系统的发展。

城市规划师与政策制定人必须把城市看作为在连续发展与变化的过程中的一个结构体系，它的最后形式是很难事先看到或确定下来的。运输系统是联系市内外空间的一系列的相互连接的网络。

（六）城市土地使用

《雅典宪章》坚持建立一个立法纲领以便在满足社会用地要求时，可以有秩序地并有效地使用城市土地，并设想私人利益应当服从公共利益。

自从 1933 年以来，尽管在多方面进行了努力，城市土地有限仍然是实现规划好的城市建设的根本阻碍。所以对这一问题，今天仍迫切要求拟订有效的、公平的立法，以便在不久的将来能够找到确有很大改进的解决城市土地的办法。

（七）自然资源与环境污染

当前最严重的问题之一是我们的环境污染迅速加剧，现在已经到了空前的具有潜在灾难性的程度。这是无计划的爆炸性的城市化和地球自然资源滥加开发的直接后果。

世界上城市化地区内的居民被迫生活在日趋恶化的环境条件下，与人类卫生和福利的传统概念和标准远远不相适应。这些不可容忍的条件包括在城市居民所用的空气、水和食品中含有大量的有害物质以及有损身心健康的噪声。

控制城市发展的当局必须采取紧急措施，防止环境继续恶化，并按照公认的公共卫生与福利标准恢复环境的固有的完整性。

在经济和城市规划方面，在建筑设计、工程标准和规范，以及规划与开发政策方面，也必须采取类似的措施。

（八）文物和历史遗产的保存和保护

城市的个性和特性取决于城市的体形结构和社会特征。因此不仅要保存和维护好城市的历史遗址和古迹，而且还要继承一般的文化传统。一切有价值的说明社会和民族特性的文物必须保护起来。

保护、恢复和重新使用现有历史遗址和古建筑必须同城市建设过程结合起来，以保证这些文物具有经济意义并继续具有生命力。

在考虑再生和更新历史地区的过程中，应把设计质量优秀的当代建筑包括在内。

（九）工业技术

《雅典宪章》在讨论工业活动对城市所产生的影响时，略微提到了工业技术的作用。

在过去四十四年内，世界经历了空前的工业技术发展，技术惊人地影响着我们的城市以及城市规划和建筑的实践。

在世界的某些地区，工业技术的发展是爆炸性的，技术的扩散与有效应用是我们时代的重大问题之一。

今天科学与技术的进步，以及各国人民之间交往的改进，应当可以使人类社会克服地区的局限性和提供充分的资源（应理解为资料资源）去解决建筑和规划问题。然而，对这些资源不加批判地使用，往往为了追求新颖或者由于文化依靠性的恶果，而造成材料、技术和形式的应用不当。

因此由于技术发展的冲击，结果是出现了依赖人工气候与人工照明的建筑环境。这样的做法对于某些特殊问题是可以的，但建筑设计应当是创造在自然条件下能适合功能要求的空间与环境的过程。

应当清楚地了解，技术是手段并不是目的。技术的应用应当是在政府适当支持下进行认真的研究和试验的实事求是的结果。

在有些地区，需要高度工业化的生产过程或施工设备是难以获得和推广的。这不应当因此而在技术上要求不严或者在解决当前的问题上就可以不讲究建筑设计；要在可能的范围内找出解决问题的方案，这对建筑与规划来说仍然是一种挑战。

施工技术应该努力采用经济合理的方法，做到设备能重复使用，利用资源丰富的材料生产结构构件。

（十）设计与实施

建筑师、规划师与有关当局要努力宣传，使群众与政府都了解区域与城市规划是个动态过程，不仅要包括规划的制定而且也要包括规划的实施。这一过程应当能适应城市这个有机体的物质和文化的不断变化。

此外，为了要与自然环境、现有经济条件和形式特征相适应，每一特定城市与区域应当制定合适的标准和开发方针。这样做可以防止照搬照抄来自不同条件和不同文化区域的解决方案。

（十一）城市与建筑设计

《雅典宪章》本身没有涉及建筑设计。宪章制定人并不认为有此必要，因为他们认为“建筑是在光照下的体量的巧妙组合和壮丽表演”。

勒·柯布西耶的“太阳城”就是由这样的“体量”组成的。他的建筑语言是与立体派艺术相联系的，也是与把城市按功能分隔成不同的元素那种思想完全一致的。

在我们的时代，现代建筑的主要问题已不再是纯体积的视觉表演，而是创造人们能在其中生活的空间。要强调的已不再是外壳，而是内容；不再是孤立的建筑（不管它有多美、多讲究），而是城市组织结构的连续性。

在1933年，主导思想是把城市和城市的建筑分成若干组成部分。在1977年，目标应当是把那些失掉它们的相互依赖性和相互联系性，并已经失去其活力和涵义的组成部分重新统一起来。

建筑与规划的这个再统一不应当理解为古典主义的“先验地统一”（或者简单地说复古），应当明确指出，最近有人想恢复巴黎美术学院传统，这是荒唐地违反历史潮流，是不值得一谈的。因为用建筑语言来说，这种倾向是衰亡的症状，我们必须警惕倒退到19世纪玩世不恭的折中主义道路上去，相反我们要走向现代运动新的成熟时期。

20世纪30年代，在制定《雅典宪章》时，有一些发现和成就今天仍然有效，那就是：

（1）建筑内容与功能的分析。

（2）不协调的原则。

（3）反透视的时空观。

（4）传统盒子式建筑的解体。

（5）结构工程与建筑的再统一。

建筑语言中的这些常数或“不变数”还需加上：

（6）空间的连续性。

（7）建筑、城市与园林绿化的再统一。

空间连续性是弗兰克·劳埃德·赖特的重大贡献，相当于动态立体派的时空概念，尽管他把它应用于社会准则如同应用于空间方面一样。

建筑——城市——园林绿化的再统一是城乡统一的结果。现在是坚持建筑师要认识现代运动历史的时候了，要停止搞那些由纪念碑或盒子组成的过了时的城市建筑设计，不管是垂直的、水平的、不透明的、透明的或反光的建筑。

新的城市化概念追求的是建成环境的连续性，意思是说每一座建筑物不再是孤立的，而是一个连续统一体中的一个单元，它需要同其他单元进行对话，从而使其自身的形象完整。

这种形象待续的原则（本身形象的完整性有待与其他建筑联系起来相辅而完成）并不是新的。意大利文艺复兴派大师发现了这一原则，由米开朗琪罗发扬光大。不过在我们时代，这不仅仅是一条视觉原则。近几十年来，音乐和造型艺术领域内的经验证明艺术家现在不再创造一个完整的作品。他们在创作过程中往往只进行到创作的四分之三的地方就中止了，这样使观众不再是艺术品的消极的旁观者，而是多价信息中的积极参与者。

在建筑领域中，用户的参与更为重要，更为具体。人们必须参与设计的全过程，要使用户成为建筑师工作整体中的一个部分。

强调“不完整”或“待续”并不降低建筑师或规划师的威信。相对论和测不准论并未削弱科学家威信。相反恰好提高了威信，因为一位不信奉教条的科学家比那些过时的“万能之神”更受人尊敬。如果群众能被组织到设计过程中来，建筑师的联系面会增加，建筑上的创造发明才能也将会丰富和加强。一旦建筑师从学院戒律和绝对概念中解放出来，他们的想像力会受到人民建筑的巨大遗产的影响而激发出来。所谓人民建筑，是没有建筑师的建筑，近几十年来人们曾对比作了大量研究。

可是，我们必须谨慎从事。应当认识到，虽然地方色彩的建筑物对建筑设计想像是有很大贡献的，但不应模仿。模仿在今天虽然很时髦，却像复制帕提农神庙一样的无聊。问题是同模仿截然不同的。很清楚，只有当一个建筑设计能与人民的习惯、风格自然地融合在一起的时候，这个建筑设计才能对文化产生最大的影响。要做到这样的融合必须摆脱一切老框框，诸如维特鲁威柱式或巴黎美术学院传统，以及勒·柯布西耶的五条设计原理。

（十二）结束语

古代秘鲁的农业梯田受到全世界的赞赏，是由于它的尺度和宏伟，也由于它明显地表现出对自然环境的尊重。它那外表的和精神的表现形式是一座对生活不可磨灭的纪念碑。本宪章就是在这种相同的思想鼓舞下谨慎地提出的（转引自：陈占祥译，载《建筑师》（四），1980.7）。

14.5 中国近现代城市

一

历史发展到近现代，世界城市和建筑（包括其他种种文化）渐渐在趋同。随着时代的发展，世界各地相互之间的交往日趋频繁，城市和建筑形态的趋同是必然的。中国的城市，在这个过程中有着一段令人辛酸的历史。鸦片战争后，中国与西方列强订立了好几个不平等条约，如《南京条约》、《黄埔条约》、《马关条约》、《望厦条约》等。对近代城市影响最大的就是租界。这是西方列强对中国的一种侵权行径。所谓租界是西方列强通过那些不平等条约强行取得的，供他们在一定时期使用和管理的地区。表面上，在租借期间，租借地的主权仍属中国，但实际上租界是西方列强侵占领土的一种特殊的形式。这种形式使我们中国遭受丧权辱国之耻。不过，若从另一个角度来看，它在一定程度上或在客观上，也给中国带来许多西方先进的东西，从科技到教育，从城市布局到建筑文化等。

1842 年，在《南京条约》中提出“五口通商”，规定开放中国五个沿海城市：广州、福州、厦门、宁波、上海为通商口岸。所以中国的近代城市也就着重在这些地方首先兴起。在这里，我们以上海为重点来说一些中国近代城市的情况。

近代上海城市有其可贵的一面，那就是它求新、求变、兼容、协同。这种特征在任何一个文化领域都存在着，无论衣食住行、行为习俗、文学艺术等，无不如此。从建筑来看，也正表述着这种特征。例如，坐落在今延安中路成都北路处的浦东大厦（今已拆除），此建筑高八层，建于 1933 年，当时为浦东同乡会之所在。这是一座典型的上海近代建筑，其外形无半点中国古典式，它采用的是一般的简洁的近现代建筑形式，追求实用性。特别要说的是它的用途：这是一座兼办公、文娱、商业、金融、教育等为一体的房子。这种建筑方式是用以满足当时上海城市生活需求的。大楼底层前部开设浦东银行和亚洲西药房，后部开设“四姐妹饭店”，里面还有舞厅、咖啡馆，亦可出租作喜庆礼堂使用。二楼是办公及弹子房、舞厅、咖啡厅。三至八楼有医师诊所、律师事务所、大学同学会、会计师公会、厂商办事处等；还有职业学校、汽车学校、英文夜校等，其中还有小型戏馆，演出沪剧、话剧、滑稽戏等。可以说，这座建筑典型地表述了近代上海的城市文化。

二

近代上海有英租界、法租界、美租界等，日本虽没有自己的租界，但虹口一带则成了不是日租界的“日租界”。可以说，近代上海从整个城市来说，则变得支离破碎，混乱不堪。如今上海的南京路，为英租界的主要街道；如今上海的淮海路，则是法租界的主要街道。英、法两个租界，以爱多亚路（今延安东路）为界。当时在这条道路的中间还设铁丝网，人、车难以相通。这种情况到了近百年后的今天，还有“后遗症”，例如交通，公共汽车和电车，仍东西方向较畅通，南北方向较困难。当时的用电，英租界的电压为220V，法租界的电压为110V，两者用的电器、灯泡也均不同。割据状态的近代上海，不合理现象很多。

另外，城市建设也有许多令人辛酸的事，最典型的例子是外滩中国银行的建造。这座建筑由中国建筑师自己设计（设计者是公和洋行的陆谦受）。1934 年，这里原有的建筑德国总会拆除，建造新楼。新楼原设计为 34 层，但由于其南为沙逊大厦（1929 年建），其业主英人沙逊便提出在沙逊大厦边上不许建造比它高的房子。官司一直打到伦敦，结果只好修改设计，削减为 17 层，其高度比沙逊大厦低 60cm。这也是中国近代史上的一个耻辱。

再有一例，如今上海外滩的黄浦公园，从前叫公家花园。1845 年 11 月 29 日，上海道与英国领事签订《上海土地章程》，当时划出自洋泾浜（今填浜修路，即延安东路）至李家场（今北京东路）之间沿黄浦江边一带为英租界（后来租界不断向西扩张，一直到静安寺）。1848 年，租界的北界又扩大到苏州河边。但当时规定黄浦江和苏州河河面均属上海（主权）。后来苏州河与黄浦江交汇处长出一块陆地（在苏州河南，黄浦江西），这块地在涨潮时被水浸没，退潮时露出水面。1868 年，英国领事文察斯德与上海道商议，由工部局将这块滩地填平，计 30. 4 亩，要求在这里建造一座公园，即公家花园。此公园的门口有一块告示牌，其中写着，“华人不得入内”、“狗不得入内” 等字句。当时上海各界对此十分不满。1881 年 4 月 6 日，在虹口的美国基督教会医院任职的中国籍医生要求进入公园而遭拒绝，他们便联名上书工部局总办韬朋，对公家花园不准中国人进入表示强烈愤慨，要求租界当局纠正这一错误。4 月 28 日，《申报》发表署名文章，指出：“是园既名曰公家花园，而不系以‘泰西’字样，则其不能为泰西人所私可知；盖是园向归工部局经理，一切用项系于所收中外人等捐款项下动支，况租界华人最众，其所收之款项在华人为不少，则是园亦当纵华人游览，不容阻止，庶于公家两字不相悖。”《申报》的呼吁引起全市人民支持，上海商界团体和名绅也加入此行动，反对公家花园不对华人开放。后来经多次谈判，公共租界工部局才于 1886 年 5 月 24 日，同意公园对华人开放，但又规定须穿西装或日本装。这又是近代中国人所受的一种耻辱。

三

近代上海城市的路名，在租界期间，也都是洋路名，在此举几例：今淮海中路称遐飞路（抗战胜利后改名林森中路，新中国成立后改今名），复兴中路称辣斐德路，思南路称马斯南路，陕西南路称亚尔培路，南昌路称环龙路，龙门路称麦高包禄路，茂名南路称迈尔西爱路，北京西路称爱文义路，乌鲁木齐中路称麦琪路，马当路称白来尼蒙马浪路，延安中路称福煦路（抗战胜利后改中正中路，新中国成立后改今名），黄河路称派克路，新昌路称梅白格路等。

上海是中国近代最大的城市，对它的规划曾做过几次，据董鉴泓《中国城市建设史》中说，1929 年曾做过“大上海都市计划”，当时的规划思想是避开租界地区，在江湾翔殷路一带建新市区，在吴淞建港口，在虬江口黄浦江建新码头。新区内分行政区、商业区、住宅区。道路网采用小方格与放射路相结合，中心的行政区是中轴线对称的严整布局，建有一组有大屋顶的市政府、图书馆、博物馆的建筑群。从 1946~1949 年，“上海都市计划”又做了数稿，但都是纸上谈兵，除了建造了市政府、图书馆、博物馆等几座建筑外，其他均未实现。

城市论
The Theory of City

The Theory of Contemporary City
当代城市论

第 15 章 当代城市论

FIFTEEN

15.1 当代社会、观念形态与城市

一

当代（Contemporary）不同于现代，现代（Modern）多指 20 世纪，或者说是指一次大战以后到 20 世纪末。19 世纪中叶至一次大战称近代①。所以当代一般是指 20 世纪末到目前。但现代和当代，这是两个随时间而运行的时代概念。如果再过 20 年，"当代" 大概是始于 21 世纪 20 年代了。

当代城市，有许多与近现代不同的特征。首先，当代城市形态与时俱进，不进则退，而且其变化的速度很快，有人形容有 "稍纵即逝" 之趋势。为什么会有这种现象？其实这就是 "时势"，快节奏不是什么人说了算的，而是客观的、时代的。这种客观，其实根本的原因在科学技术。科学技术发展迅速，影响到人们的观念形态和行为，使得整个社会向前发展。城市，为适应这种发展趋势，也就积极变革。有人说某城市三年未去，就会不认得。例如上海，江湾五角场这个地方，如今的形象与两年前已大不相同了。两年没有去江湾五角场，真的不认识了。还有上海浦东，其变化可用 "日新月异" 来形容，有人说像梦幻一般。

二

其次，从全球的角度来说，各地的城市正在走向趋同。如中国，各地的城市及其建筑，在古代各不相同，名曰地方特色；但如今的城市，可谓 "千篇一律"，从哈尔滨到广州，从上海到重庆，其建筑和城市好像很难分出有什么不同。特别是建筑，更是大同小异的 "火柴盒子"。全球都是这样，有人说这都是现代派 "国际主义" 惹的祸。但问题是为什么人们对这种形式感兴趣呢？因为它有优势，所以业主和建筑师对 "火柴盒子" 式的建筑感兴趣，老的形式就失宠了。当然许多志士仁人呼吁要有 "中国特色"，要表现传统。但做出来的东西总是不中看，从美学上说还比不过 "火柴盒子"。看来还须从理论上找原因，而且更要在具体的造型设计上下工夫。所

---

① 我国的近代，多指 1840 年鸦片战争至 1919 年的 "五四" 运动，然后便是现代。

调特色，不能只是在建筑的屋顶上加个“大屋顶”，搞几片马头山墙。城市和建筑都须考虑如何在具体形象上表现中国的、现代的特色。

三

第三，现当代城市更重视空间。法国首都巴黎从中世纪到 19 世纪，它的城市面积扩展如图 15-1 所示。图的中心是中世纪的古城，各层（粗线画出）依次向外扩展，分别为 1180、1370、1670、1784、1845 年的巴黎。但当代城市的扩展模式已不只是平面的了，当代城市正在向上空发展，如建造高层建筑，并把各建筑的二层甚至三层连起来，用通道的形式形成空中城市，如上面说过的五角场就是这样的空中城市。

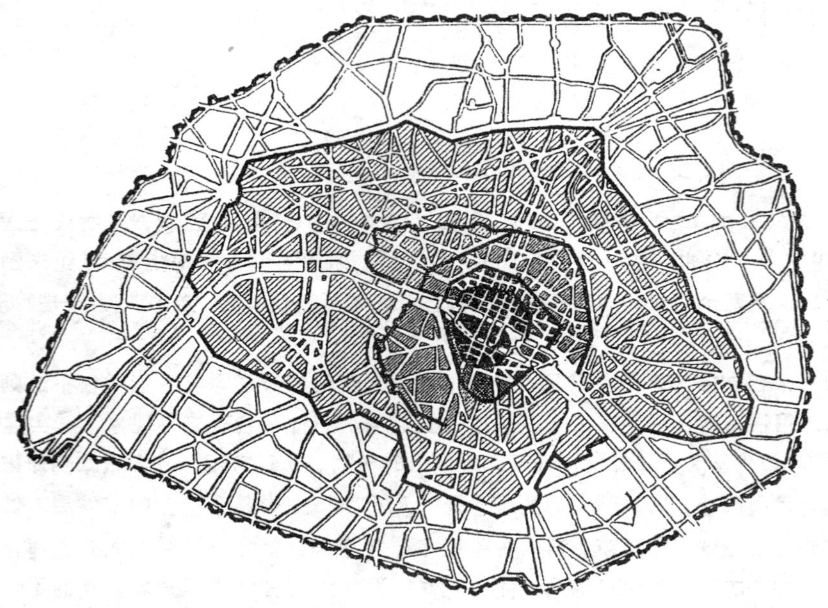

图 15-1　巴黎的扩展

关于当代城市空间拓展，我们再看一看日本大阪的彩虹地下街。这是一条日本最长的地下街，长达 1km，宽 50m，街顶距地面达 8m。彩虹地下街有三座商场，含有商店达 300 余家。

日本建地下街始于大阪，1957 年在这里建成了世界第一条地下街——唯波地下街。由于是初建，所以规模较小。但由此受到鼓舞，接二连三地又建造了好几条地下街。而其中最有名的就是彩虹地下街。

彩虹地下街是全日本最长的地下街，也是大阪的主要交通通道。它分为上、中、下三层，每层各具特色，自成一个独立的购物区。每一层的进出口造型都不一样，分别是电梯式、阶梯式和螺旋式。层与层之间，以螺旋形楼梯相通。由这里向上可以通到地面的商店，而往下则会走到最下层的地下电车站，这里车站规模宏伟，电车四通八达。每天有 170 万人次乘地铁而来，又通过 38 个出入口疏散到地面。

作为一个繁华的商业区，彩虹地下街的两旁有百货店 161 家，饮食店 102 家，食品店 50

家，让人们在这里随心所欲地购物与消费。同时，它又是一个情趣别致的游览胜地，还是一个便捷的交通枢纽，精明的日本人巧妙地将商业、旅游和交通三位一体地结合在一起。

在彩虹地下街，人们好像来到了一个五彩缤纷的童话世界。宽敞明亮、空气清新、温度适宜，对于别的地下街，达到这样的水平已足够了，对彩虹地下街来说，这些只是最低标准，设计师一开始就按照城市公园的范本来建造。先说出入口的电梯，都安装了彩虹灯，悦耳的音乐播个不停，这就叫“先声夺人”。到地下街，最能吸引人目光的不是商店、餐馆、酒吧，而是花园、喷泉、群雕，还有那一幅幅色彩绚丽的壁画，有的描摹自然风光，有的讲述历史事件，有的展示神话故事，成为地下街上一道赏心悦目的风景线。这里还有一条小溪，清澈见底，顺着溪水前行，游人甚至完全忘记这是在数十米深的地下人工制造的景观。

大阪地面上河流甚多，水域面积占到全市面积的十分之一，故被誉为“水都”。彩虹地下街可以称得上是地下的“水都”，这里的景观处处显现出水的流动，既有真的瀑布流水，又有假的星河灿烂，与终日不息的人流一起谱写着流动的韵律。

15.2 以人为本与当代城市观

一

以人为本，是当代许多领域都在呼吁的一个口号。20 世纪 60 年代美国心理学家阿·马斯洛提出人本主义心理学（Humanistic Psychology），到 20 世纪 80 年代，引起人们广泛关注。从城市理论来说，也在 20 世纪末重视城市建设以人为本的理念。这种观念表现在城市建设上，可以归纳为这么几点：

城市以人为本，对于城市绿化的建设得到广泛的重视。有人提出，城市的绿化方式可以分为三个阶段：一是古代的，以园林的形式来实现。中国古代园林可分为皇家园林、私家园林和寺庙园林。外国园林也有类似的情形。但这些园林往往是关起来让人们去游赏，它与城市的关系不是直接的。二是近代的，近代的城市绿化多以公园的形式。如上海，19 世纪中叶开埠以后不久，也出现了公园①的形式。当时有公家花园（黄浦公园）、顾家宅花园（复兴公园）、黄家花园（桂林公园）、极司菲尔公园（中山公园）、新靶子场公园（虹口公园）等。但这些公园仍是关起来的，要买门票才能进入。三是现当代的，到了现当代，公园的形式又为之一变，变成了城市绿地的形式。它没有围墙，而且范围很大。上海近年来建造了许多大型绿地，如延安中路的延中绿地、大宁路绿地、徐家汇绿地、古城公园（绿地）等，没有围墙，不收门票，绿化共享。

二

当代城市以人为本的另一种做法是建设林荫道（Avenue）。我们以华盛顿的大道为例，它东起国会大厦，西至林肯纪念堂，东西长达 3200m，绝大部分地段宽度在 200m 左右。它和国

---

① 公园是个外来词，即 Park，但此词的原意是停车场。

会大厦一样，也是华盛顿的象征。此林荫大道实际上是一片被丛林遮蔽的绿色天然大广场，又叫“国家大草坪”。草坪宽阔平整，秀美宜人，四边有一条砂石铺成的金黄色步行道。每天清晨，有许多人在这里逗留、健身，站在华盛顿这座城市宽阔的胸膛上呼吸最沁人的空气。

这个大草坪是由法国工程师皮尔·朗方设计的，按照他的设想，从国会大厦前延伸出一条122m宽的林荫大道，直达波托马克河，两旁遍栽树木和鲜花，鲜花丛中散布着各种学术机构、博物馆和游乐园，形成一幅壮观的图画。但由于客观条件的限制，朗方的构想没能实现。在美国内战时期，这片大草坪所在的地方成了联邦军队安营扎寨的地方，战士们经常由此出发往前线作战。1900年，来自密歇根州的参议员詹姆斯·马克林被任命为首都规划委员会主席，他组织学者专家对首都进行了详细的规划，重新提出了朗方当年的设想。两年后，当年只是闪现在一位设计师脑海中的设想变成了现实。20世纪后，大家对草坪更有好感，于是华盛顿纪念碑至国会大厦中间的一些娱乐设施被迁走，腾出了大片空地，成了林荫大道。

林荫大道一年中有9个多月是绿色的。在春天，这里是放风筝的好地方，年轻人喜欢在这里进行体育活动。在夏季，位于林荫大道中段的希尔万露天舞台上经常举行演出，在这里听听美妙的音乐，凉风习习，这是多么高雅、舒适的享受！

林荫大道上最著名的景观是坐落在中部的华盛顿纪念碑。此碑高达170m，它简洁、庄重、富有纪念性、为这里的环境增添了崇高之美。

三

埃及第二大城亚历山大，濒临地中海，1934年建设海滨大道，又称“7月26日大街”。大街东端是蒙塔扎宫，西端是卡特巴城堡，它的北面是浩瀚的地中海，南面则是建筑物，绿树成荫，花草争艳，景色迷人。

1989年，海滨大道边上始建亚历山大图书馆。相传，这里还是古代大希腊时期托勒密王朝图书馆的旧址，所以更有其历史意义。主体建筑为圆柱体，顶部是半球形穹顶，会议厅为金字塔形，相互巧妙结合，浑然天成。那些多姿多彩的几何体，勾勒出这座图书馆的悠久历史。图书馆外墙上有一处用花岗石砌成的“文化墙”，上面刻着包括汉字在内的世界上50种最古老的文字，显现出文化传承的创意。里面有可容纳2500人的阅览大厅，这里覆盖着半球形巨大的玻璃屋顶，大厅内光线明亮而柔和。

海滨大道上密林环绕，如今已成为一座开放式的大公园，是人们漫步、休闲的好去处。以人为本，在这里得到了充分的体现。

15.3 当代城市与古城保护

一

古建筑保护，相对来说要比古城保护来得明确，因为城市是“活着”的，这与古城保护有矛盾。古城的保护不等于古建筑保护之和。因为古城是整体意义上的保护。当然有的保护是城市中的一条街或一个街区。尽管如此，也不能只看作是这里的建筑物之和的保护。古城的保护，除了这一地区的建筑物须保护外，还有道路、桥梁、空地、绿化及其他小品等。古城保护的概念，在时间上可以上溯到远古（如印度的谟亨约-达罗城、克里特的米诺斯及浙江的良渚古城等），它的下限可以延续至近代，如上海的外滩、美国的威廉斯堡、布拉格的小城区和城堡区等。

有时候，往往是一座建筑或一样什么东西，它的保护会涉及周围的环境，例如古塔，由于它高大，所以与周围的关系很密切，须作整体保护，则其性质已接近城市保护。如北京的妙应寺白塔、天宁寺塔等，就须作统一的考虑。苏州的北寺塔，高达76m，如今塔正面的一条路，提供了视觉上的保护。但上海徐家汇天主堂，周围建造起许多高楼，其环境已与从前大不一样，实在遗憾。

二

如上所说，城市（或建筑）的保护还包括视觉空间的保护，包括轮廓线和天际线的保护。上海外滩做得比较好，上海外滩数十座建筑基本上都是市级文物保护单位，但上海外滩在整体上则属全国重点文物保护单位，它的轮廓线、天际线基本上受到保护。武汉（汉口）沿长江一带，也类似上海外滩，如今这里的建筑虽然基本上保护起来了，但在这些建筑的背后，建造起比那些老建筑高得多的新建筑，所以从江面上望去，原有沿江老建筑的轮廓线不见了，天际线也被新建筑所取代。

三

伦敦的圣保罗大教堂建成于1710年，这是英国文艺复兴建筑的代表作之一，是一座很有名的大教堂。此教堂高达111m，上面的穹隆顶直径达34m。此教堂的前身是公元4世纪所建的木结构教堂，后来改建成中世纪的哥特式教堂。此建筑于1666年毁于伦敦大火。1675年，英国教廷决定重建圣保罗大教堂，它的设计者是英国著名建筑师克里斯托弗·雷恩。这座浩大的工程于1710年完成，如今这座建筑已近300年，成了重点文物，不但建筑本身得到了很好的保护，而且在它周围的环境也作了精心保护。周围所建的新建筑在风格上尽量做到与大教堂保持一致。无论在空间轴线位置上，还是在建筑轮廓线上，以及建筑诸细部方面，都与大教堂保持一致。图15-2是圣保罗大教堂的外形。

这座大教堂不仅在建筑风格上很有保护价值，更是在它的内容上也很值得保护。这座大教堂的地下室，堪称欧洲诸教堂中最大的地下室。在这地下室内，有许多英雄、名人、艺术家的墓，如牛顿、达尔文、海军上将纳尔逊，在滑铁卢打败拿破仑的惠灵顿将军以及此教堂的设计者克里斯托弗·雷恩。二战期间，德国纳粹的飞机对伦敦进行狂轰滥炸，圣保罗大教堂遭受重创，战争结束后，伦敦人把它修复如初，他们说："圣保罗大教堂是我们的精神支柱。"

图 15-2 圣保罗大教堂

四

城市的保护与建筑的保护有时似乎可以混为一谈，其实这两者有所不同，城市的保护包括建筑的保护和空间环境的保护。被誉为中世纪七大奇迹之一的意大利比萨大教堂和比萨斜塔的保护，按其性质来说应属城市保护。

比萨大教堂于 1063 年始建，1092 年建成，是一座标准的罗马风建筑的教堂。此教堂平面呈十字形，其中一翼特别长，是西欧教派的拉丁十字形。这长的一翼就是大厅，十字交接处的空间为圣坛。正立面下部为圆拱门，上部用四排柱子叠成，柱间也用圆拱相连，似成上下四排柱廊。这种拱廊形式为标准的罗马风。主教堂的前面是洗礼堂，是一个直径 35m 的圆形建筑，屋顶为圆穹形。大教堂的北面是公墓，后面就是著名的比萨斜塔。这四座建筑总合起来就叫奇迹区，是重点文物保护区。

比萨斜塔是教堂的钟塔，平面呈圆形，直径 16m，高 55m，共 8 层，除了底层和顶层外，中间 6 层都做成围廊。钟塔始建于 1174 年，当造到第四层时，发现塔身倾斜了，工程被迫停下来。后来足足停了一百年，直到 13 世纪 70 年代才继续往上造，当然建造得小心翼翼。此塔直到 1370 年才竣工。从开工到竣工，历时 200 年，这在建筑史上是少有的。

这座塔因它的缺陷而得名，但也因为它的倾斜，所以17世纪意大利科学家伽利略就在这座塔上做自由落体实验，结果证明任何物体的重力加速度都是一样的。这件事无疑又使这座斜塔增添了文化价值。

五

与古建筑的保护一样，城市的保护，其难就难在它既作为一个文物应当得到保护，但它又是一个应用的对象，它不像一枚汉代的钱币或一只唐三彩，可以放入博物馆保护起来。近年来，世界上有好些城市都用发展城市副中心的方式，将中心城区（历史文化名城）保护起来。法国首都巴黎也是一座著名的古城，市内不但有巴黎圣母院、恩瓦立德教堂、军功庙、巴黎歌剧院、雄师凯旋门等世界著名的古建筑，而且还有埃菲尔铁塔、奥尔赛火车站等近现代著名建筑。巴黎古城怎么保护？有一位英国《建筑评论》杂志记者访问当时（20世纪70年代）任巴黎市长的希拉克，要他谈谈对巴黎这座城市的看法。希拉克说，巴黎是一座历史城市，但它有勇气和胆量接受现代主义的挑战，又决不会丢弃自己的灵魂。他接着说："我们应该有美好的、多样的建筑艺术。就我个人的爱好和性格来说，我倾向不拘泥于过去的样式。因为我不相信，今天的建筑师会比过去的建筑师还缺少创造性。现代艺术必然会在巴黎得到完美的表现。"

希拉克认为，巴黎为自己的建筑艺术传统和拥有许多历史性建筑物而感到骄傲，但这并不意味着它的每一件家当，包括那些趣味索然的建筑物都必须保存。城市不应当永远凝固不变，对巴黎来说，凝固就是灾难。每一个时代都应该在城市中留下自己的标志，而这对巴黎来说是极为重要的。"假如我们这座城市能唤起人们的诗情，能向人们表明它欢迎艺术的创造，那当然是因为它懂得在尽量地保存每个时代作品的同时，并没有使自己变成化石，变成一个博物馆似的城市。但这并不妨碍我爱那些老古董并竭力保护它们，如果它们确有无可争辩的艺术价值的话。"（转引自：《世界建筑》1981年第三期）城市的保护问题是复杂的，但应当有一个宗旨：既要保护，又要让城市运行，让它"活着"。

城市论
The Theory of City

Construction and De-construction of City
城市的结构与解构

第 16 章 城市的结构与解构

SIXTEEN

16.1 城市的结构

一

城市不是乌合之众，城市是有结构的、有秩序的。早在4000余年前，古印度的谟亨约－达罗城，就有很多整齐的道路系统，分区明确。我国先秦时代的《周礼·冬官考工记》中对城市形制的规定更具有秩序性："匠人营国，方九里，旁三门。国中九经九纬，经涂九轨。左祖右社，面朝后市。市朝一夫。……"这种很有秩序的城市，有助于治国、平天下。

不论是外国古代城市还是中国古代城市，凡是城市结构清晰的，这个城市便被认为是优秀的城市。如唐长安城，无论是街道，还是宫殿、居民区、市集、庙宇等，都布置得井井有条。唐代贞观年间，长安城内一派太平盛世景象，真可谓"道不拾遗，夜不闭户"。城市形态对于唐代社会来说，既是因，也是果，因果互补。这也就是城市的作用。

可是，城市结构的秩序性有时也会变成阻碍社会变革的因素。因为社会不断地在向前发展，如果这种有秩序的城市继续延续下去，就会成为不断发展的社会的阻力。汉长安城到了东汉，不得不放弃长安，另建洛阳为都城。

古罗马的罗马城，情况也是如此。当然，西罗马与东罗马的分裂，西罗马的灭亡，并不直接是因为罗马城的原因，而是深层次的诸社会原因。

二

中国古代社会的结构特征，可以用八个字来概括——"改朝换代，结构不变"。这种特征表现在朝代更迭上，可以用四句诗来概括："唐虞夏商周，秦汉三国晋。宋齐梁陈隋，唐宋元明清。"① 朝代更迭，但社会结构形态不变，各种制度只是小改小革，其本质不变。

当然，中国古代社会的三千年不变，其原因并不直接是城市形制不变。从表面上看，古代中国城市的这种结构形制，是由于社会的需要才如此的。如皇宫中的"前堂后室"、"前朝后

---

① 唐虞即唐尧、虞舜。诗中所列只是大概的朝代，如五代十国及北朝诸代等均未列入。

寝”、“三朝五门”、“六寝六宫” 等。

基于中国古代的社会制度和观念形态，所以古代的城市及其建筑，多用对称中轴线布局的形式，无论是宫殿、坛庙、衙署、住宅、店铺、会馆，还是陵墓等。城市当然也是如此，无论先秦诸城市，还是秦咸阳、西汉长安、东汉和西晋的洛阳，曹魏的邺城，东晋及宋、齐、梁、陈的建康（今南京），隋唐长安，五代十国诸城，北宋的汴梁（南宋的临安不甚对称，但也有主轴线），明代南京及明清北京等，都采用的是中轴线的城市布局。中轴线城市为的是王朝的需要（无论是应用功能还是观念表现），但反过来说，这就加强了这种结构的不变性，观念形态的不变性。西汉著名儒学家董仲舒说：“天不变，道亦不变。”这“天”，其实就是客观现实存在（中轴线形式的城市也包括在内）；这“道”就是“理”，就是观念形态。

三

西方（主要是欧洲）古代的城市，其实也追求这种形式。但西方古代城市（及建筑）的中轴线形式与中国的有两点主要的不同：一是中国的城市中轴线方向多为南北向，无论宫殿、衙署、住宅、坛庙等，很少有东西向的。西方的中轴线多为东西向。从理性说，西欧有定向风，终年多为西风；从观念来说，也有宗教、伦理等原因。二是中国城市布局“改朝换代，结构不变”，西方社会，从古希腊到古罗马，从中世纪到文艺复兴、巴洛克，直到古代晚期，其变化非常明显，所以他们的城市形态不是一统性的，而是跳跃式的。每次大的社会变革后，社会形态和观念形态都为一大变，其城市也为一大变。例如古希腊的城邦，古罗马的罗马城、庞贝城，东罗马的君士坦丁堡，中世纪的法兰克福、米兰、科隆、莫斯科、基辅等，以及文艺复兴时期的佛罗伦萨、威尼斯、维琴察，绝对君权时期的斯特拉斯堡，古代晚期的伦敦、圣彼得堡、巴塞罗那、南锡、汉堡等。

城市的结构并不是指城市里的道路、建筑、广场及其他物质对象之和，但城市的结构必然是由这些物质对象组合而成的。结构主义（哲学）的三大原则之一认为，关系重于关系项。“结构”与构成结构的诸“要素”，重要的是“关系”。“关系”在结构系统中决定各要素的性质。要素，在语言系统（把城市看成是一个大的语言系统）中，把语言看成一个具有一定结构规则的符号系统，语言成分——词项，就是一种符号，每个符号由“能指”与“所指”组成。“符号”之间存在着“关系”，这些“关系”具有一定的结构规则。语言的各“要素”的确切意义都是由它同其他词项的相互关系决定的。

16.2 “大趋势”与城市

一

对城市的研究，不论是对某座城市或整体的城市的研究，还是对城市的断代（如古罗马的城市、中古时期欧洲的城市，或唐代的城市、宋代的城市等）的研究，如果研究其深层结构性的问题，还须从结构主义（哲学）的三大原则（关系重于关系项，深层结构重于表层结构，共时性重于历时性）进行深入研究。然而，这种理论本身发展也很快，20 世纪末，针对哲学结构主义，又有与之相对立的解构主义（Deconstructionism）或后结构主义（Post Structuralism）。

对城市的研究，不能不关注社会文化思潮。二战后，许多新的迹象，使得一些哲学家、未来学家等开始作新的考虑。不论对传统的反思和对未来的考虑，其观点都是相当新的。在这里我们重点分析内斯比特的《大趋势》。作者从十个方面论述了美国社会发展的趋势，认为美国社会正在蜕变之中，目前正处于新旧交替时期，正在作结构调整。作者认为，美国最根本的变化是美国社会已变成“信息社会”。在这个根本变化的影响下，美国的基础工业，美国各地区的发展前景以及贸易的前景都将发生根本的变化，并将影响到每个人的日常生活、工作和政治态度。

二

在这里，我们将这十个“新方向”摘述如下：

（1）从工业社会向信息社会转变。美国的信息社会始于 1956 年，当时正值美国工业发展的鼎盛时期，但它又预示着这个时代行将终结，一个崭新的时代即将诞生。

信息社会的主要特点为：①在信息社会里，起决定作用的不是资本而是信息。在工业社会里，战略资源是资本；在信息社会里，战略资源是信息，只要拥有信息，人们便能参与经济活动。知识，已成为生产力、竞争力和经济成就的关键。②价值的增长不再通过劳动，而是通过知识，如今美国公司正在大量地出售其工业技术专业知识和管理技术。③人们注意和关心的是将来。④信息社会也是诉讼密集的社会。

（2）从强迫性技术向高技术与高情感相平衡的变化趋势。1952 年前，技术的引进到社会上来是强迫性的，亦即工人逆来顺受，无拒绝的余地。当某种技术引入社会，人类自然地产生一种要加以平衡的反应。作者把这种反应称之为“高情感”（High Touch），技术越高级，情感反应也就越强烈。人们周围的高技术的自发反应，就是发展出一套具有高度个人价值的对策，以抵消技术的非个人性质，结果就是“自助运动”或“个人成长运动”，如静坐、按摩、瑜伽、气功、禅等，也就是所谓以软性来平衡硬性的技术。

（3）从一国经济向全球经济的变化趋势。美国可以主宰世界经济的日子已一去不复返了。目前的世界是个各国必须互相依赖的世界。

（4）从短期向长期的变化趋势。全世界都在批评美国企业目光短浅，只注重短期眼前利益，宁肯牺牲未来以换取本季度的好生意。美国的作风恰好和日本练达的企业领导方式形成强烈的对比，日本宁肯牺牲现在以换取健全的未来。

（5）从集权向分权发展的趋势。集权的结构在美国各地都处于瓦解状态，但美国社会并未瓦解，美国的非集中化正改变着美国的政治、商业和文化。

（6）从组织机构的帮助向自助的变化趋势。许多年来，政府、医疗机构、公司、学校等组织机构是人们生活中发生问题，譬如需要食物、住房、医疗保健、教育、生老病死时寻求帮助的方向。但是，我们逐渐在减少对组织机构的依赖，转而信赖和依靠自己。

（7）从代议民主制向共享民主制的转变。共享制的行动标准已从下而上地在美国传播，组织机构应该怎样管理人，在这一问题上，人们的观点已经有了根本的转变。在政府机构里，在商业机构以及市场上，公民、工人及消费者的要求越来越高，要求参加决策的呼声也越来越大。

（8）从等级制度到网络组织的变化趋势。若干世纪以来，金字塔式的结构是我们用来组织和管理自己的结构形式。从罗马军队到天主教会，从通用汽车公司到国际商业机器公司，在它们的组织图表中我们都可以看到权力和信息从金字塔的顶端有秩序地流向底部，以身居高位的神职人员、将军和主管人员，通过位于中层的副手和部门经理，流向底层的工人、士兵和虔诚的信徒。

(9) 从北向南发展变化的趋势。1980 年美国人口普查显示，美国的南部和西部人口在美国历史上第一次超过了北部和东部。南部和西部的人口现有 1.18 亿（指 20 世纪 80 年代），而东部和北部人口只有 1.08 亿（同上）。每个美国人都十分清楚，这种大规模的转移并不仅表现在人口上，美国的财富和经济活力也从北部转移到了南部。

(10) 从非此即彼的选择到多种选择的转变。从战后到 20 世纪 60 年代，美国人一般的选择是相当狭窄和受到限制的。美国家庭的生活内容很简单，父亲去工作，母亲留在家里抚育 2.4 个小孩（平均）。当时人们也没有很多事情要决策，当时的世界就是非此即彼两种选择，如我们或是结婚，或是不结婚；我们或是从上午 9 点工作到下午 5 点，或是不工作；我们或是买福特牌汽车，或是买雪佛兰牌汽车；我们或是吃巧克力冰淇淋，或是吃香蕉冰淇淋等。我们也有第三种选择，如收听广播，或是听 NBC 电台，或是听 CBC，或是 ABC；看杂志，或是选择《展望》，或是选择《生活》，或是选择《邮报》。但这仍是非此即彼的社会，是个群体市场、群体市场宣传的社会，人们单调的口味很容易就被少数几种产品的选择所满足（以上 10 点摘引自：沈福煦. 现代西方文化史概论. 上海：同济大学出版社，1997）。

16.3 未来城市的三个文化特征

一

第一个文化特征是城市的全球化。全球城市的特点是：实现城市形态从工业化向后工业化的转型，在世界上占据国际经济文化活动的制高点，能够影响和改变世界市场运作。全球城市的发展理念已经成为当今国际经济中心城市的一种发展模式与战略。不同于一般城市，全球城市是在高度一体化的世界经济环境下，国际资本对世界经济进行控制和发挥影响的空间节点，是整个世界经济体系中具有特定分量的场所，在全球经济中具有举足轻重的地位。

萨斯基娅·萨森在《全球城市》一书中认为，全球城市是经济、政治和文化权力重合的地方，是全球性的制高点。正如列斐伏尔分析的那样，全球城市与跨国资本共同充当了全球化经济的组织者，它们以跨国公司和跨国银行为核心，以电信和国际航线为干道，以世界城市为节点，构成全球化经济和社会网络。跨国公司在生产过程中发挥组织作用，而全球城市则在空间上发挥组织作用，成为全球化经济在空间上的代表［转引自：包亚明. 空间、文化与都市研究. 文汇报，2005－11－6（6）］。

英国伦敦对“创意城市”强调两个核心内容：文化与创意性，并将触角延伸到了城市环境、工作与家庭生活模式、人与人之间的沟通方式、旅游的体验、享受科技的种种便利、日常文化休闲娱乐活动等各个城市生活环节。创意城市表述的是这样一种欲求：当一个城市正在经历一种机会倍增的范式转变时，获取重新审视、思考与行动的能力，同时也意味着发展获取清晰的目的性、开放性和风险承受能力。

二

未来城市的第二个文化特征是城市文化本身的问题。有人提出，人类生活不是简单地运作于城市之中和城市之上，而是在很大程度上也从城市发源，从城市生活复杂的特殊性上发源。如果说主流的社会科学研究在阐释人类历史和社会时，已经忽视了这些空间特殊性的解码性潜力，那么现在则到了把这“隐没的维度”带回到画面上的时候了。正是在这个意义上，沙朗·佐京提出了“谁的文化？谁的城市？”的问题。文化无疑是控制城市空间的一种有力手段，与意象、记忆相关的城市生活体验，显然与特定的城市空间的认同密切相关。这就很好地解释了为什么城市的宣传者越来越热衷于提升城市空间作为文化创新中心的形象，因为通过体育赛事、餐饮休闲、先锋表演与建筑设计作品等吸引的不仅仅是投资者与旅游者的金钱。

公共文化其实是建立在社会的微观层次上的，它由那些我们感受到的城市公共生活空间所组成，是由街道上、商店里、公园内的日常生活的社会交往所产生。置身于这些空间，以及通过某些方式利用它们，并在此基础上形成自己的社区的感觉，这一过程产生了一个处于不断变化之中的公共文化。我们在占有城市空间的同时，反过来也被城市空间所占有。沙朗·佐京认为，在城市空间里，拥有经济和政治力量的人们同时也拥有最多的机会，他们通过控制石头和混凝土建造起来的城市公共空间的建筑，来塑造公共文化。但公共空间在本质上却是开放的，谁能够占有公共空间并定义城市的形象，从根本上说是一个没有确定答案的问题（同上文）。

三

第三个文化特征是无地域性。无地域性不是简单地抹杀地域特征，而是在于地域性的全球共享。

卫星技术、网络、通信系统等的迅速发展，使人们在任何地方、任何时候都能便捷地与他人联络。城市、国家、公司的功能与作用与以往已经大不相同，围绕控制中心、理性主体，围绕城市、国家、公司以及居民、公民、资本家的全球性参与，共同建构了人类历史上第一次全球性的战场。随着人与人工制品空间流动性的不断增加，一种新的“无地方性”都市环境正在主导我们周围的城市空间，以及我们对于空间的认知能力。1980 年代和 1990 年代出现的都市发展的特征性场所，如郊区的超大市场（大卖场）、商业购物中心、汽车交通网络等，宣告一种新的“无地方性”城市的诞生，这些场所和设施在都市生活中占据了新的显著位置。只要身处购物中心或纵横交错的公共交通系统之中，人的感觉在世界上的任何地方都是相似的。本雅明早就分析过如今购物中心的先躯——巴黎的拱廊街（两边为商店），他把巴黎的拱廊街看作是现代都市的一个寓言。广阔复杂的都市空间，即使对于城市游荡者本雅明来说也是令人晕眩的，因此迷路的经历就成了我们对现代都市认知的基本特征。

大卫·史密斯在《全球视野中的第三世界城市》一书中认为，第三世界都市化进程的非西方化事实上构成了发展主义模式遭受猛烈攻击的现实背景，第三世界的不平衡发展与不平等的地位，其实是资本主义世界体系扩张所带来的不可避免的后果。由于通信、运输网络等基础结构在空间分布上的不平等，不同地区的精英能够调动道路、电话、电力资源能力是不同的，不同地区的行为者中间或之间的统治与从属的关系是不同的，他们在统治性的与依赖性的全球网络中的作用是不同的，他们在全球文化中的创造能力与发言权也是不同的。

大卫·史密斯的观点，对于当代中国城市研究与都市文化研究同样具有重要的启示作用，它提醒我们，在借鉴西方理论的同时，必须清醒地意识到自己的情况（同上文）。

16.4　城市的解构

一

据记载，世纪初全球人口只有1.5亿（据美国I·阿西摩夫. 人体和思维. 阮芳赋，张大卫译. 北京：科学出版社，1979），1600年为5亿，1800年为9亿。到2005年，全球人口已达64.77亿，2006年2月20日上午8时16分（北京时间），全球人口已达65亿。据阿西摩夫统计，到公元2600年，若继续以现在的增长速度，全球人口将达6300000亿！他说，到那时整个地球表面都被人占满，即使全部陆地都算在内（包括格陵兰、南极、西藏高原和沙漠等），每人也只能占0.23m^2，至于如何生活，则更不用多说了。可是另一面，随着人类的进步，所需的土地却越来越多：经济发展要土地，文物保护区越来越多，自然保护区也越来越多。两面夹攻，如何是好。这并不是“杞人忧天”，而是个很实在的问题。

城市规划师应当更有远见，因为他所考虑的总是未来的问题。有些规划师考虑得现实和具体一些，如日本鹿岛（企业）宣布要造200层的摩天楼；日本还在考虑另一个野心勃勃的设想，即“立体城1000”，它的高度是1000m，其规模像一座城市！

阿拉伯联合酋长国的大城市迪拜，现在正在建造160层的高楼（高达701m）。人们不但向高空发展，而且也向地下和海洋发展。日本长崎飞机场建在海面的人工岛上；加勒比海岛国开曼群岛拟建浮海旅游基地；挪威和德国联合建造“海上城”，可以航行在海上。当今世界上许多大城市都有了地铁，省去了地面空间，减轻了地面交通压力。日本东京的地铁车站已发展到多于6层。由于地铁要设地铁车站，从而带来许多设施。如此，就成了个“地下城”。日本东京新宿火车站与地铁交通量很可观，因此“地下城”规模也很大，总面积达12万m^2。他们还提出，离地面50m以下建造成“地下城”。而日本希米株式会社近年来提出了一个更加雄心勃勃的“都市地下网”计划。据此计划，他们将建造一系列用隧道连接起来的地下城市。这里，办公室、会堂、图书馆、展览厅、体育馆、公共浴室等设施齐全。这座地下城市可供500万人工作和生活。当然也有人提出开发沙漠，如果这项研究得以实现，必将造福人类。

二

如今世界上一些发达国家兴起建设数字化城市。如近年来将在欧洲建立10个或更多的“数字化城市”。荷兰首都阿姆斯特丹成了计划中的首个城市。什么叫“数字化城市”？这是一个在现有电话线的基础上建立起来的全市范围的计算机网络，人们可以通过电子方式获得公用文献，并且能在互联网络上与立法者一起讨论从最低工资到城市建设等各种各样的问题。除了阿姆斯特丹，其他一些城市如纽卡斯尔、斯图加特、安特卫普和斯德哥尔摩等也开始进入“数字化城市”。

但城市的数字化还需每个“小单元”配合进行，诸如数字传呼机、数字移动电话、数字电视、数字广播，甚至数字化家庭、数字化的人等都将出现，并与数字化城市建设相配合。在这个严密的“数字化”计划中，城市中的每一个单元、每一个人都被打上数字化的印记，如身份证号码、电话号码、汽车驾驶证号码等，都将纳入数字化。

三

对于未来，太空是个诱人的地方，有的人正在设想建造宇宙城市。宇宙空间站是人类建立宇宙城市的第一步。现在，美国、加拿大、日本及欧洲一些国家，开始在联合研制一座空间站，预计在21世纪能实现。利用这个空间站，不但可以进行多学科的探测和研究，对太阳系甚至宇宙进行进一步的观测，还可以把它作为正向其他星球飞行的载人飞船的中转站。这种宇宙空间站是人类征服太空的一项宏伟工程，它既体现了当今世界高度发展的科学技术，又是人类向新的科技领域迈进的一个重要里程碑。月球是人类建立宇宙城市的一个首选的对象。第一步是在月球自动探测器和“阿波罗”载人登月飞行的基础上，发射月球多用途基地舱，建立月球基地前哨站，对月球进行探测、研究和实验，并利用月面飞行器对前哨站周围地区进行探索；利用小型实验装置从月球土壤中提取水、氢、氧；利用各种小型观测台开发天文学地球观察；在月球上试验液体状食物的生产和月球资源的开发技术等。第二步是在月球上建立半永久性基地，建造多用途基地舱、专用设备舱、大型观测台、科学实验室和工厂等。用火箭推进的大型月球飞行器对整个月球进行全面观测。第三步是建立永久性的月球基地，它除了具有半永久性基地的各种功能外，还能进行金属和非金属矿物资源的开采和冶炼。基地还将建造设备制造厂、植物工厂、医院、学校、图书馆、旅馆等多种设施，逐步发展为“月球城市”。

有些人对未来的宇宙城市作这样的描绘：这是一个直径和长度分别为数千米的巨大环形体，通过自转对其内部壁面产生压力，其内部拥有空气和河流，具有与地球相似的环境，有一面壁是巨大的透明窗，用来调节太阳光的射入。

然而，城市的意义和内容却在变更着，原来的城市正在渐渐地解构。城市，从史前时代城市的产生，逐渐完善，变成有严格结构形态的古代城市（无论是西方的、中国的，还是其他的）；随着文明和进步，城市从古代形态解体而成为近现代城市形态。其中最明显的变化是古代城市封闭，有城墙，将城市圈围起来，有明显的城里城外之别。现代城市形态有两个明显的特征：一是它在不断地发展、运行着，以适应社会政治、经济和文化发展的需要；二是它似乎没有界域，世界上几乎所有的大、中、小城市，在市郊总是一点点地稀疏起来，没有戛然而止的，或曰城乡结合部，例如上海，从前的县如今几乎都改为区（除了崇明县）。

但是这种现代城市的特征是否将会永远地继续下去呢？其回答是否定的。这种城市形态只是根据现代政治、经济、文化的需要而形成的，一旦社会变革，产生了新的需求体系，那么现在这种城市模式必然会变更。现代城市将会变得怎么样呢？现在我们还是朦胧的。但至少有一点是必然的，那就是现代城市将会解体。当然，我们对现代城市形态的解体用不着悲观，相反这种变化将会令人鼓舞、兴高采烈，将来的城市（暂且称它城市）会更新颖，更诱人。我们对未来总是充满信心，非常乐观。

BIBLIOGRAPHY 参考文献

[1]（宋）孟元老. 东京梦华录. 邓之城注. 上海：古典文学出版社，1956.

[2]周一良，吴于廑. 世界通史（1－4册）. 北京：人民出版社，1962.

[3]（宋）吴自牧. 梦粱录. 杭州：浙江人民出版社，1980.

[4]刘敦桢. 中国古代建筑史. 北京：中国建筑工业出版社，1981.

[5]同济大学等四校. 外国近现代建筑史. 北京：中国建筑工业出版社，1982.

[6]周谷城. 中国通史（上、下册）. 上海：上海人民出版社，1982.

[7]清华大学建筑系. 建筑史论文集（第六辑）. 北京：清华大学出版社，1984.

[8]李雄飞. 城市规划与古建筑保护. 天津：天津科学技术出版社，1985.

[9]贺业钜. 考工记营国制度研究. 北京：中国建筑工业出版社，1985.

[10]阎崇年. 中国历代都城宫苑. 北京：紫禁城出版社，1987.

[11]（比）亨利·皮朗. 中世纪欧洲经济史. 乐文译. 上海：上海人民出版社，1987.

[12]黄承元，周振明. 城市社会心理学. 上海：同济大学出版社，1988.

[13]冯钟平. 中国园林建筑. 北京：清华大学出版社，1988.

[14]李雄飞等. 国外城市中心商业区与步行街. 天津：天津大学出版社，1990.

[15]《中国建筑史》编写组. 中国建筑史. 北京：中国建筑工业出版社，1993.

[16]阮仪三. 中国历史文化名城保护与规划. 上海：同济大学出版社，1995.

[17]（意）L·本奈沃洛. 西方现代建筑史. 邹德侬等译. 天津：天津科学技术出版社，1996.

[18]（英）S·劳埃德，（德）H·W·米勒. 远古建筑. 高云鹏译. 北京：中国建筑工业出版社，1999.

[19](法)罗兰·马丁. 希腊建筑. 张似赞,张军英译. 北京:中国建筑工业出版社,1999.
[20](英)约翰·B·沃德-珀金斯. 罗马建筑. 吴葱等译. 北京:中国建筑工业出版社,1999.
[21](英)彼得·默里. 文艺复兴建筑. 王贵祥译. 北京:中国建筑工业出版社,1999.
[22](意)马里奥·布萨利. 东方建筑. 单军,赵焱译. 北京:中国建筑工业出版社,1999.
[23](美)约翰·D·霍格. 伊斯兰建筑. 杨昌鸣译. 北京:中国建筑工业出版社,1999.
[24](美)西里尔·曼戈·拜占庭建筑. 张本慎等译. 北京:中国建筑工业出版社,2000.
[25](法)路易斯·格罗德茨基. 哥特建筑. 吕舟,洪勤译. 北京:中国建筑工业出版社,2000.
[26](英)罗宾·米德尔顿·戴维. 沃特金. 新古典主义与19世纪建筑. 邹晓玲,向小林,胡文城等译. 北京:中国建筑工业出版社,2000.
[27](意)曼弗雷多·塔夫里,弗朗切斯科. 达尔科. 现代建筑. 刘先觉译. 北京:中国建筑工业出版社,2000.
[28]徐岩,蒋红雷,杨克伟,王少飞. 建筑群体设计. 上海:同济大学出版社,2000.
[29]沈福煦. 中国古代建筑文化史. 上海:上海古籍出版社,2001.
[30]山东省教学研究室. 世界文化简史. 济南:齐鲁书社,2001.
[31](美)凯文·林奇. 城市意象. 方益萍,何晓军译. 北京:华夏出版社,2001.
[32]董鉴泓. 中国城市建设史. 北京:中国建筑工业出版社,2002.
[33]张驭寰. 中国城池史. 天津:百花文艺出版社,2003.
[34]张钦楠. 阅读城市. 北京:生活·读书·新知三联书店,2004.

[35]陈志华. 外国建筑史(19 世纪末以前). 北京:中国建筑工业出版社,2005.

[36]沈玉麟. 外国城市建设史. 北京:中国建筑工业出版社,2005.

[37]王建国. 城市设计. 南京:东南大学出版社,2005.

[38][美]刘易斯·芒福德. 城市发展史. 宋俊岭,倪文彦译. 北京:中国建筑工业出版社,2005.

[39][日]芦原义信. 街道的美学. 尹培桐译. 天津:百花文艺出版社,2006.

[40][英]托马斯·菲尔. 乌托邦. 戴镏龄译. 北京:商务印书馆,2007.

[41]沈福煦. 建筑美学. 北京:中国建筑工业出版社,2007.

杂志、期刊:

[1]世界建筑. 1981,(3). 1994,(2). 北京:世界建筑杂志社.

[2]建筑师. 1980,(3). 1980,(4). 1980,(5). 1981,(8). 1993,(52). 2000,(95). 北京:中国建筑工业出版社.

[3]城市规划汇刊. 1983,(28). 1984,(29). 1988,(55). 1988,(57). 1988,(58). 1992,(82). 1997,(101). 1999,(123). 上海:同济大学出版社.

[4]城市发展研究. 2002,(50). 北京:《城市发展研究》编缉部.

[5]城市. 1993,(19). 天津:《城市》杂志编辑部.

[6]现代城市研究. 2001,(88). 南京:南京城市科学研究会《现代城市研究》编辑部.